오려된 서촌
오려된 서울

오래된 서촌, 오래된 서울

역사 속 공간을 걷다

인쇄 2023년 6월 25일 1판 1쇄 **발행** 2023년 6월 30일 1판 1쇄

지은이 김규원
펴낸이 강찬석
펴낸곳 도서출판 미세움
주소 (07315) 서울시 영등포구 도신로51길 4
전화 02-703-7507 **팩스** 02-703-7508 **등록** 제313-2007-000133호
홈페이지 www.misewoom.com

정가 19,800원

ISBN 979-11-88602-61-2 03910

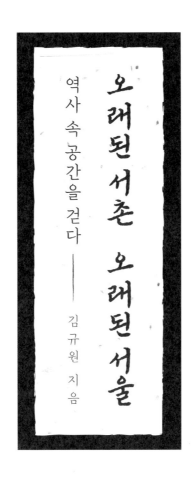

오래된 서촌 오래된 서울

역사 속 공간을 걷다 ——

김규원 지음

미세움

머리말

이 책은 크게 서울 서촌에 대한 대목과 서촌 이외의 옛 서울에 대한 대목으로 이뤄져 있다. 서울의 역사에 대한 이 책에서 서촌 대목이 절반을 차지한 데는 두 가지 이유가 있다. 하나는 2013년 나온 책《오래된 서울》의 영향이다. 최종현 한양대 전 교수와 김창희〈동아일보〉전 기자가 함께 지은 이 책은 서촌과 서울의 역사에 대한 훌륭한 길잡이다. 이 책을 읽으면서 서촌과 서울의 역사에 대해 많은 정보와 아이디어를 얻었다.

이 책을 읽으면서 역사는 구체적 공간과 만날 때 생생하게 살아난다는 점을 다시 깨달았다. 구체적 공간이 없는 역사는 허공에 떠 있는 연기와 같다. 그것은 그냥 책 속의, 글자 속의 역사일 뿐이지 눈으로, 온몸으로 실감할 수는 없다. 역사의 존재를 절감하려면 구체적 공간과 만나야 한다.

둘은 내가 2016년 서촌으로 이사했다는 점이다. 서촌으로 이사 온 뒤 당연히 서촌에 더 많은 관심을 갖고 공부하게 됐다. 특히 이웃인 '서촌탐구' 멤버들과 함께 동네 답사를 다녔는데, 서촌의 역사를 더 들여다보고 즐길 수 있었다. 이 답사를 통해《오래된 서울》에서 읽었던 역사 공간들도 쉽게 찾아갈 수 있었다.

서촌 역사의 매력은 무엇일까? 그것은 중층적이고, 동시대적으로도 다양하다는 점이다. 예를 들어 내가 사는 통인동은 조선 초기 태종과 세종의 집이 있던 곳이지만, 조선시대 대부분 기간엔 사포서나 내시부 등 왕실의 기관이 있었고, 현재는 주택과 통인시장, 참여연대, 청와대 경찰경호대 등이 있는 곳이다.

또 서촌은 동시대에도 다양한 계층이 섞여 살았다. 이것은 사대부 일색이었던 북촌과 구별되는 점이다. 조선 중기 이후 서촌의 북부엔 장동 김씨 등 사대부가 대대로 살았고, 서촌 남부엔 광해군의 궁궐 인경궁이 들어섰다가 철거되면서 군인과 평민들이 대거 들어가 살았다. 사대부와 중인의 공동 거주 구역이 현재의 수성동과 옥류동 일대다. 한편, 경복궁과 붙어있는 서촌의 동부는 여전히 왕실 지역으로 창의궁과 월성위궁, 육상궁, 사재감과 같은 왕가의 사저와 사당, 기관들이 자리 잡았다.

이 책에선 서촌의 전통적인 지명이 '장동'이라는 점을 여러 기록을 통해 보여주려고 했다. 이방원이 자신의 집을 '장의동 본궁'이라고 불렀고, 서촌을 대표하는 사대부 집안이 김상헌의 후손인 '장동 김씨'이며, 영조는 자신의 집 창의궁이 '장의동'에 있다고 썼고, 김정희도 자신의 집이 '장동'에 있다고 썼다. 정선은 서촌의 8개 멋진 풍경을 〈'장동'팔경첩〉으로 그렸다. 세검정에 있던 '장의사'와 한양도성 북문 '창의문', 영조의 잠저 '창의궁'은 '장동(장의동)'이란 지명과 친족 관계에 있다.

이 책은 옛 서울의 공간을 네 부분으로 나눠 살펴본다. 서촌 북쪽, 서촌 남쪽과 창의문 밖, 서울 북쪽, 서울 남쪽과 용산이다. 1부 서촌 북쪽은 왕가와 사대부, 대통령의 공간이다. 이곳엔 준수방, 장동(장의동), 수성동, 청풍계, 옥류동 등이 있다. 준수방과 수성동은 태종과 세종, 문종, 세조, 안평, 효령 등이 살고 활동했던 곳이다. 장동과 청풍계는 장동 김씨를 비롯한 사대부와 대통령의 공간이었고, 옥류동은 사대부와 중인이 어울린 공간이었다.

2부 서촌 남쪽과 창의문 밖은 서촌 북쪽보다 더 복합적인 공간이었다. 필운대처럼 사대부와 중인이 함께 산 곳도 있었고, 인경궁처럼 왕의 공간이었다가 평민의 공간으로 극적으로 바뀐 곳도 있었다. 창의궁과 월성위궁은 여전히 왕가의 공간이었고, 인왕산과 백석동천은 사대부의 공간이었다. 석파정은 사대부에서 왕가로 주인공이 바뀌었다.

3부 서울 북쪽은 압도적으로 왕가와 사대부의 투쟁과 협력의 공간이었다. 한양과 육조거리 등은 왕과 사대부가 함께 만들었으며, 경복궁과 창덕궁, 송현동엔 왕가와 사대부 사이의 권력 투쟁이 새겨져 있다. 의정부와 사헌부는 왕과 사대부의 협력 정치의 공간이었다. 반면, 선원전과 경희궁은 오롯이 왕의 공간이었다.

4부 서울 남쪽과 용산은 좀더 복잡하다. 광통교처럼 왕가 내부의 투쟁이 서린 곳도 있고, 건천동처럼 사대부의 비주류 영웅들이 태어난 곳도 있었다. 청계천과 약현은 사대부와 중인, 평민이 어울렸던 곳이었고, 용산은 외세와 권력자의 공간이었다. 마지막으로 일제에 의한 지명의 왜곡 역사를 살폈다.

이 책은 지은이가 새로 밝힌 내용이나, 최근의 연구 성과를 반영했다. 예를 들어 준수방 잠저(장의동 본궁)에선 태종과 세종이 살았을 뿐 아니라 문종과 세조도 태어났다는 점, 필운대의 원래 주인은 권율이 아니라 그 아버지 권철로 추정된다는 점을 새로 밝혔다. 또 통의동 백송은 김정희의 집이 아니라 영조의 집 안에 있었다는 점, 〈인왕제색도〉 속 집은 정선의 집으로 추정된다는 점, 백석동천(백사실)의 역대 주인은 최소 3명이었다는 점 등을 새로 소개했다.

이 책을 쓰게 된 것은 2020년 〈한겨레21〉로 자리를 옮기면서 '역사 속 공간'이란 역사 칼럼을 연재하게 됐기 때문이다. 서촌에 남아있던 윤덕영의 '어두운 유산'에 대한 기사를 쓴 일이 계기였다. 일로 글을 써야 하니 한 번이라도 더 자료를 봐야 했고, 한 번이라도 더 현장을 가야 했다. 그래서 이 책은 따로 공을 들이지 않고 운 좋게 썼다고 해야 한다.

이 책의 글을 쓸 때 이 글들을 꿰는 하나의 끈이 있다고 생각지 않았다. 모든 글을 퇴고하고 다시 읽어보니, 역시 역사엔 본질적으로 아무 뜻이 없구나 하는 생각이 든다. 거꾸로 우리가 역사에 뜻을 심는 것이고, 역사에서 가르침을 만들어내는 것이다. 역사에 어떤 가치가 있다면, 오히려 '이야기'가 아닐까 싶다. 역사가 만들어준 풍부한 이야기들을 잘 가꿔나가는 것이 역사를 대하는 좋은 태도일 것이다.

서울에 대해서도 한 마디 안 할 수 없다. 이 책에서 소개한 것처럼 서울엔 깊은 역사가 있고 많은 이야기가 있다. 서울은 더할 것 없이 극적이고 푸짐한 이야기의 보물창고다. 그런 점에서 이젠 서울이라는 보물창고의 문을 활짝 열어놓을 때가 되지 않았나 싶다. 다른 지역에서, 다른 계급에게서 빼앗아온 그 보물들을 그 지역과 그 계급에 돌려줄 때가 되지 않았는가 하는 생각이다.

이 책을 쓰는 데 많은 분에게 빚을 졌다. 가장 먼저 이 책의 어머니라고 할 《오래된 서울》을 쓴 최종현 전 교수, 김창희 전 기자에게 감사드린다. 특히 《오래된 서촌 오래된 서울》이란 제목을 쓰는 데 흔쾌히 동의해준, 《오래된 서울》을 펴낸 동하 출판사의 박강호 대표에게 깊은 고마움을 느낀다. 《오래된 서울》이 없었다면 이 책은 나오기 어려웠을 것이다. 이 책은 《오래된 서울》에 대한 한 편의 찬사다.

특별히 고마움을 표현해야 할 사람들은 '서촌탐구' 멤버들이다. 김길지, 백영란, 장민수, 최문용, 오동현, 강인숙, 신민재 선생은 사실상 이 책의 공동 저자들이다. 이들이 없었다면 이 책은 나오기 어려웠고, 나왔더라도 아주 생기 없는 책이 됐을 것이다. 서촌탐구 멤버들은 내게 단지 이웃이나 답사 길동무가 아니라, 함께 서촌의 과거를 공부하고, 현재와 미래를 고민하는 동지들이다.

정은주 〈한겨레21〉 전 편집장과 구둘래 현 편집장은 서촌과 서울의 역사에 대해 글을 쓸 기회를 만들어준 고마운 동료들이다. 뜻하지 않은 이들의 제안이 없었다면 이 책의 이야기들은 그냥 내 머릿속을 잠시 맴돌다 허공으로 사라졌을 것이다.

황평우 한국문화유산정책연구소장은 역사, 문화재와 관련한 오랜 동지이고 '역사 속 공간'을 쓸 때 언제나 도움말을 아끼지 않았다. 박현욱 서울역사박물관 학예부장은 많은 자료와 도움말을 줬다. 박 선생이 지은 《서울의 옛 물길 옛 다리》, 《역주 한경지략》은 서울의 역사에 대한 훌륭한 기본서들이다. 이 책들에서 많은 도움을 받았다.

청와대 경호처에서 펴낸 《청와대와 주변 역사·문화 유산》 역시 서촌의 역사에 대한 기본서이며, 주요 저자인 이성우 청와대 경호실 전 안전본부장도 많은 도움말을 줬다. 서울역사박물관에서 펴낸 《서촌1-역사 경관 도시조직의 변화》도 서촌 역사의 기본서로 많은 정보를 얻었다. 한림대 이경구 교수가 쓴 《조선 후기 안동 김문 연구》는 한 집안에 대한 책이지만, 서촌에 대한 책이기도 하다. 강명관 부산대 전 교수의 《사라진 서울》은 근대 서울의 역사 문헌을 모은 귀중한 자료다. 고 김영상 언론인의 《서울 육백년》은 서울의 역사 공간에 관한 고전이고, 역시 많은 도움을 받았다.

미술사학자 최열 선생의 책 《옛 그림으로 본 서울》은 서울의 공간과 관련한 그림을 집대성한 걸작이다. 최 선생과 이현화 혜화1117 출판사 대표한테서 많은 도움을 얻었다. 최완수 간송미술관 소장의 《겸재의 한양진경》도 겸재의 서울 풍경화를 집대성한 책으로 많은 정보를 얻었다. 용산과 용산기지의 역사와 관련해선 김천수 용산학연구센터장의 도움이 절대적이었다. 김 센터장의 《용산의 역사를 찾아서》 등 3부작은 용산 역사의 기본서다.

자주 도움말을 준 이익주 서울시립대 교수, 홍순민 명지대 교수, 이순우 민족문제연구소 책임연구원, 배우리 우리땅이름협회 명예회장, 김한배 서울시립대 전 교수, 안창모 경기대 교수에게도 고맙다는 인사를 해야 한다.

고전의 원문과 번역문을 제공하는 한국고전번역원의 '고전종합DB' 인터넷 사이트와 많은 사진 자료를 제공한 문화재청, 국립중앙박물관, 서울역사박물관, 서울역사아카이브, 이(e)뮤지엄 등 인터넷 사이트에도 고마움을 갖는다.

지난번 책 《노무현의 도시》를 펴낸 미세움 출판사의 강찬석 대표와 임혜정 편집장은 이번에도 이 책을 세상에 내놓을 수 있게 큰 도움을 줬다. 늘 고마운 마음이 든다.

아내 성윤숙과 아들 김강은 언제나 내게 에너지를 주는 샘물과도 같은 사람들이다. 아내의 도움이 없었다면, 책을 쓰는 일은 가능하지 않았을 것이다. 2022년 1월 돌아가신 어머니는 언제나 내 기사와 책의 첫째 독자였다. 첫째 독자를 잃은 슬픔은 무슨 말로도 표현할 수 없다. 하늘의 어머니께 이 책을 바친다.

2023년 4월 새 봄,
서울 장동에서 김규원

차 례

제4부

비주류 영웅들과 외세의 공간

서울 남쪽과 용산

제1부

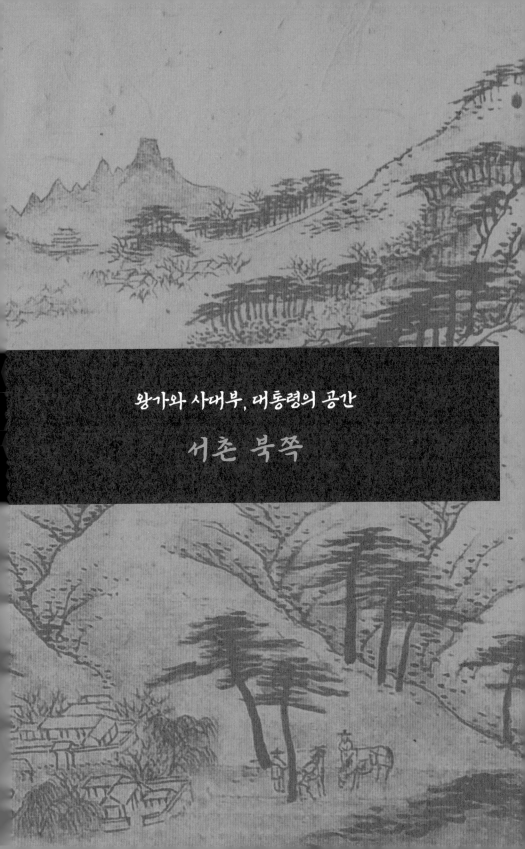

왕가와 사대부, 대통령의 공간

서촌 북쪽

01

대한민국 정치권력의 심장은 멈추는가

청와대

"중서문하성에서 보고하기를 '새로 남경을 만들려면 (…) 산수의 형세를 따라 동으로는 대봉(큰 봉우리)까지, 남으로는 사리(모랫말)까지, 서로는 기봉(갈림 봉우리, 인왕산)까지, 북으로는 면악(백악)까지를 경계로 하기를 청합니다'라고 하니 왕이 따랐다."(《고려사절요》, 숙종 7년 1102년 3월)

"권중화와 정도전, 심덕부, 김주, 남은, 이직 등을 한양에 보내 종묘, 사직, 궁궐, 시장, 도로의 터를 정하게 했다. 권중화 등은 고려 숙종 시대에 경영했던 궁궐 옛터가 너무 좁다 했다. 그 남쪽에 해방(북북서 방향)의 산을 주맥으로 하고, 임좌병향(남남동 방향)이 평탄하고 넓으며 지세가 좋으므로 여기를 궁궐터로 정했다."(《태조실록》, 1394년 9월 9일)

현재의 청와대 자리는 고려 때 남경 행궁이 있었던 곳으로 추정된다. 경복궁 쪽에서 청와대 터와 백악을 바라본 정선의 〈백악산 취미대〉. 개인 소장.

2022년 5월 20대 대통령 선거를 앞두고 주요 후보들이 모두 청와대 이전을 공약으로 내세웠다. 더불어민주당 이재명 후보는 경선 때인 2021년 8월 21일 세종시를 찾아가 "대통령 제2 집무실과 국회 분원을 세종시에 설치해 행정수도를 완성하겠다. 청와대도 세종시로 옮기는 것이 맞다"고 말했다.

국민의힘 윤석열 후보는 2022년 1월 27일 "대통령실을 광화문 정부서울청사에 설치하고 관저는 삼청동 총리공관 등으로 옮기는 방안을 검토 중이다. 기존 청와대 부지는 역사관이나 시민공원으로 활용될 수 있다"고 말했다. 국민의당 안철수 대선 후보도 2022년 1월 25일 "집권하면 세종로 정부청사에서 근무하겠다. 진짜 '광화문 대통령 시대'를 열겠다. 현재 청와대 집무실은 국빈 영접과 주요 정치 행사가 있는 날만 사용하겠다"고 말했다.

청와대를 다른 곳으로 옮기겠다는 아이디어는 처음 나온 것이 아니었다. 김영삼, 김대중 대통령은 광화문 정부서울청사에서 근무하려고 했고, 노무현 대통령은 세종시로 청와대를 옮기려 했다. 문재인 대통령은 광화문 대통령 시대를 공약한 뒤 실제로 방법을 검토했다. 그러나 경호나 보안 등 문제로 어느 대통령도 청와대를 떠나지 못했다.

논란 끝에 청와대의 대통령실은 2022년 5월 10일 윤석열 대통령의 취임과 함께 용산 국방부 청사로 전격적으로 옮겨졌다. 그러나 논란은 그치지 않았다. 대통령실이 청와대에서 나와야 한다는 사회적 공감은 있었지만, 용산 이전이 사전에 충분한 논의나 준비 없이 졸속으로 이뤄졌기 때문이다. 이로 인해 대통령실이 재난과 안보 상황에 제대로 대처하지 못한다는 비판이 쏟아졌다. 또 새 대통령실을 중장기적으로 어디에 둘지에 대한 사회적 합의가 없는 상태여서 용산 대통령실에 영빈관이나 관저 등을 갖추는 문제에 대해서도 야당과 시민의 반대가 이어졌다.

과연 청와대 터는 어떤 곳이기에 대통령 선거 때마다 다른 곳으로 옮기겠다고 했던 걸까? 청와대 터가 역사에 처음 등장한 것은 고려 때인 11세기 후반이다. 고려 문종은 1067년 현재 서울이 포함된 양주에 '남경'을 정했고, 다음 해엔 남경에 새 행궁(왕의 행차 때 임시 궁궐)을 지었다. 고려 숙종도 1099년 남경 건설을 추진했고, 1102년 남경의 경계를 확정했다. 남경의 경계는 북은 백

2022년 5월 10일 졸속 개방된 청와대 본관의 모습. 김규원.

악(면악), 서는 인왕산(기봉)으로 추정되나, 남쪽의 사리와 동쪽
의 대봉은 위치가 불확실하다. 다만, 지형상 고려의 남경과 조선
의 한양은 상당 부분 겹쳤을 것으로 보인다.

　고려 문종과 숙종이 남경 행궁을 지어 운영한 곳이 현재의 경
복궁 북쪽과 청와대 터로 추정된다. 왜냐하면 조선이 한양에 수
도를 정하고 경복궁을 지을 때 "고려 숙종 시대에 경영했던 (남
경의) 궁궐 옛터가 너무 좁다. 그 남쪽을 궁궐터로 정했다"고 《태
조실록》에 적었기 때문이다. 경복궁의 북쪽이 남경의 행궁 터
였다. 청와대 터의 역사는 고려의 남경 행궁으로부터 시작됐다.

　조선이 건국된 뒤 경복궁 신무문 북쪽의 고려 행궁 터엔 '회맹
단'이 조성됐다. 회맹단이란 왕과 신하들이 모여 동물의 피를 함
께 마시고 영원한 의리를 하늘에 맹세하는 '회맹제'가 열리는 제

정선의 그림 〈취미대〉를 보면, 오른쪽 소나무 뒤로 회맹단의 모습이 잘 그려져 있다. 위쪽은 경복궁 담장, 그 너머는 남산. 개인 소장.

단이다. 회맹제는 조선 초기 태종 때 시작해 18세기 영조 때까지 꾸준히 열렸다. 특히 영조는 1728년 3월 이인좌의 반란을 진압한 뒤 7월 대규모 회맹제를 열었다.

간혹 회맹제가 열렸지만, 궁궐 건물도 없고 민가도 없던 회맹단 일대는 황량했다. 1702년 10월 27일 《숙종실록》은 "회맹단 위에서 무사들이 활 쏘는 것을 한 대신이 막으려다가 무사들에게 맞을 뻔했다"는 사헌부의 보고를 적었다. 높은 제단이 있고 주변이 비어서 활터로 쓰기 좋았던 것이다. 18세기 정선의 그림 〈취미대〉(산 중턱), 〈은암동록〉(숨은 바위 동쪽 기슭)엔 텅 빈 이 일대 풍경이 잘 나타난다. 회맹단은 현재의 청와대 본관 앞 정문 일대로 추정된다.

회맹단 부근에 살던 김상헌은 청나라 선양에 잡혀있을 때 지은 연작시 〈근가십영〉(집 근처 10곳 시)에서 '회맹단'을 노래했다. "도성 북쪽 흰 모래땅이 깎은 듯 평평한데/네모난 제단은 옛날부터 편안했다/ … /일 지나고 사람 없으니 비어서 적막하다/달빛 희고 바람 맑으니 좋은 벗이 찾아오고/거닐고 거니니 즐거움이 끝이 없다/내 집은 소 울음 들릴 거리에 있으니/어느 날 돌아가서 지팡이 짚으며 걸을까?"

회맹단 일대는 1868년 흥선대원군의 경복궁 중건으로 완전히 새로워졌다. 회맹단 정도만 있던 곳에 무려 488칸의 건물이 새로 들어섰고 담장이 세워져 명확히 경복궁 후원이 됐다. 남서쪽(현재의 본관 진입로와 영빈관 일대)에 경농재 등 농업 장려 시설, 남동쪽(현재의 비서동과 녹지원 일대)에 융문당, 융무당 등 과거 시험장과 사열 시설, 북쪽(현재의 관저)에 옥련정 등 휴식 시

1920년대 경무대 융문당(왼쪽)과 융무당(오른쪽). 현재의 녹지원이다. 문화재청.

설이 들어섰다.

조선시대 내내 '회맹단'으로 불린 청와대 터는 고종 때 '경무대'라는 새 이름을 얻었다. 경무대는 주로 경복궁 후원 중 융문당, 융무당 일대를 가리켰지만, 흔히 경복궁 후원 전체의 이름으로도 사용됐다. '경무대'라는 이름은 경복궁의 '경'(큰)과 북문인 신무문의 '무'(무력)에서 비롯한 것으로 알려졌다. 융문당의 북문의 이름도 '경무문'이었다.

고종은 경복궁 후원의 융문당, 융무당이 완공된 1869년 2월부터 1894년 2월까지 25년 동안 경무대를 자주 찾았다. 《고종실록》에 218건, 고종 시기 《승정원일기》에 1095건이나 나올 정도였다. 주로 과거 시험을 많이 치렀고, 군대를 사열하거나 제사를 지내기도 했다. 그러나 동학농민혁명, 청-일 전쟁, 명성황후 시

1929년 일제는 경무대에서 조선 박람회를 열었다. 서울역사아카이브.

해, 아관파천(러시아공사관 피난)이 이어지면서 경무대는 역사의
무대에서 사라졌다.

일제 강점기에 경복궁과 후원은 조선총독부 소유가 됐다.
1915년 조선물산공진회, 1926년 조선총독부 완공, 1929년 조선
박람회를 거치면서 경복궁 건물의 90% 이상이 철거됐다. 1928년
경무대의 중심인 융문당, 융무당 건물도 용산구의 일본 절인 용
광사에 팔려나갔다. 해방 뒤 용광사는 원불교로 넘어갔고, 2007
년 이 건물들은 재개발로 인해 전남 영광으로 옮겨졌다.

1926년 경복궁에 조선총독부가 들어선 데 이어 1939년엔 경무
대에 조선총독 관저가 들어섰다. 해방 뒤 총독 관저는 존 하지 미
군 군정청 사령관의 관저가 됐고, 1948년 정부 수립과 함께 이승
만 대통령의 집무실 겸 관저가 됐다. 그것이 윤보선, 박정희, 전

일제는 1939년 경무대 터에 새 총독 관저를 지었다. 이것은 해방 뒤 대통령 집무실 겸 관저인 경무대, 청와대로 이어졌다. 1962년 청와대. 서울역사아카이브.

두환, 노태우 대통령까지 이어졌다. 민주화 이후인 1990~1991년 노태우 대통령은 새 관저와 집무실을 지었고, 총독 관저는 1993년 김영삼 대통령 시절 '역사 바로세우기' 차원에서 철거됐다.

　이승만 대통령 시절, 총독 관저는 고종 때의 전통에 따라 계속 '경무대'라고 불렸다. 그러나 4.19혁명으로 대통령이 된 윤보선은 독재자의 그림자가 드리운 경무대라는 이름을 버렸다. 당시 언론인이자 서울 역사 전문가였던 김영상이 '화령대'와 '청와대'를 대안으로 제시했고, 윤보선이 청와대를 선택했다. '청와대'(파란 기와집)는 총독 관저의 기와가 푸른색이어서 붙인 이름이다. 사실 총독 관저의 기와는 청색보단 녹색에 가까웠으나, 어쨌든 이름은 '청와대'로 바뀌었다.

'청와대'라는 이름의 역사적 유래는 분명하지 않다. 다만, 광해군 시절 현재의 서촌 남부 일대에 지어진 인경궁 건물에 고급 기와인 청기와(청와)를 많이 썼다고 알려져 있다. 현재 남아있는 창덕궁의 선정전은 청기와를 얹었는데, 인경궁의 광정전을 옮겨 지은 것이다. 인경궁이 있었던 서촌의 누상동 인왕산 자락엔 '청와동'이란 바위 글씨가 남아있는데, 인경궁의 청기와 건물과 관련이 있다는 추정이 있다.

윤석열 대통령은 2022년 5월 대통령실을 청와대에서 용산 국방부 청사로 졸속으로 옮겼다. 그 뒤 대통령실 문제에 대해서는 두 가지 공감대가 형성됐다. 하나는 단기적으로 대통령실을 용산으로 유지할지, 아니면 청와대로 돌아갈지에 대해 사회적 논의와 합의가 필요하다는 점이다. 더불어민주당은 일단 청와대로 돌아가야 한다는 의견이고, 국민의힘은 이미 옮겼으니 용산에 계속 있어야 한다는 의견이다. 이 문제는 앞으로의 총선이나 대선 결과에 따라 결정될 가능성이 크다.

둘은 중장기적으로 대통령실은 중앙 행정부가 대부분 옮겨간 세종시로 가야 한다는 점이다. 윤석열 정부는 2027년까지 세종시에 제2대통령실을, 국회도 2027년까지 세종시에 제2국회를 마련하기로 했다. 따라서 다음 대통령 임기 중에 세종시로 대통령실과 국회가 옮겨가는 것은 가능하다. 문제는 대통령실과 국회가 완전히 세종시로 옮겨가려면 헌법 개정이 필요하다는 점이다. 대통령실 문제는 아직 넘어야 할 산이 많다.

02

4명의 조선 왕을 낳은 천하명당

준수방과 장의동 잠저

"세종이 태조 6년(1397년) 4월 10일 한양 '준수방 잠저'에서 태어났다."(《세종실록》 중 총서)

"태종이 '장의동 본궁'에 가서 건축하는 것을 두루 살펴봤다."(《태종실록》, 1407년 8월 16일)

"태종이 '영견방 본궁'을 수리하도록 지시했다."(《태종실록》, 1411년 7월 3일)

모두 《조선왕조실록》에 나오는 내용들이다. 얼핏 보면 이 기록들은 서로 다른 곳을 이르는 것 같다. 그러나 역사학자들은 위 3곳의 잠저와 본궁을 사실상 같은 곳으로 본다. 바로 태종 이방원(1367~1422)의 잠저다. '잠저'는 왕이 되기 전에 왕이 살던 사

1911년 창의문 부근에서 본 도성 안의 모습. 가운데 흰 선이 효자로이며, 그 위쪽이 경복궁, 그 아래쪽이 서촌이다. 세종 이도는 아버지 이방원의 집이 있던 서촌의 준수방 또는 장의동에서 태어나 자랐다. 국립중앙박물관.

저를 말한다. '본궁'은 왕이 된 뒤에 그 잠저를 높이는 말이다.

널리 알려진 것처럼 세종 이도(1397~1450)는 이방원의 '잠저'에서 태어났다. 당시 이방원은 왕이 아니었고, 이도도 세자가 아니었다. 이 집은 이방원의 잠저지만, 그보다는 세종의 출생 장소로 더 유명하다. 세종의 출생 장소는 통상 한성부 북부 준수방으로 알려졌는데, 현재의 서울 종로구 통인동과 옥인동 일대다.

태종 이방원의 준수방 잠저는 왕의 잠저 중에서도 특별하다. 이 집에서는 무려 4명의 왕이 나왔기 때문이다. 태종이 살았고,

준수방은 현재 통인동과 옥인동으로 이뤄진 지역이다. 사진에서 아래쪽이 옥인동, 멀리 굴뚝 있는 건물 쪽이 통인동이다. 1953년 서촌 풍경. 공유 사진.

세종과 문종 이향(1414~1452), 세조 이유(1417~1468)가 여기서 태어났다. 조선 왕들 가운데 잠저 생활을 한 왕은 전체 27명 중 15명이나 될 정도로 많다. 맏아들이 세자가 되고 왕이 되는 장자세습의 원칙이 잘 지켜지지 못한 것이다. 그러나 한 잠저에서 4명의 왕이 나온 일은 전무후무하다.

이방원이 준수방 잠저에 자리를 잡은 것은 1395년 말께로 추정된다. 그때 아버지인 태조 이성계가 개성에서 한양으로 천도했기 때문이다. 이방원이 준수방에 자리 잡은 이유는 단순하다. 경복궁 바로 옆이었기 때문이다. 준수방 잠저는 경복궁 서쪽 문인 영추문에서 멀지 않은 곳에 있어서 궁궐 출입도 편리했을 것이다.

이방원만 경복궁 서쪽에 산 것이 아니었다. 배다른 아우이자 이방원이 죽인 이방번의 집도 바로 이방원의 집 북쪽 옥류동에 있었다. 이 집은 나중에 왕의 후궁들의 거처인 자수궁이 됐다. 현재는 종로구 보건소, 청와대 변전소, 서울경찰청 사이버수사과와 과학수사대, 군인아파트 등이 들어서 있다. 이방원의 형인 정종 이방과는 퇴위한 뒤 준수방 남쪽인 인달방 사직동에 인덕궁을 지어 살았다. 세종의 아들 안평대군 이용(1418~1453)은 준수방 서쪽 수성동에 비해당을 짓고 살았는데, 나중에 이 집은 세종의 형 효령대군 이보(1396~1486)에게 넘어갔다. 조선 초기 경복궁 서쪽은 왕가 전용 주거지였다.

이방원의 첫 준수방 잠저 살이는 길지 않았다. 이방원이 일으킨 1차 왕자의 난을 거쳐 즉위한 형 정종이 1399년 다시 개성으로 돌아가버렸기 때문이다. 그러나 이방원은 준수방 시절에 둘째 아들인 효령대군과 셋째 충녕대군를 얻었다.

이방원은 개경에서 조선의 3대 왕이 돼서 1405년 한양으로 돌아온 뒤에도 이 집을 계속 썼다. 이방원은 1408년 이 집의 서쪽에 연못을 파고 한가운데 누각을 지었다. 이 누각에서 상왕인 형 정종과 함께 여러 차례 술을 마시고, 잔치를 벌였다. 음악을 듣거나 춤이나 타구(폴로)를 구경하기도 했다. 심지어 술에 취해 정종과 신하들 앞에서 춤을 추기도 했다. 또 이방원은 1413년 5월 왕후 민씨가 병에 걸리자 한 달 동안 이 집에 옮겨와 머물면서 업무를 보고 기도회를 열었다.

세종은 1397년 이 집에서 태어나 1399년까지 잠시 살았다. 1405년 다시 한양으로 돌아온 뒤엔 부모와 함께 창덕궁에서 살았다. 나이가 어렸기 때문이다. 1408년 혼인하고 1412년 대군에 임명됐는데, 그 뒤에 다시 이 집으로 돌아와 살았던 것 같다. 그러나 이방원이 왜 둘째 아들인 효령대군에게 이 집을 주지 않고, 셋째 아들인 충녕대군에게 이 집을 줬는지는 알 수 없다. 물론 맏아들인 양녕대군은 세자여서 궁궐에서 살았다. 앞서 이방원은 1407년, 1411년 이 잠저를 수리했고, 아들들에게 따로 집을 지어 주는 문제를 고민하기도 했다.

이 집은 세종에게도 특별한 곳이었다. 1418년 8월 경복궁에서 조선 4대 왕으로 즉위한 뒤에도 1달 넘게 이 집에서 업무를 봤다. 상왕인 이방원이 머물던 창덕궁에 아직 자신의 거처가 마련되지 않았기 때문이다. 당시 상왕인 태종은 새 왕인 세종에게 "장의동의 본궁으로 돌아가서 창덕궁의 공사가 끝나기를 기다려라"라고 지시했다. 아직 세종은 진짜 왕이 아니었다.

그 뒤에도 세종은 어려운 일이 있을 때마다 잠저를 찾아갔다. 세종에겐 어머니 같고, 고향 같은 집이었다. 심한 가뭄이 들자 1425년 7월 7일 "커다란 집(경복궁이나 창덕궁)에 편안히 있을 수 없어서 본궁(사저)으로 피하여 있고 싶다. 그러나 더위가 심한데 (경호) 군사가 있을 만한 곳이 없어서 그냥 이 궁에 거처한다"고 하소연했다.

그러나 결국 20여일 뒤인 7월 28일 저녁 세종은 가마를 타고 서문(경복궁 영추문이나 창덕궁 금호문)으로 나가 장의동 잠저로 거처를 옮겼다. 날이 이미 어두웠으나 등불을 켜지 않았고 세자

경복궁 영추문은 태종 이방원이 1차 왕자의 난을 일으키기 위해 준수방 잠저로 향할 때 궁궐을 나선 문이다. 현재 영추문은 원래 위치보다 50m 정도 북북으로 옮겨져 있다. 문화재청.

도 따라갔다. 세종이 병이 들어 액막이 차원에서 간 것이다. 1431년 8월에도 세종은 병을 이유로 장의동 본궁으로 거처를 옮겼다.

그러나 준수방 잠저는 이미 세종의 재위 시절에 퇴락해버렸다. 아마도 태종과 세종의 사저여서 다른 사람은 감히 살 수 없었기 때문인 것 같다. 1433년 7월 세종은 "장의동에 있는 태종 잠저의 옛터가 이제 더부룩한 풀밭이 돼서 내가 차마 볼 수가 없으니, 다시 궁전을 지어서 부왕의 초상화를 모시는 것이 어떻겠는가?"하고 신하들에게 물었다. 그러나 신하들은 "종묘를 세워서

통인동 세종 집터 추정지. 김규원.

만대가 가도록 했으니 따로 궁전을 설치할 수가 없습니다. 다만 소나무나 심도록 하심이 좋겠습니다"라고 반대한다. 세종은 이 반대를 이기지 못했고, 그 뒤 장의동 본궁은 재건되지 못했다.

준수방 잠저에서 태어난 문종과 세조의 기록은 많지 않다. 여기서 태어난 뒤 아버지 세종이 왕이 되자 창덕궁으로 이사했기 때문이다. 문종은 "1414년 10월 3일 한양의 잠저에서 태어났다"고 《실록》에 적혀있다. 세조도 "1417년 둘째 아들로 본궁에서 태어났다"고 《실록》에 적혀있다. 그 뒤에 세자였던 문종은 계속 궁에 살았고, 세조는 궁을 나가 영희전(현재의 중부경찰서 자리) 부근에서 살았다.

그러나 여전히 태종 이방원의 준수방 잠저와 장의동 본궁, 영견방 본궁에 대해서는 논란이 있다. 첫째 이 세 집이 정말로 같은 집인가 하는 의문이다. 예를 들어 조선 후기 지도를 보면, 준수방은 백운동천 서쪽 통인동에 있고, 장의동(장동)은 백운동천 동쪽 효자동에 있다.

이 문제에 대해 2012년 〈조선 초기 경복궁 서쪽 지역의 장소성과 세종 탄생지〉라는 논문을 쓴 이익주 서울시립대 교수는 "준수방의 위치는 논란이 없다. 다만 장의동은 넓은 범위와 좁은 범위가 있는데, 이방원의 집은 준수방과 넓은 범위의 장의동이 겹치는 지역에 있었을 것"이라고 말했다. 넓은 범위의 장의동은 현재의 서촌 전체를 아우르므로 당연히 준수방도 그 안에 포함된다는 것이다.

또 준수방이나 장의동(순화방)은 한성의 북부였는데, 영견방은 서부였다는 점도 잘 맞지 않는다. 서촌의 역사를 다룬 책《오래된 서울》의 지은이인 언론인 김창희는 "이방원의 집의 규모가 커서 북부 준수방과 서부 영견방에 걸쳐 있었을 수 있다. 현재의 서촌도 한성의 북부와 서부가 함께 있는 지역"이라고 말했다. 조선시대에 현재 서촌의 중북부는 한성의 북부, 서촌의 남부는 한성의 서부였다.

이방원의 잠저가 구체적으로 어디에 있었는지는 더 어려운 문제다. 현재 서울시에서 설치한 '세종대왕 나신 곳' 표지석은 통인동과 자하문로(옛 백운동천)가 만나는 형제슈퍼 부근에 있다. 여기서부터 참여연대 일대까지가 세종의 탄생지라는 의견이 있

이방원의 사저가 있던 준수방(빨간 원)과 장의동(파란 원)은 가깝지만, 서로 다른 지역이다. 1750년 〈여지도〉 중 '도성도'. 서울대학교 규장각.

다. 그러나 표지석이 있는 곳은 백운동천 바로 옆으로 왕족의 집 터로는 어울리지 않는다.

이익주 교수는 이방원의 집을 통인동의 어느 지점이 아니라, 통인동의 대부분 지역(1만 3천여 평)으로 추정했다. 당시 실력자였던 이방원은 집터의 규모에 제한을 받지 않았고, 상당한 규모의 사병도 보유하고 있었기 때문이다. 실제로 조선 후기에 역시 서촌에 있던 영조의 사저 창의궁의 면적도 7천 평가량이었다.

김창희 작가는 "이방원 잠저의 본채는 통인동 중간의 참여연대 부근보다는 통인동 북쪽 통인시장 쪽에 있었을 가능성이 크

다. 그쪽이 물(옥류동천)을 앞에 두고 언덕에 기대는 전통적인 집
터 자리이기 때문이다"라고 설명했다.

이방원의 잠저에 대한 마지막 《실록》 기사는 1438년 10월에
나온다. 그 뒤에 이방원의 잠저에 대한 기록은 찾아볼 수 없다.
다만,《실록》과《한경지략》등을 보면, 준수방에 내시부와 사포
서, 내섬시 등 왕실 관련 기관들이 있다는 기록이 나온다. 왕실
의 터를 민간에 넘기지 않고 왕실에서 계속 사용하는 관행에 비
춰보면 이들 기관이 이방원의 집터에 들어선 것은 아니었을까?

물론 현재는 이들 기관의 정확한 위치도 알 수 없다. 현재 통
인시장 북쪽으로 큰 터에 22경찰경호대가 들어서 있고, 이 일대
가 일제 강점기에도 필지가 크고 큰 건물이 있었다. 혹시 이곳이
아니었을까 추정해본다.

03

역사의 어둠 속에 묻혀버린 서촌의 진짜 이름

장동

"날이 4월임에도 이리 춥사온데, 어머니와 한결같이 잘 지내
시옵니까? 아버님께서는 감기로 불편하시다 하던데 어찌 하오신
지요? 즉시 나으시고 모든 일이 한결같으신지 멀리서 애태우는
마음이 끝이 없사옵니다. 대구 감영의 모든 일은 한결같이 편안
하옵니까?"

1818년 4월 26일 추사 김정희는 대구 감영에 머물던 아내 예안
이씨에게 한국어와 한글로 편지를 썼다. 아내 이씨는 당시 경상
감사로 일하던 김정희의 친아버지 김노경을 따라 대구 감영에
가서 살림을 돕고 있었다. 혼자 서울에 남은 김정희의 이 편지엔
아내와 부모에 대한 애틋한 그리움이 잘 드러나 있다. 특히 아내
에게 꼬박꼬박 "하옵니다", "하옵니까"하고 높임말을 쓴 것이 눈
에 띈다. 당시 김정희는 1819년에 열리는 대과(문과)를 준비하느

라 서울 집에 머물던 터였다.

이 편지는 봉투와 함께 남아있는데, 봉투
겉장에 이렇게 쓰여 있다. '녕녕, 내아 입납,
장동 상장, 근봉'. 여기서 '녕녕'寧寧이란 '안
녕하시라'는 뜻이고, '내아 입납'內衙 入納은
'관청의 안채로 들어간다'는 뜻이다. '장
동 상장'壯洞 上狀은 '장동에서 편지 올린다'는
뜻이고, '근봉'謹封은 '삼가 봉한다'는 뜻이
다. 요즘 식으로 하면, 보내는 곳, 받는 곳
을 쓴 것이다.

1818년 김정희가 아내에게 쓴
편지엔 자신의 집 월성위궁이
'장동'에 있다고 적었다. 국립
중앙박물관.

여기서 '장동'이 눈에 띈다. '장동'은 어
디를 말하는 것일까? 옛 서울 지도를 보면,
'장동'은 경복궁 서북쪽에 있는 현재의 서울의 종로구 효자동,
궁정동 일대를 말한다. 당시 행정구역으로는 한성부 북부 순화
방 장동(장의동)이었다. 그런데 김정희가 살던 집 월성위궁은 현
재의 서울 종로구 적선동에 있었다. 당시엔 한성부 서부 적선방
이었다. 경복궁 서십자각 네거리 부근이다. 그런데 김정희는 '적
선방'이나 '월성위궁'이라고 쓰지 않고 '장동'이라고 썼다.

왜 그랬을까? 월성위궁은 김정희의 증조부인 김한신이 영조
의 딸 화순옹주의 남편이 되면서 영조로부터 받은 집이었다. 월
성위궁은 영조가 사랑하는 딸의 집이었고, 영조의 사저였던 창
의궁 바로 남쪽 집이었다. 더욱이 김정희의 친아버지 김노경과
양아버지 김노영이 큰 벼슬을 했기 때문에 도성 안에서 모르는
사람이 없는 집이었다. 심지어 나중엔 월성위궁이 있던 동네 자

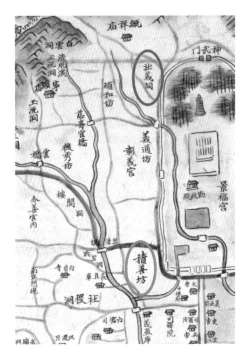

1750년 〈도성도〉엔 경복궁 서북쪽에 장의동(장동), 서남쪽에 적선방(월성위궁)이 표시돼 있다. 서울대학교 규장각.

체를 월궁골, 월궁동이라고 부르기도 했다. 김정희 집안의 집 이름이 동네 이름이 된 것이다. 그래서 김정희가 자신이 살던 월성위궁을 '장동'이라고 표현한 것은 조금 이상하다.

김정희가 편지에 '장동'이라고 쓴 맥락을 이해하려면 장동이란 지명의 뿌리를 살펴봐야 한다. 장동壯洞이란 지명은 조선 전기엔 '장의동'壯義洞, 藏義洞, 莊義洞, 또는 '창의동'彰義洞, 昌義洞으로 나온다. 장의동은 신라 태종 무열왕 때인 659년 현재의 서울 종로구 세검정초등학교 일대에 지어진 장의사壯義寺 또는 藏義寺에서 비롯한 것으로 보인다. 죽어서도 충성을 다한 신라의 신하들인 장춘과 파랑의 명복을 빌기 위해 지은 절이었다. 장의壯義는 '정의를 단단히 하다', 장의藏義는 '정의를 품다', 장의莊義는 '정의를 엄격히 하다'라는 뜻이다.

창의동彰義洞, 昌義洞이란 지명은 도성의 북서문인 '창의문'에서 비롯한 것으로 보인다. 1396년 9월 도성을 쌓은 뒤 8개 문의 이름을 정할 때 '창의문'彰義門으로 지었고, 한자를 달리 해 '창의문'昌義門으로도 썼다. 심지어 소리를 달리 해 장의문藏義門, 壯義門, 莊義門이

서촌은 조선시대에 '장동'이나 '장의동'으로 널리 불렸다. '장의사로 나가는 길목의 동네', 또는 '창의문 안 동네'라는 뜻이다. 현재 서촌의 모습. 김규원.

라고도 썼다. 영조 이금의 사저였던 '창의궁'彰義宮도 이 창의문彰義門에서 나온 것이다. 창의彰義는 '정의를 밝힌다'는 뜻이고, 창의昌義는 '정의를 번창하게 하다'라는 뜻이다.

정리하면, 장동은 원래 장의동, 또는 창의동이었다. 그런데 장의동은 세검정의 '장의사'에서 비롯한 지명이고, 창의동은 도성의 서북문인 '창의문'에서 비롯한 지명이다. 사실 '창의문'이란 이름도 '장의사'에서 비롯했을 가능성이 있다. 결론적으로 신라 때 세워진 '장의사'라는 절이 장의동, 장동뿐 아니라, 창의문, 창의동, 창의궁의 뿌리가 된 것이다. 결국 '장동'이란 '도성에서 장의사로 나가는 길목에 있는 동네'이거나 '창의문 안 동네'라는 뜻이다.

장동의 명칭은 시대에 따라 다양하게 변해왔다. 《조선왕조실록》을 보면, 가장 먼저 태종 때 장의동藏義洞이 나타났고 세조 때부터는 장의동壯義洞이 함께 쓰이기 시작했다. 세종 때는 창의동昌義洞이 한번 나타났고, 중종 때부터 인조 때까지는 창의동彰義洞도 나타났다. 그 뒤 장의동藏義洞이란 표현은 선조 때를 마지막으로 사라졌고, 그 뒤로는 장의동壯義洞이란 표현만 쓰였다. 장의동莊義門도 선조에서 광해군 시절 잠깐 나타났다.

그러다 조선 후기가 되면 장의동의 준말인 '장동'壯洞이 많이 나타났다. 장동壯洞은 숙종 때 처음 나타났고, 장의동壯義洞은 영조 때를 마지막으로 사라졌다. 그 뒤 장동壯洞은 1895년 고종 때 '관립장동소학교'(현재 매동초등학교)까지 사용됐다. 그러나 1914년 일제가 행정구역을 대규모로 바꾸면서 '장동', '장의동'이란 유서깊은 지명은 영영 사라졌다. 그 자리엔 일제가 붙인 효자동, 궁정동이 자리 잡았다.

〈한국고전종합데이터베이스〉에서 장동과 장의동, 창의동이 조선시대 문헌에서 사용된 횟수를 확인해 보면 모두 468건이었다. 그 가운데 장동壯洞이 285건으로 압도적으로 많다. 그 다음으로는 장의동藏義洞 73건, 장의동壯義洞 72건, 창의동彰義洞 26건, 장의동莊義洞 11건, 창의동昌義洞 1건 등이다. 창의문은 모두 615건이 나오는데, 창의문彰義門이 543건으로 압도적으로 많다. 그 다음으로 장의문藏義門 44건, 장의문壯義門 11건, 창의문昌義門 9건, 장의문莊義門 8건 등이었다.

장동이란 지명은 3가지 범위를 갖는다. 좁은 범위(붉은 원)는 경복궁 서북쪽의 동네 이름이다. 중간 범위(파란 원)는 장동과 청풍계, 옥류동 등 장동 김씨와 사대부의 주거 지역이다. 넓은 범위(푸른 원)는 경복궁 서남쪽의 창의궁과 월성위궁, 필운대를 포함한 현재의 서촌 전체다. 서울대학교 규장각.

  장동의 유래와 한자가 매우 복잡한 것처럼 장동의 범위도 매우 다양하다. 장동의 가장 좁은 범위는 현재의 효자동과 궁정동이다. 이것은 조선 때 지도에 표시된 장동이다. 대부분의 조선 지도에서 장동(장의동)은 경복궁 서북쪽에 모서리에 표시돼 있다. 조선 후기 '장동'은 장동(신안동) 김씨 김상헌과 깊은 관련이 있다. 궁정동 일대에 김상헌의 집 '무속헌'이 있었고, 무속헌은 김상헌의 후손들이 19세기까지 대대로 살았다. 그밖에 이 일대에 김수흥의 독락정, 김창흡의 낙송루, 김창립의 중택재 등 김상헌 후손들의 집과 정자들이 많았다. 사실 '장동 김씨'라는 표현

장동에서 사대부는 주로 옥류동 천 북쪽(붉은 원)에 살았고, 중인과 평민들은 옥류동천 남쪽 누각동(파란 원)에 살았으며, 왕가의 집들은 주로 백운동천 동쪽(푸른 원)에 있었다. 서울대학교 규장각.

자체가 김상헌의 장동 집 '무속헌'에서 비롯한 것이다.

장동의 둘째 범위는 옥류동천(옥인길+자하문로 7길))을 기준으로 서촌의 북부를 가리키는 것이다. 《한경지략》 등 많은 문헌에선 장의동을 육상궁 일대(김상헌의 집)와 청풍계(김상용의 집) 일대로 보거나 좀더 넓게는 옥류동과 백운동, 자하동 일대까지 포함하기도 한다. 이것은 장동 김씨를 비롯한 사대부들의 영역을 표시한 것이다.

조선시대 서촌 일대에서 살았던 유력 가문들인 창녕 성씨(성수침, 성혼), 연일 정씨(정철), 장동 김씨(김상용, 김상헌, 김수항, 김창집), 의령 남씨(남용익, 남유용, 남공철), 기계 유씨(유척기, 유언호, 유한준), 임천 조씨(조원, 조희일, 조정만) 등은 대부분 옥류동천 북쪽에 살았다. 옥류동 북쪽인 준수방(통인동)에 있던 태종 이방원의 사저는 '장의동 본궁'이라고도 불렸다.

셋째로 장동의 가장 넓은 범위는 '장동'이란 지명의 유래에서 본 것처럼 창의문 안 동네 전체를 말하는 것이다. 현재 서촌이라고 부르는 영역과 거의 일치한다. 북쪽으로는 창의문과 백악, 남쪽으로는 사직단 앞길(사직로 8길), 서쪽으로는 인왕산, 동쪽으로는 경복궁이 경계다.《조선왕조실록》등 여러 문헌에서 이 영역을 포괄적으로 '장동', '장의동'이라고 썼다.

《실록》을 보면, 태종 때인 1412년 2월 "장의동 어귀로부터 종묘동 어귀까지 (청계천의 석축을) 모두 돌로 쌓았다"고 적었다. 여기서 장의동은 서촌 일대를 말한 것이다. 태종 때인 1418년 4월 "하륜이 '세대마다 공신이 있어서 수시로 전각을 세운다면 비록 장의동의 땅이 다 차더라도 부족할 것입니다'라고 했다"고 돼 있다. 이 역시 서촌 전체를 말한 것이다.

장동의 가장 넓은 범위를 잘 보여주는 또다른 근거는 겸재 정선(1676~1759)의 〈장동팔경첩〉이다. 이 화첩은 현재 서촌 일대의 명승지 8곳을 그렸는데, 국립중앙박물관과 간송미술관에 하나씩, 두 판본이 있다. 모두 16장의 그림이지만, 중복된 곳을 빼면 11곳을 그렸다.

이 그림첩을 보면, 정선이 살았던 17~18세기에도 장동의 범위는 효자동, 궁정동 일대에 국한되지 않고, 서촌 전체를 아울렀다. 〈장동팔경첩〉에 등장하는 11곳이 서촌 전체에 흩어져 있기

정선의 〈장동팔경첩〉은 장동의 유래가 된 창의문 등 서촌의 11개 풍경을 그렸다. '창의문'. 국립
중앙박물관.

때문이다. 서촌 북부의 창의문과 백운동, 자하동(이상 자하문터널 부근), 청송당(경기상고 안), 서촌 북중부의 대은암과 독락정, 취미대(이상 청와대 일대), 청풍계(청운초 북쪽), 서촌 중남부의 수성동과 청휘각(옥인동), 필운대(필운동) 등이다.

정선이 〈장동팔경첩〉을 그린 것은 정선의 스승이자 후원자였던 장동 김씨 여섯 형제들과 관련이 깊다. 정선은 현재의 서울 종로구 청운동 경복고 안의 유란동에서 태어나 자랐다. 유란동은 장동 바로 북쪽이다. 나이 들어서는 옥류동 아래에 살았는데, 현재의 종로구 옥인동 군인아파트 부근이다. 유란동과 옥류동은 모두 장동 김씨들의 영향권이었다.

정선이 활동하던 때 유명했던 장동 김씨 여섯 형제들은 영의정 김창집, 대제학 김창협, 사헌부집의 김창흡, 이조참의 김창업, 김창즙, 김창립이다. 김상헌의 후손인 이 형제들은 각자의 분야에서 모두 이름을 얻어 '6창'이라고 불렸다. 특히 김창집은 정선을 도화서 화원으로 추천했고, 김창흡은 정선의 스승이었다. 그 후원 덕에 정선은 〈장동팔경첩〉을 비롯해 서울과 전국의 진경산수화 수백점을 남겼다.

정선이 자신을 후원한 장동 김씨 형제들의 활동 무대를 그린 그림이 〈장동팔경첩〉 아니었을까? 서촌 전체를 대상으로 그린 그림첩에 '장동'이란 이름을 붙인 것은 이 유력 집안에 대한 감사와 존경의 표시가 아니었을까? '장동'이란 지명이 이 한 집안의 대명사처럼 쓰였던 당시 상황을 고려하면 얼마든지 가능한 일이다. 당시 장동 김씨들의 영향력은 정치를 넘어 학문과 문학, 예술까지 펼쳐져 있었다.

장동 김씨의 전성기를 연 김수항의 맏아들인 영의정 김창집. 국립중앙박물관.

김수항의 셋째 아들이자 김창집의 동생이었던 사헌부 집의 김창흡. 위키피디아.

정선보다 1세기 뒤에 태어난 김정희도 이 영향권에서 벗어날 수 없었다. 김정희의 집안도 정승과 판서, 부마를 배출한 명문가였다. 그러나 조선 제1의 권력 가문이었던 장동 김씨들과는 비교할 수 없었다. 특히 김정희는 장동 김씨들과 악연이 있었지만, 같은 서인 노론이기도 했다. 김정희가 아내에게 쓴 편지 봉투에 자신의 집을 '장동'이라고 쓴 데는 이렇게 장동 김씨들의 짙은 그림자가 드리워져 있다.

2010년 서촌이 한옥밀집지구로 지정되면서 '서촌'이란 이름이 논란이 됐다. 어떤 이들은 서촌이 과거에 '서소문'이나 '정동' 일대를 말하는 것이라고 주장했다. 어떤 이들은 서촌의 옛 이름이 '웃대'(우대) 또는 '상촌'이라고 주장했다. 심지어 2011년 서울 종로구청은 '서촌' 대신 '세종마을'로 부르자고 주장했다. 긴 논란 끝에 '서촌'은 사실상 승리했지만, 현재도 서촌의 행정 명칭은

'경복궁 서측'이다.

사실 '서촌'이란 지명도 역사적 근거가 많다. 서촌이 서촌이란 이름을 얻은 가장 강력한 근거는 인왕산의 옛 이름인 '서산'일 것이다. 또 서촌의 남부는 행정구역상 한성부의 '서부'였으며, 서촌에 지어진 광해군의 인경궁은 '서궁'이라고 불렀다. 또 서촌을 대표하는 당파는 '서인'이다.

조선 후기 조정만이 주도한 서촌의 사대부 시모임은 '서림'(서쪽 숲)이었다. 마성린이 주도한 서촌의 중인 시모임은 '서사'(서쪽 모임)였으며, 이춘제의 별서 이름은 '서원'(서쪽 정원), 정선의 그림에 나오는 별서의 이름은 '서정'(서쪽 정원), 이덕무의 시에서 서촌의 도성은 '서곽'(서쪽 성곽)이었고, 조정만은 서촌의 청풍계 부근을 '성서'(도성 서쪽)라고 적었다. 이런 배경에서 김한배 서울시립대 전 교수가 지은 '서촌'이란 이름이 나온 것이다.

그러나 이 복잡한 논란 속에서도 조선 500년 동안 줄곧 사용된 '장동', '장의동'은 거론되지 못했다. 1914년 일제의 행정구역 개편으로 사라진 '장동'이 완전히 잊힌 것이다. 태종 이방원과 세종 이도, 문종 이향, 세조 이유, 안평대군 이용, 성수침, 조식, 정철, 성혼, 이이, 이항복, 김상용, 김상헌, 김수항, 김창집, 영조 이금, 정선, 김정희, 김윤식 등 쟁쟁한 인물들이 활동한 '장동'은 그렇게 일제의 어둠 속에 묻혀버렸다.

04

안평, 조선의 꿈을 〈몽유도원도〉에 그리다

수성동 비해당

"1447년 4월 20일 밤 잠자리에 들었더니 정신이 아른거려 나는 곧 깊은 잠에 떨어지며 꿈속으로 빨려 들어갔다. 갑자기 나는 박팽년과 어느 산 아래 도착했다. 산봉우리는 겹겹이 있고 깊은 계곡은 그윽했다. 복숭아꽃이 핀 나무 수십 그루가 늘어선 사이로 오솔길이 있었다. (…)

그때 몇 사람이 뒤따라왔으니 바로 최항과 신숙주였다. (…) 나와 서로 좋아하는 사람이 여럿인데 어찌 두세 사람만 동행해 도원에서 놀았던가. (…) 이들 몇 사람과 사귀는 도리가 두터워 함께 여기에 이른 듯하다.

이제 안견에게 말해 그림을 그리게 했다. (…) 나중에 이 그림을 보는 사람이 옛 그림을 구해 내 꿈과 비교해본다면 반드시 무슨 할 말이 있을 것이다. 꿈꾼 지 사흘 만에 그림이 완성돼 비해당의 매죽헌에서 이 글을 쓴다."(안평대군 이용, 《도원기》, 1447년)

안견의 〈몽유도원도〉는 조선 초기 최고의 풍경화로 꼽힌다. 1447년 29살이던 안평대군 이용(1418~1453)이 안견에게 주문한 그림이다. 이용은 그 이유에 대해 《도원기》에 자세히 써놓았다. 꿈에 우연히 도원(이상향, 낙원)에 가서 박팽년, 최항, 신숙주와 함께 놀았고, 그것을 잊을 수 없어 안견에게 그리게 했다는 것이다.

이 그림이 완성된 뒤에 이용은 자신 외에 21명에게서 글을 받아 이 그림에 붙였다. 이 꿈에 함께 했던 박팽년, 최항, 신숙주는 물론이고, 김종서, 성삼문, 이개, 정인지, 서거정, 박연, 이현로 등 당대 최고의 대신과 문인들이 망라됐다. 그래서 몽유도원도의 세로 길이는 41㎝지만, 가로는 17.58m에 이른다.

이 그림은 조선의 절정이었던 세종대의 문화적 역량을 보여준다는 평가를 받는다. 이 그림이 그려진 1447년은 세종의 업적 중 최고로 평가받는 한글을 만든 지 1년 뒤다. 또 주요 업적인 영토 확장이나 무기 개발, 천문학, 음악, 인쇄술, 법률, 형벌 등 정비가 거의 완성된 시기였다. 따라서 이 그림이 '태평성대'라는 말이 어울리는 이 시대의 꿈과 희망, 낭만주의를 보여준다는 것이다.

이것은 이 그림을 주문한 이용을 보면 알 수 있다. 안평대군은 당대부터 '시서화 삼절'(글·글씨·그림에 뛰어난 사람)로 평가됐고 음악에도 뛰어났다. 한 마디로 천재였다. 글씨는 조선 전기 4대 명필로 그의 글씨는 활자로도 만들어졌고 글씨 교과서로도 널리 사용됐다. 또 이용은 뛰어난 시인이었고 《당송팔가시선》 등 많은 시집의 편집자였다.

이용은 그림에서도 뛰어났고 《소상팔경시권》 등 시서화 종합 작품의 편집자였다. 더욱이 이용은 조선 초기, 최초이자 최대의 수집가였다. 신숙주가 쓴 '화기'(그림기록)에 따르면, 이용은 27 살 때인 1445년 자신의 집 비해당에서 중국 동진과 당, 송, 원, 조선, 일본의 화가와 명필 35명의 작품 222점을 신숙주에게 보여줬다. 여기엔 고개지, 왕유, 소동파, 조맹부 등 전설적인 예술 가들의 작품이 포함돼 있었다. 당시 이용은 책도 1만 권이나 소 장하고 있었다.

이용을 이렇게 뛰어난 문화예술계의 지도자로 만든 사람은 아

안견의 〈몽유도원도〉. 일본 덴리 대학 도서관.

버지 세종 이도였다. 이도는 둘째 아들인 수양대군 이유와 셋째
인 이용을 어려서부터 성균관에 보내 공부시켰다. 한 살 터울이
었던 형 이유(1417년생)와 이용(1418년생)은 성균관에서 또래들인
박팽년(1417년생), 신숙주(1417년생), 이개(1417년생), 성삼문(1418
년생) 등과 함께 공부하며 성장했다. 이 뛰어난 형제와 친구들이
서로 협력할 수 있었다면 아버지 세종 시대에 이어 조선은 또 한
번의 전성기를 열 수도 있었다. 그러니 나중에 이들 가운데 이유
와 신숙주는 쿠데타(계유정난)를 일으켜 이용과 박팽년, 이개, 성
삼문을 모두 죽여버린다.

조선 초기 대표 명필이었던 안평대군의 행서체를 보여주는《소원화개첩》(좌, 국립중앙박물관)과 해서체를 보여주는《몽유도원기》(우, 일본 덴리 대학 도서관).

아버지 이도는 재능이 뛰어났던 왕자들에게 공부만 시킨 것이 아니었다. '왕족에겐 나랏일을 맡기지 않는다'(종친불임)는 보편적인 원칙을 지키지 않고 왕실의 일뿐 아니라 정부나 문화, 예술, 종교 업무를 광범위하게 맡겼다. 이 덕에 이용과 이유는 정치적으로도 힘을 갖게 된다. 이것이 나중에 이유의 쿠데타와 이용의 죽음이라는 가족과 국가의 비극으로 이어진다.

사실 세종 이도는 이런 점을 우려해 미리 두 왕자를 각별히 단속했다. 먼저 재능이 더 뛰어났던 셋째 아들 이용에겐 1442년 집이름(당호)이자 대표적 호였던 '비해당'을 내렸다. '비해당'에서 '비해'匪懈는《시경》의 '증민지시'에 나오는 구절로 전체 문장은 '밤낮으로 게으름 없이 한 사람을 섬긴다'고 돼 있다. 다시 말해 다른 마음을 먹지 말고 세자인 큰형 이향(문종)에게 충성하라는 뜻이었다.

세종은 둘째 아들 이유에게는 대군 작호(작위 이름)를 내려서 단속했다. 애초 수양대군 이유의 작호는 진평이었다가 함평, 진양으로 바뀌었는데, 1445년 '수양'이란 작호를 새로 내렸다. 수양은 충절의 상징인 백이와 숙제가 고사리를 캐먹다가 굶어 죽었다는 '수양산'에서 나온 말이었다. '비해'와 마찬가지로 '수양' 역시 큰형인 세자 이향에게 충성을 다하라는 뜻이었다.

안평대군 이용의 절친으로 꿈속에서 도원에 함께 다녀온 신숙주. 수양대군 이유의 쿠데타 때 수양대군 편에 섰고, 용산에 있던 안평대군의 별서 담담정을 차지했다. 문화재청.

그러나 두 형제의 길은 문종 이향이 즉위한 뒤 완전히 갈렸다. 이용은 문종이 즉위한 해인 1450년 9월 3년 전에 꿈에서 본 도원과 같은 곳을 창의문 밖 인왕산 자락에서 발견했다. 다음해인 1451년 7월 이곳에 '무계정사'라는 집을 지은 뒤 친구인 박팽년과 성삼문, 이개, 서거정 등을 불러 시와 글을 짓게 했다. '무계'는 무릉도원 계곡, '정사'는 도닦는 집을 뜻한다. 이용은 되도록 세속을 떠나려는 모습이었다. 그것은 권력으로부터 좀 더 안전해지는 길이기도 했다.

반면, 이유는 이 시절에 명문가 출신이지만 별 볼 일 없었던 한명회, 권람 등과 어울렸다. 1452년 문종이 갑자기 세상을 떠나고 조카인 단종 이홍위가 왕위에 오르자 한명회 등은 이유에게 반란을 꾀하는 이용을 먼저 치라고 권유했다. 그러나 1452~1453년 이용은 둘째 아들과 부인의 잇따른 죽음으로 정신을 차리지 못하는 상태였다.

이유는 1453년 쿠데타(계유정난)를 일으켰다. 이용이 김종서 등 고명대신(선왕에게 뒷일을 부탁받은 대신)들과 함께 단종에 대한 반란을 꾀했다는 명분이었다. 이용은 사약을 받았고, 김종서, 황보인 등 수십명이 살해, 처형됐다. 또 1456년 박팽년, 성삼문, 이개, 하위지, 유성원, 김문기 등 사육신의 단종 복위 시도 사건, 1457년 금성대군의 단종 복위 시도 사건으로 단종과 금성대군이 사약을 받았고, 또 수십명이 살해, 처형됐다. 이용이 이유의 주장처럼 반란을 꾀했는지는 알 수 없다. 다만 김종서 등 고명대신들과 박팽년 등 집현전 학자들이 이유보다 이용과 더 가까웠던 것은 사실로 보인다.

수양대군 이유는 이 수많은 죽음을 일으키고 1455년 왕위에 올랐으나 불과 13년 뒤 극심한 피부병(한센병이라고도 함)과 정신병을 앓다가 숨졌다. 이유의 큰 아들 의경세자와 작은 아들 예종 모두 19살에 요절했다. 학살에 대한 죗값을 치렀다고 할 수 있을까?

이용이 보유했던 수많은 글과 글씨, 그림들은 모두 불태워진 것으로 추정된다. 1453년 10월 25일 《조선왕조실록》은 '그때 이용과 (측근) 이현로의 집에 괴상하고 신비한 글이 많았는데, 세조가 보지도 않고 모두 불태워버렸다'고 적었다. 조선 초기 최대의 수집품들이 한순간에 재가 돼버린 것이다.

그러나 그의 꿈이 그려진 〈몽유도원도〉는 440년 뒤인 1893년 일본 사쓰마번(현재의 가고시마현)에 기적처럼 나타났다. 이 지역 귀족이었던 시마즈 가문에서 소유하고 있었던 것이다. 시마즈 집안의 조상이자 사쓰마 영주였던 시마즈 요시히로가 임진왜

정선의 〈장동팔경첩〉 중 '수성동'. 안평의 집 비해당은 수성동에 있었다. 간송미술관.

란 때 조선에 와서 약탈한 것으로 추정된다. 그 뒤 소유자가 여러 차례 바뀐 이 그림은 1950년 덴리대학에 넘어가 현재 덴리대 도서관에 보관돼 있다. 덴리대에 넘어가기 전인 1949~1950년 한국 정부가 구입할 기회도 있었으나, 가격이 너무 비싸 거래가 이뤄지지 않았다고 한다.

그러나 이 그림이 일본에서 뒤늦게 발견된 것은 불행 중 다행이라고 할 수 있다. 당시 이용이 소장한 대부분의 글과 글씨, 그림이 이유에 의해 파괴됐기 때문이다. 이 그림이 살아남아 일본으로 반출된 과정은 확인된 것이 없다. 이 그림은 그의 집이나 이현로의 집에 남아있지 않아 불태워지지 않은 것으로 보인다. 그래서 이 그림은 이용이 양자로 들어간 작은 아버지 성녕대군 이종의 추모 사찰인 대자암에 있었던 것이 아니냐는 추정이 있다. 대자암은 임진왜란 때 불타 없어졌는데, 이때 왜군에 의해 이 그림이 약탈된 것이 아니냐는 추정이다.

이용이 살았던 집 가운데 도원의 꿈을 꾼 비해당은 현재의 서울 종로구 옥인동 수성동 계곡 일대에 있었다. 수성동 바로 아랫동네 준수방엔 할아버지 태종 이방원과 아버지 세종 이도가 왕자 시절에 살던 잠저(사저)가 있었다. 형 이향(문종)과 이유(세조)도 이 사저에서 태어났다. 이용은 세종이 즉위해 창덕궁으로 옮긴 직후 태어났고, 16살 이전에 수성동 쪽으로 분가한 것으로 보인다. 이 수성동 비해당은 이용이 죽은 뒤 둘째 큰아버지인 효령대군에게 넘어갔다.

수성동은 조선시대 내내 도성 안의 경치 좋은 곳으로 널리 알려져 있었다. 근처 월성위궁에 살았던 김정희도 '수성동에서 빗

안평대군이 안견에게 <몽유도원도>를 그리게 한 비해당이 있던 수성동. 김규원.

속에 폭포를 구경하다'(수성동 우중관폭)라는 시를 썼다. "골짜기
들어가자 몇 걸음 안 가/나막신 아래 우렛소리 울린다/젖은 물
총새 깃으로 몸을 감싸는 듯하고/낮에 가도 밤인가 다시 의심하
게 된다." 현재도 수성동엔 비오는 날 사람들이 폭포를 구경하
러 간다.

그의 무릉도원 꿈이 담긴 무계정사는 현재의 종로구 부암동에
있었는데, 20세기 들어 소설가 현진건의 집이 들어섰다가 현재
는 빈터로 남아있다. 무계정사 터에는 '무계동'이란 바위에 새긴
글씨가 있는데, 이용의 글씨일 가능성이 있다. 그가 1만권의 책
을 소장했고, 친구들과 잔치를 벌였던 담담정은 현재의 용산구
청암동 언덕(용산) 위에 있었다. 그의 도원 꿈에 동행했으나 결국
형 이유에게 가버린 신숙주가 차지했다. 현재 그 자리엔 고급 빌
라가 들어서 있다. 비해당은 본집이고, 무계정사와 담담정은 별
서였던 것으로 보인다.

05

조선 최대 권력 가문 장동 김씨의 종가

청풍계 태고정

"청풍계 위의 태고정/우리 집 형님이 지었다/숲과 골짜기가 수묵화 같고/바위 벼랑이 스스로 푸른 옥병풍을 이뤘다/부자, 형제들이 한 집에 앉아서/노래하고 술 마시며 네 철을 즐겼다/좋은 일을 이젠 할 수 없으니/이때 이 마음을 누가 알까?"(김상헌, 〈근가십영〉(집 근처 10곳 시) 중 '청풍계', 1640~1645년)

"계곡 집(태고정) 묵은 자취 4년 속에 있고/지난 일의 슬픔과 기쁨이 꿈처럼 비어있다/굽은 난간 기대어 있으니 초승달 떠오르고/샘소리와 산빛은 옛날과 같다."(김상헌, '청풍지각에서 옛일을 생각하니 느낌이 있다', 1636~1645년)

겸재 정선(1676~1759)이 그린 〈청풍계〉란 그림이 있다. 현재 서울 종로구 청운동 청운초등학교 북쪽 자하문로 33길에 있던

정선의 〈청풍계〉 중 채색화.
가운데 위에 늠연당의 기와
지붕, 그 왼쪽 아래에 태고정,
그 오른쪽에 청풍지각이 잘
그려져 있다. 아래쪽에 계단
과 솟을대문도 보인다. 리움
미술관.

정선의 〈장동팔경첩〉 중 '청
풍계'. 늠연당(오른쪽 중간 기
와집)과 태고정(가운데 아래
초가), 청풍지각(오른쪽 아래
기와집) 등 주요 건물이 잘 그
려져 있다. 간송미술관.

청풍계 태고정의 주인인 김상용의 초상화. 개인 소장.

계곡인 '청풍계'清風溪를 그린 것이다. '청풍계'는 인왕산의 중북부 계곡이다. 정선은 이 청풍계 그림을 무려 6점이나 남겼다. 이 가운데 2점은 간송미술관에 소장돼 있고, 나머지 4점은 각각 국립중앙박물관, 고려대박물관, 동아대박물관, 리움미술관에 있다. 이밖에 '청풍계' 그림은 정선의 손자 정황, 선비 화가 권신응, 화가 미확인 등 3점이 더 있다. 전통 회화 역사상 같은 풍경을 그린 작품이 9건이나 되는 경우는 흔치 않다.

청풍계는 조선 때 한양도성 안의 명승 가운데 하나로 꼽혔다. 특히 이 일대에 조선 후기의 최대 권력 가문인 '장동 김씨'의 시조라 할 선원 김상용(1561~1637)의 집이 있었다. 그의 동생이 청음 김상헌(1570~1652)이다. 그러나 이 아름답고 역사 깊은 골짜기는 일제 때 시냇물을 덮어 길을 내고 주변을 주택지로 개발하면서 이젠 옛 자취를 전혀 찾아볼 수 없다. 현재는 '맑은 바람 계곡'清風溪라는 말이 무색한, 범상한 주택가 길이다.

2020년 4월 겸재의 그림 〈청풍계〉의 풍경이 그냥 청풍계의 모습이 아니라, 김상용의 집임을 확실히 증명하는 그림이 공개됐다. 미술역사가 최열이 펴낸 《옛 그림으로 본 서울》에 실린 선비 화가 권신응(1728~1786)의 〈청풍계〉 다. 특이하게도 이 그림은 건물의 이름과 바위의 글씨를 적어놓았다. 예를 들어 이 그림의 맨 위 능선에는 '인왕산'이라고 적혀있고, 그 아래 바위엔 '백세청풍'이라고 적혀있다.

바위에 새겨진 이 '백세청풍'이란 네 글자가 옛 청풍계와 김상용 집을 찾는 열쇠다. 왜냐하면 일제 때 이곳이 주택지로 개발되면서 이 일대 풍경이 완전히 바뀌었기 때문이다. 그림에 나오는 김상용 집의 여러 건물도 모두 사라졌다. 다만, 근현대 서울의 극심한 공간적 변화 속에서도 권신응의 그림에 나오는 '백세청풍' 네 글자의 바위글씨만은 살아남았다. 현재 어느 주택 앞 자투리땅의 바위에 남아있는 이 글씨를 기준점으로 김상용의 집을 재구성해볼 수 있다.

권신응의 그림을 보면, '백세청풍' 바위 바로 아래 건물의 용마루 위엔 '선원영당'仙源影堂이란 글씨가 희미하게 적혀있다. '선원'은 김상용의 호이고, '영당'은 초상화(영정)를 모신 사당을 말하는 것이다. 다시 말해 이 건물엔 김상용의 초상화가 모셔져 있었다. 현재까지 전하는 바로 그 초상화인 듯하다. 그리고 이 선원영당의 마당엔 '늠연당'凜然堂이란 글씨가 적혀있다. 이것은 선원영당의 다른 이름으로 옛 문헌엔 '늠연사'凜然祠라고도 적혀있다. '늠연'이란 늠름하고 당당하다는 뜻이다. 병자호란 때인 1637년 왕족을 모시고 강화도로 피난갔다가 청군이 밀려오자 자결한 김상용의 꿋꿋한 정신을 기린 표현이다.

늠연당의 아래쪽 시냇가(청풍계) 오른쪽엔 짚으로 지붕을 올린 정자가 하나 서 있고, 그 지붕 위에 '태고정'太古亭이라고 적혀있다. 태고정은 청풍계의 건물 가운데 가장 소박하지만, 가장 중요한 공간으로 여겨진다. 김상용은 여기서 친구나 동지들을 만

18세기 선비 화가 권신응이 그린 〈청풍계〉엔 김상용의 집 주요 건물인 태고정, 늠연당 등에 이름이 적혀있다. 개인 소장.

낳고, 그래서 '태고정'은 김상용의 집 전체를 부르는 이름으로도 쓰였다. 김상용의 집은 조선 후기에 서인, 노론의 중심 공간 가운데 하나였다. 이 태고정에는 서인, 노론 계열의 대신과 명사들이 많이 방문했다. 1790년 정조도 이 집을 찾아왔다.

서촌에 이에 견줄 만한 권력가의 집으로는 경기상업고등학교 안에 있던 성수침(성혼의 아버지)의 집 '청송당'聽松堂과 청와대 서쪽 육상궁(칠궁) 옆에 있던 김상헌의 집 '무속헌'無俗軒, 필운대에 있던 권철과 권율, 이항복의 집을 꼽을 수 있다.

태고정의 오른쪽으로는 3개의 네모난 연못이 보인다. 맨 위는 '조심지'照心池인데, 마음을 비추는 연못이란 뜻이다. 그 아래는 '함벽지'涵璧池로 옥을 적시는 연못이란 뜻인데, 비유적으로 인재를 가르치는 연못이라는 뜻이다. 맨 아래 척금지滌衿池는 옷고름을 씻는 연못이란 뜻인데, 비유적으로 새 사람을 만든다는 뜻이다.

그리고 이 3개 연못의 오른쪽으로는 김상용 집의 본채라고 할 청풍지각靑楓池閣 또는 淸風池閣이 있다. 권신응의 그림에도 이 건물의 이름은 적혀있지 않다. 그러나 후손인 장동 김씨인 동야 김양근 (1734~1799)의 기록 〈풍계집승기〉楓溪集勝記(청풍계의 명승을 모은 기록)에 함벽지 옆에 청풍지각이 있다고 한 것으로 미뤄 알 수 있다. 청풍지각은 김상용의 집에서 가장 규모가 큰 건물로 좌우로 뒤집힌 ㄱ자 모양이었다.

3개 연못과 청풍지각 아래엔 3칸으로 이뤄진 솟을대문이 시있다. 그 아래쪽으로는 김상용의 집으로 들어가는 길이 보인다. 권신응의 그림에는 나타나 있지 않지만, 겸재의 〈청풍계〉를 보면,

김상용의 태고정이 있던 청풍계에 남아있는 백세청풍 바위 글씨. 서울역사박물관.

청풍지각과 솟을대문 사이에 담장과 쪽문이 있었다.

권신응의 그림을 소개한 미술역사가 최열은 "기존에도 겸재의 〈청풍계〉에 나오는 건물들이 김상용의 집이라고 추정할 수 있었다. 여러 기록에서 김상용의 집이 어떻게 구성됐는지 설명했기 때문이다. 그러나 권신응의 그림은 현재도 남아있는 '백세청풍' 바위 글자를 표시함으로써 김상용의 집 위치를 정확히 알려줬고, 기존에 늠연당과 태고정으로 추정된 건물들을 확인해줬다"고 설명했다.

'청풍계'라는 이름의 의미 변화도 이 골짜기가 정치적, 이데올로기적 공간임을 암시한다. 애초 청풍계는 '푸른 단풍나무 계곡'이라는 뜻의 '청풍계'青楓溪 또는 '단풍나무 계곡'이라는 뜻의 '풍계'楓溪였다. 김상용의 호 풍계도 바로 이 '단풍나무 계곡'이고, 1766년 장동 김씨 김양근이 지은 책 〈풍계집승기〉에도 '단풍나무 계곡'으로 적혀있다.

이 평범한 뜻의 청풍계는 선조의 글씨로 청풍지각에 걸었다는 '청풍계'淸風溪라는 현판 이후 이중적인 의미를 띤다. 선조의 글씨 청풍淸風은 '푸른 단풍나무'가 아니라 '맑은 바람'이란 뜻인데, '좋은 정신', '좋은 기풍'을 뜻하는 말로 쓰였다. 특히 옛 왕조에 대한 충성심을 잃지 않고 굶어죽은 백이와 숙제를 '백세청풍'(영원한 맑은 바람)이라고 표현하면서 '청풍'은 충절을 뜻하는 말로 널리 사용됐다. '맑은 바람 계곡' 현판은 바로 이 뜻이었을 것이다.

그러나 17세기 병차호란을 거치면서 김상용, 김상헌 형제가 이름을 드날리자 '백세청풍'의 뜻은 또 달라진다. 병자호란 때 결사항전을 주장하며 형 김상용은 자결했고, 아우 김상헌은 항복을 거부했다. 뒤에 김상헌은 청나라의 파병 요구를 반대했다가 청나라 수도 선양(심양)에 끌려가 5년 동안 붙잡혀 있었다. 명나라에 의리를 지키고 오랑캐에 굴복을 거부했다는 점 때문에 이들 형제는 조선 후기 대의명분의 상징이 됐다.

이들 형제의 결사항전 신화를 통치 이데올로기로 만든 이가 조선 후기에 서인과 노론의 200년 독재를 연 우암 송시열이었다. 김상용의 사당 늠연당 뒤 바위엔 주희가 쓴 '백세청풍'이 새겨졌고, 늠연당 앞 바위엔 송시열이 쓴 '내명일월'大明日月이 새겨졌다. '백세청풍'은 '100세대의(영원한) 맑은 바람'이란 뜻이고, '대명일월'은 '명나라는 해와 달(영원하다)'이라는 뜻이다. '백세

정선의 〈청풍계〉. 고려대박물관.　　　　　정선의 〈청풍계〉. 간송미술관.

청풍'과 '대명일월'은 명나라에 대한 조선의 영원한 충성을 다짐하는 말이었다.

그러나 송시열 이후 '백세청풍'의 의미는 또 한 번 달라졌다. 바로 서인과 노론, 그리고 장동 김씨의 영원한 집권과 번영을 상징하는 뜻이었다. 김상용, 김상헌 형제의 결사항전 신화 이후 장동 김씨 집안에선 무려 15명의 정승과 35명의 판서가 나왔고, 조선 최대의 권력 가문이 됐다.

이 형제를 드높인 송시열은 공자, 맹자, 주자에 이은 '송자'가 됐다. 그리고 당파 중 서인, 서인 중 노론, 노론 중 경화세족(서울에 대대로 사는 권력 가문), 경화세족 중 장동 김씨의 독재는 조선이 망하고 나서야 끝났다. 200년 서인 노론 독재 기간 중 60년은 장동 김씨 한 집안의 독차지였다. 권력은 집중되면 썩는 것이다.

이제 청풍계(청운동)와 장동(효자동, 궁정동), 옥류동(옥인동) 일대에서 대대로 살면서 조선을 쥐락펴락하던 장동 김씨는 사라졌다. 청풍계의 아름다운 골짜기에 자리잡았던 김상용의 집도 자취가 없어졌다. 송시열이 김상용의 집 바위에 새긴 '대명일월'도 묻혀버렸다.

오직 주희가 쓴 '백세청풍' 네 글자만 기적처럼 살아남았다. 백세청풍 글자 바위 바로 위로는 20세기 후반 기업가 신화를 만든 정주영 현대 전 회장의 집이 들어섰다. 일제 때 '청풍계'라는 이름은 서울 도심을 흐르는 '개천'에도 붙여졌다. '청계천'이었다. 과연 청풍계엔 한때라도 '영원한 맑은 바람'(백세청풍)이 불었던 것일까?

06

김상헌, 조선 후기 대의명분의 화신이 되다

장동 무속헌

"천 리 오랑캐 모래땅에 날마다 바람 부니/천지가 모두 어둠 속
으로 들어간다./내 집은 본디 맑고 깨끗한 땅에 있으니/날리는 붉
은 먼지 하나 받아들이지 않는다."(김상헌, 〈날마다 바람 부니〉(일일
풍), 1641년, 청나라 선양서 쓴 시)

왜란과 호란을 거친 조선 후기의 핵심 이데올로기는 두 가지
였다. 하나는 왜란 때 조선을 구해준 명나라의 은혜를 잊지 않겠
다는 것이었다. 둘은 과거 조선에 조공을 바치던, 무식한 오랑캐
(청나라)에 항복한 치욕을 잊지 않겠다는 것이었다.

이 이념의 창시자이자 화신은 김상헌(1570~1652)이었다. 그를
대의명분의 상징으로 만든 일은 1636~1637년 겨울 남한산성에
서 시작됐다. 인조와 신하들이 남한산성에 들어간 지 한 달 남
짓 지난 1637년 1월 17일, 남한산성을 포위하고 있던 청 태종 홍

김상헌의 집 무속헌은 육상궁(칠궁, 오른쪽 대문)과 담장이 붙어있었다고 알려져 있다. 사진의 큰 나무 뒤쪽에 있었던 것으로 추정된다. 김규원.

타이지는 인조에게 강경한 국서를 보냈다. "네가 내 나라를 도적이라 했는데, 내가 과연 도적이면 네가 어찌 도적을 잡지 못하느냐? 네가 살고자 하면 성에서 나와 명령에 따르고, 싸우고자 한다면 한번 싸우자. 두 군사가 서로 싸우면 자연히 하늘의 처분이 있을 것이다." 항복하든지 싸우든지 당장 결정하라는 협박이었다.

다음날 1월 18일 이조판서 최명길(1586~1647)이 답서를 쓴다. "황제께서 만물을 살리는 천지의 마음을 갖고 계신다면, 작은 나라(조선)가 어찌 살려주고 길러주는 대상에 포함되지 못할 수 있겠습니까. 황제의 덕이 하늘과 같아 용서하실 것이기에 공손히 은혜로운 분부를 기다립니다." 이미 항복한 것이나 다름없으니 인조가 직접 성을 나가 항복하는 일만은 봐달라는 이야기였다.

비변사 사무실에서 이 답서를 본 예조판서 김상헌은 통곡하며 찢어버리고 최명길에게 항의했다. "대감은 어떻게 이런 일을 하시오?" 그러자 최명길이 씁쓸히 웃으며 "대감이 편지를 찢었으니 우리가 당당히 죽겠군요"라고 말했다. 최명길은 찢어진 국서를 모아 붙였다. 병조판서 이성구는 김상헌에게 화를 내며 "대감이 전부터 척화(협상 배척)해서 이렇게 됐으니 대감이 적진에 가시오"라고 공격했다. 그러자 김상헌은 "적진에 보내져 죽을 곳을 얻는다면 대감의 은덕이오"라고 맞받아쳤다.

김상헌은 인조 이종을 찾아가 항복해선 안 된다고 주장했다. "적이 반드시 우리에게 군신(왕과 신하)의 의리를 요구할 것이니 성을 나가는 일을 면하지 못할 것입니다. 그리고 한번 성문을 나서게 되면 또한 북쪽으로 행차하는(끌려가는) 치욕을 면하기 어려울 것입니다." 이에 대해 인조는 "경의 말이 정대하다는 것을 모르지 않으나, 어떻게 할 수 없다"고 대답했다.

김상헌은 이날부터 5일 동안 남한산성에서 단식 투쟁을 벌이면서 항복 반대·결사 항전을 요구했다. 그러나 최명길 등 주화파(협상파)는 청과 협상을 계속해 결국 왕이 성을 나가 항복하기로 합의했다. 1월 27일 인조는 청에 항복 문서를 보냈다. "신이 3백 년 동안 지켜온 종묘사직과 수천 리 땅의 백성을 폐하께 의탁합니다. 황제께서는 굽어살피시어 신이 안심하고 귀순할 수 있는 길을 열어 주소서." 항복하니 약속대로 살려주고 청나라 수도 선양(묵던)으로 끌고 가지는 말라는 이야기였다.

이 국서를 청 태종에게 보내자 김상헌은 목을 매달았다. 사람

우익문 부근의 남한산성. 문화재청.

들이 줄을 풀어 살려놓았으나 다시 목을 매달았다. 다시 풀어놓고 아들 김광찬 등이 옆에서 지키고 있었다. 다음날 조정에서 척화파 인사들을 적진으로 먼저 보내자는 논의가 시작되자 김상헌은 자결 시도를 멈췄다. 적진에 가서 죽겠다는 뜻이었다. 애초엔 김상헌이 포함됐으나, 결국 윤집과 오달제만 보냈다. 삼학사 중 홍익한은 이미 보낸 상태였다. 김상헌은 당시 나이가 67살로 많았기 때문에 잡혀가는 신세를 면한 것으로 보인다.

그러나 김상헌은 굽히지 않았다. 1월 30일 인조가 항복하기 위해 삼전도(세밭나루)로 향했으나, 김상헌은 따르지 않았다. 병을 핑계로 남한산성에 며칠 남아있다가 관향인 안동 풍산으로 가버렸다. 삼전도의 항복식에도 참석하지 않았고, 항복 뒤 한양으로 찾아가 왕을 뵙지도 않았다. 나중에 김상헌은 '풍악문답'이란 글에서 "나는 성 안에 함께 들어갔다가 내 말이 행해지지 않아 떠났다. 어찌 작은 예절에 구애되겠는가"라고 말했다. 옳은 일을 하지 않는 왕은 왕이 아니므로 충성할 이유가 없다는 뜻이었다.

안동 풍산에 머물던 김상헌은 인조가 명나라를 치려는 청나라에 군사를 보내려 하자 다시 반대 상소를 보냈다. "선조 대왕께서 지극 정성으로 대국(명나라)을 섬겨 임진년에 은혜를 입었는데, 지금 은혜를 잊고서 이 일을 한다면 앞으로 어떻게 지하에서 선왕을 뵙겠습니까? 또 어떻게 신하들에게 국가에 충성하라고 할 수 있겠습니까?"

결국 김상헌은 이 상소로 인해 1640년 청나라 수도 선양으로 끌려갔다. 당시 70살이었다. 선양에 도착해 청 관리의 심문을 받으면서 누운 자리에서 일어나지도 않았다. "나는 내 뜻을 지키고, 내 왕에게만 보고한다. 어찌 묻느냐?" 죽이려면 죽이라는 이야기였다. 심문하던 청 관리들이 "가장 골치아픈 늙은이"라며 혀를 찼다. 70대의 김상헌은 5년 동안 선양에 갇혀서도 끝내 굽히지 않았다. 나중엔 청 관리들도 "김상헌은 감히 이름을 부를 수 없다"고 칭송했다.

저항과 투쟁으로 점철된 김상헌의 인생에서도 화해와 용서의 시간은 있었다. 바로 한 하늘 아래 살 수 없을 것 같았던 최명길과의 화해였다. 바로 오랑캐땅 선양의 북관에서였다. 1643년 주화파 최명길도 선양으로 끌려와 갇혔다. 삼전도의 항복 뒤 명나라에 "나라를 보존하기 위해 어쩔 수 없이 청에 항복했다"는 해

김상헌이 관향인 안동 풍산에 지은 청원루. 문화재청.

명 글을 몰래 보냈다가 들켰기 때문이다. 천하의 정적 두 사람이
외나무다리에서 만났다.

선양 북관에서 두 사람은 서로 시를 주고 받았다. 나이가 어
리고 너그러웠던 최명길이 먼저 손을 내밀었다. "진작부터 마음
깊이 우러렀으니/남은 빚을 다 갚으리라/묘한 시구 삼매경이 들
었으니/나그네 마음 서로 같음을 알겠네." 그러자 김상헌도 화
답했다. "좋은 시구 볼수록 더 묘하니/고심한 게 바로 여기 있었
구나/두 세대 동안의 호감 다시 찾아/백 년의 의심 모두 풀어버
렸네." 두 사람의 아버지는 친구였다. 조선 역사에서 보기 드문
정적 간의 화해였다.

김상헌은 5년 만인 1645년 조선으로 돌아왔다. 끝내 청에 굽
히지 않은 김상헌의 명성이 하늘을 찔렀다. 인조는 1646년 76살
의 김상헌을 '대로'(큰어른)라고 부르며 좌의정에 임명했다. 그러

조선의 소현세자와 김상헌, 최명길이 잡혀있던 청나라 선양의 옛 궁궐. 공유 사진 저작자 Techyan.

나 김상헌은 사양하고 경기 남양주 석실로 들어가 나오지 않았다. 1649년 인조가 죽고 즉위한 효종 역시 김상헌을 좌의정에 임명했다. 이때는 거절하지 않았다. 그러나 북벌을 꿈꾸던 효종과 척화파 지도자 김상헌의 만남은 청나라를 자극했다. 다시 남양주 석실로 돌아갔다. 3년 뒤인 1652년 김상헌은 석실에서 세상을 떠났다. 82살이었다.

김상헌은 죽어서 더욱더 신화적 존재가 됐다. 〈효종실록〉은 한문으로 2천자(한국어로는 5천자)가 넘는 김상헌의 졸기를 적었다. 한국 역사상 가장 긴 졸기 중 하나일 것이다. 대동법 개혁을 추진한 대정치가 김육이 제문을 썼고, 산림당(재야당)의 젊은 리더 송시열이 묘지명(죽은 이의 삶을 새겨 무덤에 넣는 돌)을 썼다. 효종이 죽은 뒤 종묘에서 제사를 지낼 때 김상헌과 김집을 함께 모셨다. 효종의 평생 꿈이었던 북벌을 함께 상의한 동지였기 때문이다.

죽기 전 김상헌은 "묘 앞에 비석을 세우지 마라. 작은 묘표(무덤표지)만 세우고 관향과 성명만 적으라"는 유서를 남겼다. 그러나 후손들은 그가 미리 써놓은 묘지명을 무덤에 묻지 않고 비석에 새겼다. 이 글엔 김상헌의 평생 원칙과 꿈이 잘 묘사돼 있다. "지극한 정성은 쇠와 돌에 다짐했고/대의는 해와 달에 매달았다/하늘과 땅이 내려다봤고/귀신에게 물어도 안다/옛 가르침에 맞추기를 바랐는데/거꾸로 오늘과 어그러졌다/아, 백 세대 뒤에는/사람들이 내 마음을 알 것이다."

김상헌이 살던 곳은 크게 3곳인데, 하나는 나고 자란 서울의 장동(서울 종로구 궁정동)이고, 둘은 은거하던 양주 석실(경기도 남양주시 수석동)이며, 셋은 관향인 안동의 풍산(경북 안동시 풍산읍 소산리)이다. 김상헌의 본가는 한성부 북부 순화방 장동이었으나, 외가인 한성부 남부 회현방 회동(서울 중구 회현동)에서 태어났다.

그의 서울 장동 집 이름은 무속헌(속됨이 없는 집)이었다. 이 글의 맨 앞에 소개한 시는 청의 선양에 끌려가 있던 김상헌이 1641년 무속헌을 그리워하며 지었다. 이 집은 손자 영의정 김수항, 다시 김수항의 손자인 김용겸에게 상속됐다. 무속헌은 19세기 말까지도 남아있었다. 조선 말기 대신이었던 김윤식은 1873~1881년 장동에 살면서 "지금 우리 집은 김상헌의 옛집 무속헌 옆에 있다"고 썼다. 김윤식은 김상헌의 제문을 쓴 김육의 후손이다.

무속헌은 현재 주한 교황청 대사관과 궁정교회, 무궁화동산 자리에 있었을 것으로 추정된다. 《신증동국여지승람》에 "김수항의 집(무속헌)은 백악 아래 있는데 육상궁(칠궁)과 담이 붙어있

정선의 〈장동팔경첩〉 중 '독락정'. 김상헌의 집 무속헌 부근엔 손자 김수흥이 정자 '독락정'을 지었다. 간송미술관.

다"고 적혀 있기 때문이다.

400년 뒤 군사정권 시절 김상헌의 무속헌 부근엔 안가(안전가옥)가 들어섰다. 1979년 10월 26일 박정희 대통령은 안가 '나'동에서 김재규 중앙정보부장이 쏜 총에 쓰러졌다. 김상헌이 '맑고 깨끗한 땅'이라고 자랑한 곳에서 한국 현대사를 뒤흔든 총성이 울렸다.

정선의 그림 〈육상묘〉. 오른쪽 육상묘는 초가로 소박하고, 왼쪽에 '무속헌'은 보이지 않는다. 문화재청.

07

사대부와 중인이 공유한 맑은 골짜기

옥류동과 송석원

"가을에 어머니가 눈병을 앓았는데 '서산(인왕산)에서 영험한 샘물이 나와 눈병 앓은 사람들이 그 물로 씻으면 곧 낫는다'는 소문을 들었다. 그래서 곧 날을 잡아 가봤다. (…) 두 번이나 쉬고 난 뒤 샘물이 있는 곳에 이르렀는데, 인왕산 중턱쯤이었다. (…) 바위 바닥 작은 틈으로 샘물이 솟아올랐다. (…) 물맛은 달고 냄새가 없었으며 아주 차지 않았다."(김상헌, '서산에서 놀다'(유서산기), 1614년)

2019년 2월 서울시는 서울 종로구 옥인동 47-360 집 뒤편 바위에서 '옥류동'玉流洞이란 각자(새긴 글씨)를 발견했다고 밝혔다. 이 각자는 서인 노론의 지도자였던 송시열(1607~1689)의 글씨로 널리 알려져 있다. 이 각자는 이 일대의 소유자였던 장동 김씨 김학진의 '일양정기략'(1913)에도 나오고 1959년 언론인 김영상

정선의 〈옥류동〉. 그림 속 누각은 김수항이 옥류동에 지은 청휘각. 리움미술관.

60여 년 만에 다시 나타난 '옥류동' 바위 글씨. 송시열의 글씨로 알려져 있다. 서울시청.

이 쓴 책 〈서울 육백년〉에도 소개돼 있다. 그러나 1960년대 이후 서울의 인구 폭발로 이 일대에 집들이 빽빽이 들어서면서 어느 순간 사라졌다. '옥류동' 글씨는 반세기 만에 다시 모습을 드러낸 것이다.

'옥류동'은 조선 후기 역사에서 매우 중요한 위치를 차지하는 공간이다. 조선 후기 최대 권력 가문이었던 장동 김씨의 터전이었기 때문이다. 장동 김씨 가운데 옥류동을 개척한 사람은 바로 김상헌(1570~1652)이었다. 1636년 남한산성에서 청나라와 협상할 수 없다며 강경론을 이끌었던 그 사람이다. 당시 김상헌은 현재의 청와대 옆 무궁화동산 자리의 '무속헌'(속됨이 없는 집)에 살았는데, 어머니의 눈병을 고치기 위해 1614년 인왕산의 샘을

김상헌의 손자 영의정 김수항은 옥류동에 자리 잡고 집 육청헌과 정자 청휘각을 지었다. 국립중앙박물관.

김상헌의 제자이자 김수항의 선배였던 송시열은 '옥류동' 바위글씨를 썼다. 이 초상은 김수항의 아들 김창업이 그렸다. 국립중앙박물관.

찾아갔다.

그러나 김상헌은 이 샘을 찾아갔을 뿐 이곳에 집을 짓지는 않았다. 여기에 집을 지은 사람은 김상헌의 손자인 영의정 김수항(1629~1689)이었다. 김수항은 1683~1684년 옥류동에 육청헌(6그루 사철나무 집)을 마련했고, 1686년엔 샘 부근에 '청휘각'(날씨 개고 빛나는 집)이란 집을 지었다. 육청헌은 6창으로 불린 6명의 아들들이 모두 성공하길 바란 집이었고, 청휘각은 자신의 휴식 공간이었다.

당대 서인 노론의 리더였던 김수항이 청휘각을 짓자 이웃이자 판서였던 남용익(1628~1692)은 '청휘각에서 함께 노는 즐거움을 적어 김수항 재상께 드린다'는 시를 썼다. "옥류동 연기와 노을 속에 비경이 열리니/청휘각 높은 누각에 먼지가 끊어졌다/장안에 가을이 돌아와 집집마다 비가 내리고/푸른 산에 폭포가 떨어져 골짜기마다 우레가 친다//연꽃잎이 움직이자 물고기떼는 흩어지고/나무그늘 짙은 곳에 백로도 돌아온다/놀러온 나그네는 돌아갈 것을 잊고/처마 앞에 머물며 달 뜨기를 기다린다"

남용익의 시를 선물받은 김수항도 시로 화답했다. "층층 벼랑 중턱에 작은 정자를 지으니/동쪽의 번화한 곳에서 멀리 떨어졌네/반평생 물과 돌을 좋아하는 고황이 들어/늘그막에 즐기며 산속 우레소리를 듣는다//처마 사이로 짙은 안개가 옷을 적시고/베개 밑의 폭포 소리가 꿈을 깨운다/이제부터 이 골짜기에 물색(풍경)을 더할 테니/사람들은 소중히 시를 보내오라."

'옥류동'이란 바위 각자는 바로 이 시기에 새겨진 것으로 보인다. 송시열과 김수항은 서인 노론의 지도자들이자 가까운 선후배 사이였다. 1689년 남인의 정권 교체(기사환국) 때 후배 김수항이 먼저 사약을 받자 역시 사약을 받으러 서울로 오던 선배 송시열이 그의 묘지명을 써줄 정도였다. 따라서 '옥류동' 각자를 송시열이 살아서 쓴 것이라면 김수항이 육청헌을 지은 1683년에서 송시열과 김수항이 사약을 받은 1689년 사이일 것이다. 반면, 《동국여지비고》엔 '옥류동'을 김수항의 둘째 아들 김창협이 새겼다는 기록도 전한다.

김수항의 죽음 뒤 육청헌과 청휘각을 물려받은 이는 큰아들 김창집과 손자 김제겸이었으나, 1715년 넷째 아들인 김창업에게 넘어갔다. 아마도 당시 영의정 등 고위직을 맡고 있던 김창집이 집을 관리하기 어려웠던 게 아닌가 싶다. 아버지가 사약을 받은 뒤 김창업은 벼슬을 끊고 연행일기와 시를 쓰며 송시열의 초상화를 그리는 등 조용히 지내고 있었다. 특히 이 집을 넘겨받은 김창업은 증조부 김상헌이 100년 전에 찾아간 샘물을 즐겨 마셨는데, 그 뒤로 이 샘은 그의 호 '노가재'를 따라서 '가재우물'이라고 불렸다.

1715년 이 집을 고친 뒤 김창업이 쓴 시는 슬프다. "이끼가 바위 글자를 꾸미고/단청이 물가 정자를 빛나게 하네/아버지가 맡긴 집이니/아들이 어찌 조급하게 하랴//무너진 집을 일으키자 사람들 모두 좋아하는데/서글픈 마음에 나 홀로 술이 깼네/ 단풍나무와 소나무를 반드시 공경할지니/도끼가 찾아들지 않게 해야겠네"(김창업, 셋째 형에게 화답해서 청휘각 완공의 슬픈 마음을 적다, 1715년)

이 시는 1689년 남인 집권으로 사약을 받은 아버지의 죽음을 슬퍼하는 마음을 담은 듯하다. 또 아버지의 죽음으로 성큼 다가온 그 집안의 일상적 '불안감'을 표현한 것 같기도 하다. 실제로 이런 불안감은 또 다른 참극으로 이어졌다. 아버지의 죽음 뒤 재기했던 그의 큰 형 영의정 김창집과 그 아들 김제겸, 그 손자 김성행 등 3대가 1721~1722년 신임사화 때 모두 죽임을 당한 것이다. 김창업도 1722년 세상을 떠났다.

한편, 1686년 김수항이 청휘각을 지은 지 꼭 100년 뒤 옥류동에 새 바람이 불기 시작했다. 장동 김씨가 독차지했던 옥류동에 조선 후기의 새로운 주역으로 떠오른 중인들이 몰려들었다. 그 선두 주자는 옥계시사(옥류동 시모임), 송석원시사(송석원 시모임)

1791년 화원 이인문이 그린 〈송석원 시회도〉엔 중인 문인들이 수성동 쪽 언덕에 모여 시모임을 연 모습이 담겨있다. 한독의약박물관.

를 만들어 활동한 중인 문인 천수경, 장혼 등이었다. 옥계는 옥류동과 같은 뜻이며, 옥류, 옥천, 옥동, 옥류천으로도 썼다. 또 송석원은 천수경이 붙인 옥류동의 별명이며, 그의 호이기도 하다. 그는 송석도인이란 호도 썼다.

이들은 옥류동 천수경의 초가나 그 주변에 모여 시를 짓고 그 모습을 그려 그림시집을 만들었다. 대표적인 작품이 〈옥계십이승첩〉, 〈옥계청유첩〉, 〈옥계십경첩〉 등이다. 문인 참가자는 1786~1791년 9~15명이었으나, 1812년 모임에는 50여 명이 참석했다. 그 즈음에 수백 명이 참여하는 '백전'白戰(시쓰기 대회)

도 열렸다.

이들의 시모임을 그린 사람 중엔 김홍도나 이인문 같은 유명 화원(국가 공인 화가)도 있었다. 중인들이 이런 유명 화가들에게 그림을 맡길 수 있었던 것은 당시 중인들의 경제력이나 이 시모임의 영향력이 컸기 때문이다. 가장 유명한 그림은 이인문의 '송석원 시회도'(송석원 시모임), 김홍도의 '송석원시사 야연도'(송석원 시모임 밤잔치)다. 두 그림 모두 1791년 유월 보름날 시모임을 그린 것이다.

심지어 중인 문인들은 왕가의 사위 집안 출신으로 이 동네의 월성위궁에 살며 당시 대과를 준비 중이던 젊은 김정희를 초대했다. 그리고 자신들의 활동 공간이자 모임 이름인 '송석원'을 써달라고 해서 옥류동의 한 바위벽에 새겼다. 이 시기엔 옥류동에서 중인들의 활동이 장동 김씨와 어깨를 나란히 했다. 이를 상징하는 표현이 '송석원'이다. 마지막으로 청휘각을 소유했던 장동 김씨 김학진은 '일양정기략'에서 청휘각을 이어받은 윤덕영의 일양정을 '옥류동 청휘각'이 아니라, '옥류동 송석원'이라고 썼다. '옥류동'은 장동 김씨가 역사에 새긴 이름이고, '송석원'은 중인들이 역사에 새긴 이름이다.

굵고 깊은 김정희의 '송석원' 각자는 '옥류동' 각자와 마찬가지로 1950년대 언론인 김영상이 찍은 사진을 마지막으로 사라졌다. 김영상은 책 《서울 육백년》 1권에서 이 글씨가 "집을 짓느라 그 바위를 깨뜨리는 통에 없어져 버렸다"고 썼다. 그러니 이 글씨가 남아있을 것이라는 기대도 여전히 있다. 역시 개발 과정에서 훼손됐을 것으로 추정된 옥류동 각자가 2019년 발견되면서

김정희가 쓴 '송석원'이란 바위 글씨는 옥류동에 있었는데, 사라져 찾지 못하고 있다. 김영상.

관심은 더 커졌다.

'송석원' 각자의 가장 유력한 후보지는 옥인동 47-253번지의 집의 콘크리트로 바른 바위벽 안이다. 이곳이 윤덕영의 벽수산장(양옥 본채)과 소실 이성녀의 한옥 별채와 가까이 있고, 옥류동천의 바로 옆이며, 높은 바위벽이 있다는 점 등이 근거다. 장동 김씨 김학진도 '일양정기략'에서 "옥류동 골 안에 있는 '송석원' 각자"라고 썼다. 최종현 통의도시연구소장(한양대 전 교수)은 "바위벽의 옆과 위에 집을 지으면서 콘크리트를 발랐는데, 비파괴 레이저 조사를 하면 찾을 수도 있을 것"이라고 말했다.

그러나 2020년 말 서울시가 시행한 비파괴 조사에선 '송석원' 각자가 확인되지 않았다. 서울시 김장수 주거환경개선과장은 "각자의 위치를 잘못 추정했을 수도 있고, 콘크리트를 발랐을 때나 그 뒤에 훼손됐을 수도 있다"고 말했다.

송석원 각자와 함께 옥류동에 있었던 김수항의 청휘각이나 육청헌, 김창업의 가재우물의 위치도 오랜 관심거리였다. 윤덕영과 동생 윤택영의 글을 보면, 김수항의 청휘각 자리에 일양정(윤덕영 한옥 본채)이 세워졌고, 일양정 뒤에는 가재우물과 옥류동 각자가 있었다고 적혀있다. 그런데 옥류동 각자(옥인동 47-360)와 일양정(옥인동 47-73)의 위치는 확인된다. 따라서 가재우물도 이 사이에 있었던 것으로 볼 수 있다. 다만, 육청헌은 사라진 지 오래 돼서 그 위치를 찾기가 쉽지 않다. 옥류동 남쪽의 일양정, 벽수산장 쪽과 옥류동 북쪽 등 두 가지 가능성이 있다.

2023년 초 옥류동 각자가 있는 옥인동 47번지 일대는 주거환경개선 사업이 한창이다. 골목길을 너비 4m 도로로 넓히고, 옥류동 각자 전시 공간을 마련하기 위한 공사도 진행 중이다. 이 사업이 끝나면 60여년 만에 나타난 옥류동 각자도 시민들에게 공개된다.

08

나라를 판 돈으로 지은 거대한 주택

옥류동 벽수산장

2020년 3월 서울시 종로구청은 종로구 옥인동 47-16번지 일대의 5개 필지 1109㎡(336평)를 공영 주차장으로 결정하는 내용을 발표했다. 그런데 당시 이 터에 있는 집 가운데 한 채의 마당과 뒤뜰에서 눈에 띄는 돌들이 발견됐다. 모두 16점 이상인 이 돌들은 하나같이 정교하게 조각된 건축 부재들이다. 이 돌 부재들이 어느 건축물에 사용된 것이었는지는 확실히 알 수 없다. 그러나 이곳 주민들과 전문가들은 이 돌 부재가 1913년부터 1966년까지 존재했던 윤덕영(1873~1940)의 거대한 서양식 저택이었던 '벽수산장'에 사용된 것으로 보고 있다.

이렇게 보이는 까닭은 이 돌 부재들이 발견된 곳이 과거 윤덕영의 벽수산장 터에 포함된 곳이고, 이미 이 주변에 벽수산장의 유구나 건축 부재들이 여럿 존재하고 있기 때문이다. 이곳 바로 남쪽의 한 아파트 주차장엔 벽수산장의 옥류동천 위에 설치했던

일제 때 조선 최대의 개인 주택이었던 벽수산장을 필운대 쪽에서 바라본 모습. 공유 사진.

다리의 난간 기둥과 가로대 받침이 2점씩 놓여있다. 또 그곳에서 다시 남쪽 골목엔 벽수산장의 정문 기둥 2개가 서있고, 1개는 한 공동주택의 외벽에 박혀있다.

　황평우 한국문화유산정책연구소장은 "벽수산장은 건물이나 터의 규모가 어마어마했고, 터 안에 옥류동천과 다리, 연못도 있었다. 돌 부재들은 다리나 계단의 난간과 장식물로 보인다"고 말했다. 안창모 경기대 교수(건축학)는 "벽수산장의 대문이나 건물 출입문, 건물 앞 자동차 정차 공간 등에 사용된 장식 돌들로 보인다. 일본식은 아니고, 건물 양식처럼 서양식"이라고 말했다.

매국노 윤덕영의 대저택 '벽수산장'의 건축 부재로 보이는 돌 장식물들. 김규원.

　벽수산장(양관)은 일제 강점기에 한국에 지어진 가장 크고 화
려한 서양식 개인 주택으로 알려져 있다. 1913~1917년 지하 1층,
지상 3층의 프랑스 르네상스 양식으로 지어졌는데, 건축 면적이
795평에 이르렀다. 1910년 운현궁에 흥선대원군의 손자 이준용
을 위해 지어진 지상 2층 양관의 건축 면적이 248평이니 3배가
넘는 규모다. 압도적인 규모와 화려한 외관으로 '한양 아방궁'이
란 별명으로 불렸다.

　1930년대까지 계속 지어진 이 거대한 주택은 일제 말기에 일
본 기업에 팔렸다가 해방 뒤 덕수병원, 미군 장교 숙소, 한국통
일부흥위원단(언커크) 사무실 등으로 사용됐다. 그러나 1966년
수리 도중 불이 나 상당 부분이 탔으며, 1973년 철거돼 현재 그
자리엔 고급 주택과 길이 들어섰다. 이번에 발견된 건축 부재를

해방 뒤 미군이 사용하던 시절의 벽수산장 현관의 모습. 서울역사박물관.

포함해 벽수산장의 많은 부재들이 화재 뒤 주변 지역으로 유출
된 것으로 추정된다.

  윤덕영의 집터는 1927년 기준으로 1만 9468평에 이르렀는데,
이것은 옥인동 전체 면적 3만6362평의 53.5%에 이르는 것이었
다. 윤덕영의 집엔 벽수산장 외에 '일양정'이란 한옥 본채와 '소
실댁'이라고 불린 한옥 별채, 딸과 사위의 2층 양옥 등이 지어졌
다. 일양정 터는 해방 뒤 10여 개의 터로 쪼개져 작은 한옥들이
들어섰다. 소실댁은 낡고 허물어진 채 남아 있고, 1998년 남산골
한옥마을엔 이 소실댁을 복제한 한옥이 들어섰다. 딸 부부에게

지어준 2층 집은 나중에 화가 박노수에게 넘어가 현재 종로구립 '박노수 미술관'으로 활용되고 있다.

이 거대한 터를 사고 이 거대한 저택을 지은 비용은 주로 한일병합에 적극 협력한 대가로 총독부로부터 은사금으로 받은 46만 원의 공채증권에서 나왔다. 한 마디로 조선을 일본에 팔아넘긴 대가로 지은 셈이다. 윤덕영은 순종의 둘째 부인인 순정효황후의 큰아버지이고, 1910년 한일병합조약 때 고종과 순종을 협박해 옥새를 빼앗았으며, 1919년 고종의 갑작스런 죽음의 배후로 꼽히기도 한 인물이다. 이완용과 함께 가장 악질적인 친일파 가운데 하나였다.

애초 벽수산장이 들어선 곳은 조선 때 '옥류동'으로 도성 안에서 산수가 아름다운 곳으로 손꼽혔다. 병자호란 때 강경파 대신이었던 김상헌의 후손들인 김수항, 김창집, 김창업, 김제겸 등 장동(신안동) 김씨들이 자리를 잡았다. 조선 후기에 김제겸의 고손자인 판서 김수근이 아들 영의정 김병국에게 넘겼고, 김병국은 6촌형인 판서 김병교에게 넘겼으며, 김병교는 아들인 판서 김학진에게 넘겼다. 김학진은 장동 김씨 중 마지막으로 옥류동을 소유한 사람이었다.

그러나 김학진은 고종 때 명성왕후의 일가인 여흥 민씨 민규호와 민태호한테 옥류동을 빼앗겼다. 민태호는 아들 민영익와 민영린에게 옥류동을 넘겼는데, 이것을 순종의 왕비 순정효황후의 큰아버지인 해평 윤씨 윤덕영이 사들여 벽수산장을 지은 것이다. 이렇듯 옥류동은 언제나 최고 권력자들의 소유였다. 심지어 윤덕영은 옥류동뿐 아니라, 벽(장)동, 또는 (사)간동이라고 불

매국노 윤덕영이 '벽수산장'과 '송석원'이 새겨진 바위벽 아래 앉은 모습. 도서
출판 동하.

렸던 현재의 서울 종로구 송현동에도 '벽수거사정'이란 대저택
을 갖고 있었다.

윤덕영의 벽수산장 부근엔 친일파의 대명사라고 할 이완용의

집도 있었다. 이완용은 1913년 자하문로와 종로구 보건소 사이의 터 3743평을 차지하고 윤덕영에 버금가는 대저택을 지어 살았다.

일제나 친일 인사의 유산, 독재 정권과 독재자의 유산을 어떻게 처리할지는 오랜 논란거리다. 학계에서는 이런 역사 유산을 '부정적 유산'(네거티브 헤리티지)나 '어두운 유산'(다크 헤리티지)이라고 부른다.

대한민국 역사상 가장 큰 논란을 일으킨 일제의 유산은 조선총독부 건물이었다. 이 건물은 1926년 경복궁의 광화문과 근정문 사이 홍례문 일대를 파괴하고 들어섰다. 이 건물은 당시 일본 본토와 식민지에서 가장 큰 건축물이었으며, 동아시아 최대의 근대 건축물이었다. 해방 뒤엔 미군정 청사, 제헌 국회, 중앙청, 인민군 청사, 국립중앙박물관으로 사용됐다.

그러나 일제의 유산이라는 점과 논란 많은 위치, 지나친 규모, 경복궁과 백악(북악)을 모두 가린 경관 등으로 인해 이승만 정부 시절부터 철거 주장이 계속 나왔다. 결국 1993년 김영삼 대통령은 '역사 바로세우기' 차원에서 이 건물을 완전히 철거하고 경복궁을 복원하겠다고 발표했다. 그러자 이전 복원과 현상 유지 주장도 쏟아졌다. 그러나 김 대통령은 1995년 광복절에 전격적으로 돔 꼭지를 제거해 철거를 시작했고, 1996년 11월 지상 철거를 완료했다.

전우용 한국학중앙연구원 객원교수는 "총독부의 경우 위치나 모양 때문에 그 자리에 남겨두긴 어려웠다. 그러나 다른 일제 때 건물들은 굳이 헐어버릴 이유가 없다. 한국에서 난 건축

조선총독부는 많은 논란 끝에 1995년 철거됐다. 그러나 일제 때 지어진 건축물을 어떻게 볼 것인가 하는 무거운 질문을 던졌다. 서울역사아카이브.

재료로 한국 노동자들이 지은 것이고, 식민지 시대의 역사를 담고 있다. 김구 선생이 머물렀던 경교장도 친일 사업가가 지은 건물이지만, 아무도 그 사실 때문에 헐어야 한다고 주장하지 않는다"고 말했다.

역시 1926년 완공된 옛 서울시청(일제 때 경성부청) 건물도 철거를 둘러싸고 큰 논란이 벌어졌다. 오세훈 시장 시절인 2007년 서울시는 긴물 전면과 중앙 돔을 제외하고 모두 철거하겠다고 발표했다가 문화재위원회의 반대로 좌절됐다. 그러나 오 시장은 유걸 건축가가 설계한 새 청사를 짓겠다며 2008년 대회의실인 태

윤덕영의 벽수산장 안에 있던 딸과 사위의 집은 뒤에 박노수 화가에게 넘어가 현재는 '박노수미술관'이 됐다. 김규원.

평흘을 전격적으로 부쉈다. 그러나 문화재위원회는 태평홀 외에 더 이상의 철거를 허용하지 않았고, 옛 서울시청은 본래 모습에 가깝게 서울도서관으로 살아남았다.

김정동 목원대 명예교수는 "부끄러운 역사도 우리 역사다. 우리가 일제 때 건물을 모두 없애면, 우리의 식민지 시대뿐 아니라 일본의 잘못된 과거도 모두 사라진다. 건축물엔 다양한 역사가 담겨 있고, 그것을 없애면 역사도 잊힌다. 잘못 없는 역사적 건축물들을 없애서 우리 도시를 망가뜨려선 안 된다"고 말했다. 실제로 한국의 부끄러운 역사를 모두 없애야 한다면, 당나라의 백제 정벌 기념탑인 부여 정림사지 석탑이나 청나라가 세운 송파 삼전도비도 모두 없애야 한다.

민족문제연구소의 이순우 책임연구원은 "과거엔 일제나 친일 인사 관련 유적을 폐기하는 경우가 많았는데, 2000년대 이후엔 그것도 보존하자는 의견이 많아졌다. 해방 이후 많은 시간이 흘렀고, 이들을 역사적 교훈으로 남기려는 노력이 필요하다"고 말했다.

황평우 문화유산정책연구소장은 "서촌은 조선이나 일제 때의 흔적이 많고, 청와대가 오랫동안 있어서 정치의 핵심 공간이었다. 윤덕영이나 이완용의 유적을 제 자리에 남겨서 사람들이 우리 역사를 잊지 않게 해야 한다. 특히 모든 역사적 유적은 원래의 자리에 그대로 두는 것이 가장 좋다"고 말했다.

제 2 부

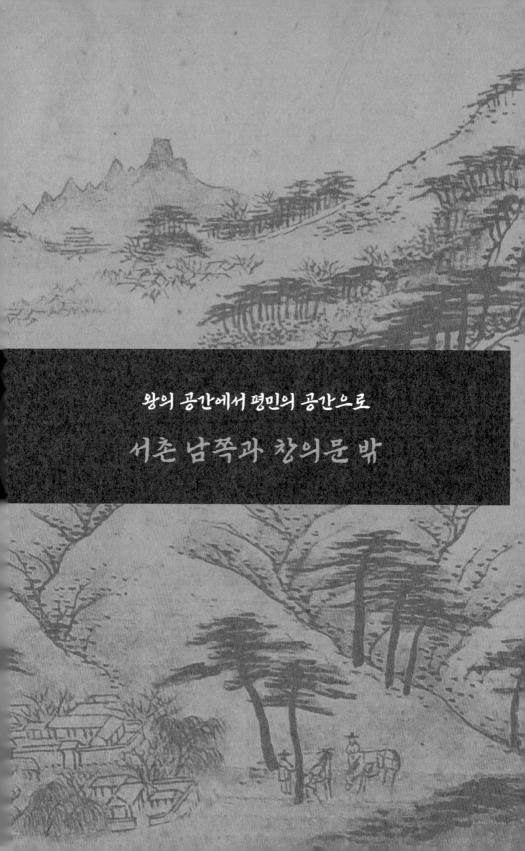

왕의 공간에서 평민의 공간으로

서촌 남쪽과 창의문 밖

09

권율, 이항복, 이회영으로 이어진 굳센 가풍

필운대

"필운대는 도성 안 인왕산 아래에 있다. 오성 이항복이 젊은 시절 필운대 아래 도원수 권율의 집에서 처가살이를 했는데, 자호를 '필운'이라고 했다. 지금에도 암벽에 '필운대' 세 글자가 새겨져 있는데, 오성의 글씨라고 한다."(유본예, 《한경지략》, 1830년)

지난 2021년 2월26일 서울 종로구 행촌동 사직터널 언덕 위의 서양식 주택 '딜쿠샤'가 1923년 모습으로 복원돼 공개됐다. 이곳은 일제 강점기에 미국 〈에이피〉 통신사 특파원이었던 앨버트 테일러의 집이었으나, 테일러 가족이 1942년 추방된 뒤 오랫동안 방치돼 있었다. 그러던 것을 2017년부터 서울시가 복원 사업을 벌여 이날 개관한 것이다.

그런데 이 집에서 15m 정도 떨어진 곳엔 나이가 450살이 넘은 거대한 은행나무가 서 있고, 그 앞엔 '권율 도원수 집터'라는

필운대의 상징인 바위 앞에 권율의 아버지 권철의 집이 있었다. 아버지를 일찍
잃은 이항복은 아버지의 친구인 권철의 손녀(권율의 딸)와 결혼해 이 집에서 살
았다. 김규원.

표지석이 세워져 있다. 16세기 중반에 심긴 이 은행나무는 권율
(1537~1599) 장군의 집 안에 있던 것이다. 조선시대 권력 가문의
집 규모나 이 언덕의 지형을 고려하면 '딜쿠샤'는 권율 장군 집
터 안에 지어진 것으로 추정된다. 일제 강점기 사진을 보면 딜쿠
샤가 들어선 언덕엔 은행나무 외엔 아무것도 보이지 않는다. 이
미 권율의 집도 사라진 지 오래였던 것으로 보인다.

권율의 집은 도성 밖인 이곳 말고 도성 안에도 있었다. 바로
서울 종로구 필운동 필운대다. 통상 필운대를 이항복(1556~1618)

일제 때 권율 장군 집터의 '딜쿠샤'와 은행나무의 모습. 서울역사아카이브.

의 집으로 알고 있지만, 앞에서 본 것처럼 유본예의 《한경지략》
엔 그 집이 원래 권율의 집이었다고 적혀있다. 이항복의 집은 현
재의 필운대 바위 앞 배화여고 터에 있던 것으로 추정되지만, 현
재는 아무 자취도 찾을 수 없다. 조선 때만 해도 절경이었다는 필
운대 일대는 배화여고 별관 건물에 답답하게 막혀 있다.

그런데 필운대의 이항복 집은 원래 소유자가 권율이 아니라,
권율의 아버지로 영의정을 지낸 권철(1503~1578)의 집일 가능성
이 크다. 이항복과 관련된 일화 중 사윗감을 고르는 이야기나 옆
집으로 넘어간 감나무 이야기에서 나오는 권 대감은 권율이 아
니라 권철이다. 권철은 이항복의 아버지인 이몽량(1499~1564)과
친구였으며, 여러 차례 정승을 지낸 조정의 실력자였다. 어쩌면
이항복의 8살 때 이몽량이 죽은 뒤부터 권철이 이항복을 후원했

을 가능성도 있다.

이항복은 아버지가 죽고 9년 뒤인 1573년 권철의 손녀와 혼인했다. 어려서부터 재기가 발랄했던 이항복은 1575년 초시에 합격했고, 1580년 대과에 합격했다. 아마도 1573년 혼인 이후 이항복은 처할아버지 권철의 필운대 집에서 처가살이를 하면서 과거를 준비했을 것으로 보인다. 권철은 이항복이 초시에 합격한 뒤인 1578년 세상을 떠났다.

반면, 장인 권율은 이항복을 사위로 들일 때 과거에도 합격하지 못한 상태였다. 심지어 권율은 1582년 대과에 합격했는데, 자신보다 19살 어린 사위 이항복보다 합격 기수가 2년

임진왜란 시기 재상인 이항복은 유머가 넘치는 인물로 많은 이야기를 남겼고, 당대 민중에게 사랑받았다. 서울대학교.

이나 늦은 것이었다. 한 마디로 권율은 이항복을 사윗감으로 고르고 집을 물려줄 처지가 되지 못했다.

임진왜란 때 권율이 도원수가 된 것에 대해서도 사위 이항복의 덕을 봤다는 이야기가 나왔다. 당시 이항복은 친구 한음 이덕형과 번갈아 병조판서를 맡고 있었다. 요즘으로 치면, 사위와 사위 친구가 국방부장관일 때 장인이 합참의장에 임명된 것이다. 그래도 나이와 과거 기수·직책이 역전된 장인과 사위는 사이가 좋았다고 알려져 있다.

이항복의 본집에 대해 임형택 성균관대 교수(한문교육과)는 필운대 쪽이 아니라, 서울 남쪽이라고 밝혔다. 임 교수는《백사집》(이항복 문집) 해제에서 "서울 서부 양생방(현재의 남창동)에서 태어나 (…) 권율 장군의 사위가 되어 처가인 필운대 근처에서 살아 젊은 시절엔 필운이란 호를 썼고, 만년에는 서울 근교 망우리 쪽에 동강정사를 짓고 은퇴하여 동강이란 호를 쓰기도 하였다"고 밝혔다.

이항복의 후손인 이종찬 전 국정원장도 "서울 중구 남창동 일신교회 부근에도 이항복 선생의 집이 있었다고 한다. 우리 집안은 소론이어서 서울 남쪽에서 많이 살았다. 다만, 이항복 선생이 필운대에서 남쪽으로 간 것인지, 남쪽에서 필운대로 간 것인지는 모르겠다"고 말했다.

이항복은 임진왜란 때 류성룡, 이덕형 등과 함께 중책을 맡아 전쟁의 어려움을 견디고 극복한 큰 공을 세웠다. 또 광해군 시절에는 영창대군 살해나 인목대비 폐위 등 북인 당파의 극단적 정치에 반대하고 온건론과 초당파적 태도를 보였다. 그러나 결국 광해군과 북인에 찍혀 함경도 북청에 유배된 뒤 숨졌다.

이항복의 온건론과 초당파적 태도는 사후에 높이 평가받았고, 그는 조선을 대표하는 정치인 중 하나로 꼽힌다. 그의 영향으로 그의 후손들도 온건 당파인 소론에 속한 경우가 많았다. 또 그는 농담을 잘하는 사람이어서 권철, 이덕형, 선조 등과 수많은 일화를 남겼다. 그는 민중에게도 사랑받는 정치인이었다.

필운대는 권철과 권율, 이항복의 집으로만 유명한 곳이 아니었다. 필운대는 도성 안에서 봄나들이 장소로 가장 유명한 곳이

김윤겸의 〈필운대〉는 필운대 바위 앞에서 즐기는 모습이 잘 묘사돼 있다. 오른쪽 집이 권철과 이항복의 집이 아닐까 싶다. 개인 소장.

었다. 이에 대해《한경지략》에 설명이 있다. "필운대 옆 인가에 꽃과 나무를 많이 심어 도성 사람들이 봄에 꽃구경을 하면 반드시 먼저 이곳을 찾았다. 또 여항인(중인과 평민)들이 술을 가지고 시를 읊으려고 날마다 모여들었는데, 세상에서는 그 시를 '필운대 풍월'이라고 한다."

실제로 필운대에는 많은 사람들이 찾아와 즐기고 시와 글을 지었다. 예를 들어 암행어사로 유명한 박문수(1691~1756)는 1735년 사도세자의 탄생을 축하하며 이런 시를 지었다. "그대는 노래하고 나는 웃으며 필운대에 올라가니/오얏꽃 희고 복숭아꽃 붉

정선의 〈필운대 상춘〉은 필운대 언덕에서 봄에 꽃놀이하는 모습을 그렸다. 개인 소장.

게 모든 나무에 피어있다/이런 풍광으로 이런 즐거움으로/해마다 태평한 술잔에 길게 취한다"

박지원(1737~1805)은 필운대에 대해 여러 편의 시과 글을 남겼다. '필운대 꽃구경'이란 시는 다음과 같다. "새 울음과 모습이 각각인 것은 제 뜻이고/곳곳에 꽃이 피는 것은 저 하늘에 달렸다/유명한 정원에 앉아 보니 머리 까만 아이들은 없고/흰머리들만 지난해와 다른 서글픔을 견딘다" 박지원은 친구 박상한(1742~1767)의 죽음을 맞아 이런 웃기는 이야기도 썼다. "아아! 박상한은 명문가의 자제로 용모가 아름다웠다. 일찍이 필운대에서 꽃 구경할 적에 바야흐로 석양이라 언덕 위에 말을 세우고 부채를 들어 해를 가리고 있었더니 사람마다 얼굴을 돌려 바라보지 않는 자가 없었다.”

박지원의 친구인 이덕무(1741~1793)도 ‘필운대’라는 시를 지었다. “구름 갠 서쪽 성곽(필운대)에 봄옷 차림으로 거니니/아지랑이 백 길이나 날아오른다/날마다 해가 지도록 늦어짐을 사양 말라/꽃다운 때 이 놀이 얼마나 다행한가//비늘처럼 맞붙은 만 집엔 꽃 기운 떠오르고/연꽃처럼 솟은 세 봉우리 햇무리를 안았네/경복궁 땅이 밝아서 백조가 너울거리니/내 마음도 너희들과 함께 모든 걸 잊는다”

조선 왕 중 가장 많은 글을 남긴 정조 이산(1752~1800)도 빠질 수 없었다. 〈국도팔영〉(서울의 여덟 시)에서 ‘필운대 꽃과 버들’을 노래했다. “필운대의 곳곳마다 번화함을 과시하라/만 그루 수양버들에 만 그루의 꽃이다/가벼이 덮인 아지랑이는 좋은 비를 맞이하고/새로 재단해 씻은 비단은 밝은 놀을 엮어 놓은 듯하다” 이렇게 필운대는 조선의 유명한 사람이라면 한번쯤 찾아가 시 한 수를 짓지 않으면 안 되는 명소였다.

이항복의 후손 중에는 정승 · 판서가 많이 나왔지만, 가장 유명한 후손은 이회영을 비롯한 일제 때 독립운동가 6형제였다. 6형제는 조선이 망한 뒤 엄청난 재산을 팔아 북간도로 이주했고, 신흥무관학교를 세워 많은 독립운동가들을 배출했다. 특히 이회영은 독립운동 지도자의 한 사람으로 무정부주의 운동과 무장투쟁을 이끌었다.

원래 이회영의 6형제가 간도로 망명하기 전에 살던 곳은 서울 중구 저동 명동성당과 영락교회, 백병원 일대였다. 그러나 1910년 망명하면서 모든 재산을 정리했기 때문에 서울엔 집이 없었

정선의 〈장동팔경첩〉 중 '필운대'. 간송미술관.

다. 그런데 이회영은 선조인 이항복의 필운대 집 근처에 자취를
남겼다. 이회영은 1913년과 1918년 독립운동 자금을 모으기 위해
국내에 몰래 들어왔다. 그때 숨어있던 집 가운데 하나가 망명 전
제자였던 윤복영(1895~1956)의 종로구 통인동 집이었다. 또 1925
년 이회영의 부인 이은숙이 국내에 돌아와서 머물던 집도 역시
윤복영의 집이었다. 그래서 이회영 일가의 본적은 중구 저동이
아니라, 종로구 통인동 128번지로 정해졌다. 아쉽게도 이 한옥
은 2022년 헐렸다.

　필운대 일대와 권철, 권율, 이항복, 이회영 집안의 긴 인연은

서울 종로구 통인동 128번지는 이회영의 제자 윤복영의 집으로 이회영과 부인 이은숙이 국내에 들어왔을 때 머물던 곳이다. 2022년 헐렸다. 김규원.

이회영의 손자인 이종찬 전 국정원장으로 이어졌다. 이 전 원장은 1987년 종로구 국회의원에 출마하기 위해 종로구 신교동으로 이사했고, 2001년 자택 1층에 우당(이회영의 호)기념관을 열었다. 신교동은 이항복의 필운대, 이회영의 통인동 제자 집과 가까운 곳이다. 2010년 우당기념관 앞을 지나는 도로의 이름도 '필운대로'로 정해졌다.

이종찬 전 원장은 "우연히 조상이 살던 본향으로 돌아왔다. 필운대 일대는 과거에 권력과 가까웠고, 수많은 역사가 일어난 곳이다. 다만, 필운대나 딜쿠샤 일대에서 옛 자취를 찾을 수 없어 아쉽다. 앞으로는 잘 가꿔나가면 좋겠다"고 말했다. 우당기념관은 2021년 6월, 20년 동안의 신교동 시대를 마치고 중구 예장동 옛 중앙정보부 6국 터로 옮겼다. 이곳은 이회영 6형제가 살던 중구 저동과 300m 거리에 있다.

10

광해군의 꿈, 궁궐 건축으로 무너지다

인경궁

"왕(광해군)이 일찍이 지관(풍수가) 이의신에게 몰래 묻기를 '창덕궁은 큰 일을 두 번 겪었으니 내가 머물고 싶지 않다'고 말했는데, 이는 노산군(단종)과 연산군이 폐위된 일을 가리키는 것이다. 이의신이 대답하기를 '이는 고금의 제왕가에서 피할 수 없었던 변고입니다. (…) 빨리 옮기시는 것이 좋습니다'라고 말했다. (…) 이에 창경궁을 고치도록 재촉하곤 궁이 완성되자 또 머물지 않고, 마침내 두 개의 새 궁을 짓도록 했다. 완공한 뒤 거처하려고 했기 때문에 경덕궁(경희궁)을 먼저 짓고 인경궁은 완성되지 못했는데, 왕이 폐위됐다. 모두 이의신이 말대로였다."(〈광해군일기〉, 1613년 1월1일, 광해군 폐위 뒤 추가된 내용임)

지난 2016년 8월 건물을 신축하려던 서울 종로구 누하동 224번지의 지하 2m 지점에서 조선 중기에 만들어진 커다란 배수로

2016년 서울 종로구 누하동에서 인경궁의 배수로로 추정되는 유적이 발굴됐다. 김규원.

시설이 발굴됐다. 배수로는 너비 1.65m, 높이 0.9m, 발굴된 길이는 4m였으며, 모두 긴 돌(장대석)로 덮여있었다. 이 발굴 사실은 3년 뒤인 2019년 10월 〈한겨레〉의 기사로 세상에 알려졌다.

이 유적을 발굴한 불교문화재연구소는 규모나 격식으로 볼 때 조선 광해군(1575~1641) 때 지어진 궁궐인 '인경궁'의 시설로 추정했다. 배수로가 발굴된 누하동과 주변 누상동, 필운동, 체부동, 내자동, 적선동, 통의동 등 서촌 남쪽 지역은 오랫동안 인경궁 터로 추정돼온 곳이다. 누하동과 누상동의 옛 이름은 '누각동'인데, 이 역시 인경궁을 뜻하는 것으로 추정된다.

인경궁 광정전은 광해군이 쫓겨난 뒤 창덕궁으로 옮겨 지어져 선정전이 됐다. 고급 청기와를 사용한 것이 눈에 띈다. 문화재청.

인경궁은 1616년 사업을 시작해 거의 완공됐으나, 1623년 인조 반정으로 공사가 중단됐다. 이 배수로는 인경궁의 시설 중 역사상 처음으로 발굴된 것이었다. 당시 인경궁의 보조 궁궐로 지어진 경덕궁(현재 경희궁)은 조선 후기에 이궁(제2궁궐)으로 활용됐다. 그러나 인경궁은 아무 자취도 없이 사라졌다. 왜 그랬을까?

애초 광해군은 왕이 될 가능성이 별로 없었다. 그는 선조의 왕비가 아닌 '후궁' 공빈 김씨의 '차남'으로 태어났다. 그에겐 위로 형 임해군이 있었고, 아래로 12명의 배다른 남동생(왕자)들이 있었다. 애초 선조는 광해군보다 3살 어린 신성군을 세자로 마음에 두고 있었다. 왜란 뒤인 1606년 영창대군이 선조의 둘째 왕비였던 인목왕후에게서 태어났다. 선조의 14명 아들 가운데 유일한 적자(대군)였고, 광해군의 11번째 남동생이었다.

그러나 운이 따랐다. 선조의 첫 왕비 의인왕후는 끝내 왕자를 낳지 못했다. 1592년 임진왜란이 일어나자 왕실의 유지를 위해 분조(조정 분리)가 필요해져 급히 세자를 정해야 했다. 유일한 적자였던 영창대군은 그가 세자에 오른 지 14년 뒤인 1606년 너무 늦게 태어났다. 광해군보다 31살이나 어렸다. 또 세자를 영창대군으로 바꿀 생각이 있었던 선조가 1608년 급하게 죽었다.

그가 왕위에 오르는 문제는 당파 싸움까지 여러 차례 일으켰다. 왜란 전 세자 결정을 두고 광해군을 지지한 정철 등 서인과 신성군을 지지한 이산해 등 동인이 충돌했다. 이 일로 선조의 미움을 받은 정철의 처벌을 두고 다시 동인은 이산해 등 강경파 북인과 류성룡 등 온건파 남인으로 갈렸다. 심지어 광해군이 세자가 된 뒤엔 북인마저 광해군으로 유지해야 한다는 이산해 등 대북과 영창대군으로 교체해야 한다는 유영경 등 소북으로 갈렸다. 왕위에 오른 광해군이 대북을 선택할 수밖에 없었던 이유가 여기에 있다.

이렇게 광해군은 바람 앞의 등불과 같은 상태로 1608년 왕위에 올랐다. 불행히도 이런 극심한 불안감은 그를 나쁜 쪽으로 몰아세웠다. 그는 잠재적 왕위 경쟁자들을 잇따라 살해했다. 1609년 친형 임해군, 1614년 배다른 동생 영창대군, 1615년 배다른 동생 정원군의 아들 능창군을 역모 혐의를 씌워 죽였다. 1618년엔 아버지 선조의 둘째 왕비이자 명목상 자신의 어머니인 인목왕후까지 폐위했다.

이런 반윤리적 행위는 그의 개혁 정치를 무색하게 했다. 경기도 대동법 시행, 《용비어천가》 등 중요 출판물 재간행, 명-청 교체기의 중립 외교, 창덕궁·창경궁·경운궁 재건 등 화려한 업적은 '어머니를 폐위하고 형제를 죽였다'(폐모살제)는 명분론 앞에 설 자리가 없었다.

형제와 조카를 잇따라 죽인 광해군은 풍수와 궁궐 건축에 몰두했다. 1608년 즉위한 뒤 단종과 연산군이 폐위된 법궁(제1궁) 창덕궁에 들지 않고, 대부분 기간을 월산대군 사저였던 경운궁(현 덕수궁)에서 지냈다. 1615년 창덕궁에 들어갔으나, 이번엔 창경궁 재건을 지시했다. 그러나 1616년 창경궁 재건이 끝나자마자 다시 새 궁궐 공사를 시작했다. 바로 인경궁과 경덕궁(현재 경희궁)이었다. 앞의 3개 궁궐 공사는 재건축이었으나, 뒤의 2개 궁궐은 신축이었다. 당연히 시간과 비용이 많이 들었다. 신하들이 강하게 반대했으나, 그대로 밀어붙였다.

애초엔 인왕산 남쪽 자락에 인경궁을 지으라고 지시했으나, 얼마 지나지 않아 새문동에 경덕궁도 지으라고 또 지시했다. 새문동은 새문(돈의문, 서대문)의 안쪽 동네를 말하는 것으로 '새문안'이라고도 한다. 인경궁은 이궁(제2궁), 경덕궁은 별궁이라고 성격을 부여했다. 그러나 실제로 두 궁궐은 왜란 전 법궁 경복궁, 왜란 뒤 법궁 창덕궁·창경궁을 대신할 정도의 대규모였다. 처음부터 법궁을 새로 짓는다고 하면 반대가 심할 테니 인경궁과 경덕궁으로 나눠 추진한 것으로 보인다. 두 궁은 창덕궁·창경궁처럼 거의 붙어있었다.

광해군은 왜 이런 대규모 궁궐 건축에 나섰을까? 그 배경엔 이

광해군이 새로 지은 2개의 새 궁궐 가운데 서촌의 인경궁은 자취가 사라졌고, 새문안의 경희궁은 고종 때까지 남아있었으나, 경복궁 재건과 일제의 훼손으로 대부분 건물이 사라졌다. 1994년 복원된 경희궁 숭정전. 문화재청.

른바 '왕기'(왕의 기운)설이 있었다. 훌륭한 왕을 낳을 기운이 있는 곳에 새 왕궁을 짓겠다는 것이었다. 인왕산 자락은 과거 태종의 잠저(사저)가 있던 곳으로 세종과 문종, 세조 등이 모두 여기서 태어났다. 인왕(어진 왕)이란 말도 상서로운 것으로 여겨졌다. 새문동 역시 '왕기'가 있는 곳으로 여겨졌다. 이렇게만 보면, 뭔가 미신적인 이유로 왕궁을 지으려고 한 것 같다.

그러나 좀더 들여다보면, 여기엔 왕위 계승의 정통성을 둘러싼 계산도 있었다. 광해군이 새 궁궐터로 인왕산을 선택한 것은 단지 풍수 때문만이 아니었다. 인왕산 남쪽 사직동에 있던 아버지 선조의 사저(나중의 도정궁)가 '왕기'의 실체였다. 살아있을 때

선조의 사저였던 도정궁의 경원당. 원래 인왕산 사직단 옆에 있었으나, 현재는 건국대로 옮겨졌다. 문화재청.

선조는 광해군을 아끼지 않았다. 중종의 서자 덕흥군의 아들이었던 선조도 평생 서자 콤플렉스에 시달렸다. 그래서 장성한 서자 출신 세자 광해군을 핏덩어리였던 영창대군으로 교체하려고도 했다.

광해군은 아버지의 사랑을 받지 못했지만, 그래도 선조의 정통성을 이어받고 싶었다. 인왕산 자락 사직동 도정궁에서 중종의 서자의 아들로 태어나 왕이 된 선조의 입지전, 그것을 품으려 했던 공간이 인경궁이었다. 그래서인지 인경궁은 광해군이 쫓겨난 뒤 살아남지 못했다. 인조가 된 능양군과 그 아버지 정원군에게 도정궁은 큰 의미가 없었기 때문이다.

광해군이 둘째로 선택한 공간은 새문동이었다. 애초 광해군이 새문동에 '왕기'가 있다고 본 이유는 역시 아버지 선조의 또 다른 사저 때문이었다. 선조는 즉위 전 하성군 시절에 새문동에 있던 중종의 사저를 물려받은 장자 복성군의 양자로 들어갔다. 그러나 왕이 되자 그 집을 넷째 아들 신성군에게 넘겼다. 신성군이 젊어 죽자 다시 다섯째 아들인 정원군의 넷째 아들 능창군에게 넘겼다.

광해군은 중종-복성군-선조(하성군)-신성군-능창군으로 이어진 그 사저의 계승을 받아들이기 어려웠다. 배다른 동생들인 신성군과 정원군(능창군의 아버지)은 선조의 사랑을 받았던 왕위 경쟁자들이었다. 그것을 중종-복성군-선조-광해군으로 바꾸려 했다. 그래서 1615년 배다른 조카인 능창군을 역모 혐의로 죽이고, 1617년 새문동 능창군의 집을 몰수해 그 자리에 자신의 경덕궁을 지었다. 왕위 계승뿐 아니라, 중종과 선조의 사저까지 계승하려 한 것이다.

그러나 광해군의 정통성 독점 시도는 실패했다. 정원군의 아들이자 능창군의 형인 능양군이 서인들과 쿠데타를 일으켜 광해군을 내쫓았기 때문이다. 인조는 이 집의 계승을 중종-복성군-선조(하성군)-정원군(원종)-인조(능양군)로 바꿔버렸다. 그리고 이 사저의 주인은 정원군이었는데 광해군이 이를 두려워해 경덕궁을 지었다는 이야기를 〈광해군일기〉를 펴낼 때 추가했다. 새문동 '왕기'의 주인공은 선조-광해군에서 선조-정원군-인조로 바뀌었다. 인조반정을 정당화한 이야기였다.

사실 정원군의 집은 당시 남쪽 송현동(현 한국은행 자리)에 있었고, 새문동의 집은 정원군이 아니라 그 아들 능창군 소유였다.

서촌의 금천교는 궁궐 다리에 사용되는 '금천교'란 이름이나 홍예교 형식으로
볼 때 인경궁의 금천교로 보인다.《광해군일기》에도 이와 관련한 기록이 나온
다. 20세기 초 백운동천을 덮을 때 사라졌다. 서울역사박물관.

역사를 조작한 것이다. 광해군과 인조의 새문동 중종 사저 다툼
속에서 진짜 주인인 신성군, 능창군은 완전히 지워졌다.

광해군이 쫓겨난 뒤 인경궁은 버려졌다. 인경궁의 건물 대부
분이 뜯겨 창덕궁이나 창경궁의 보수 공사에 사용됐다. 그 가운
데 인경궁 광정전은 창덕궁 선정전이 돼서 그대로 살아남았다.
고급 청기와를 사용한 것이 당시 화려했던 인경궁의 모습을 상
상하게 한다.

또 인경궁 터엔 인조의 아들인 효종의 다섯 딸과 사위들의 집
이 들어섰다가 사라졌다. 그 뒤엔 훈련도감 군인들과 평민들이
들어가 살았다. 서촌의 남쪽에 중인과 평민이 살았던 것은 인경
궁의 역사와 관련이 깊다. 또 백운동천 금천교는 인경궁 건설 전

경희궁 정문인 흥화문은 일제 때 장충동으로 옮겨져 이토 히로부미를 기리는 박문사와 해방 뒤 신라호텔의 정문으로 사용됐다가 다시 경희궁으로 옮겨졌다. 문화재청.

부터 있었는데, 인경궁의 금천교로도 사용됐다. 20세기 초까지 남아있다가 백운동천 복개 과정에서 사라졌다.

경덕궁은 조선 후기에 이궁(제2궁)으로 법궁(제1궁)인 창덕궁·창경궁과 함께 널리 사용됐다. 경덕궁은 영조 때 경희궁으로 이름이 바뀌었고, 서궐이나 새문안 대궐, 야주개 대궐로도 불렸다. 그러나 1865년 경복궁 중건 때 건물 상당수가 뜯겨 경복궁으로 옮겨졌다. 1910년 경희궁엔 일본인 학교인 경성중학교(현 서울고등학교)와 일본인 주택이 들어섰다. 2002년 서울역사박물관이 들어서면서 또 한 번 훼손됐다. 현재 경희궁 터에 남은 옛 건물은 정문인 흥화문뿐인데, 그마저 제 자리가 아니다.

<u>11</u>

통의동 백송은 영조의 집 마당 나무였다

창의궁

"창의궁은 그 어떤 곳인가/어의궁과 같다고 감히 견주랴/용흥
궁이라고 부르기엔 덕이 부족하다/어필을 걸었으니 감히 만의 하
나인가/동네는 장의동(장동)으로 다섯 궁을 품고 있다/양성헌 일
한재는 부왕이 하사한 이름이자 내 이름/일청헌 거려사는 몇 년
을 받들었나/이안와 함일재는 마음을 다스리는 이름/옛날부터
있었고 또한 나의 운명이다."(영조 이금, '창의궁', 1774년 7월 하순)

서울 종로구 통의동 35-15번지에는 거대한 백송의 밑동이 남
아있다. 이 백송은 한국에서 가장 크고 나이 많은 백송으로 1962
년 천연기념물 4호로 지정됐다. 그러나 1990년 큰비와 강풍에 쓰
러져 죽었고, 1993년 천연기념물 지정도 해제됐다. 이 백송은 이
일대의 수호신처럼 여겨졌고, 1955~1970년엔 이 백송이 있는 통
의동에 '백송동'이란 행정동 이름이 붙기도 했다.

1911년 창의궁 터엔 일제의 동양척식주식회사 사택이 들어섰다. 1926년의 창의궁 백송 모습. 서울역사아카이브.

이 백송은 오랫동안 추사 김정희의 집에 있던 백송으로 여겨졌다. 김정희 후손의 증언에 따른 것이었다. 김정희 연구자인 김영호 경북대 교수는 1976년 쓴 답사기 '추사의 붓을 따라 천 리를'에서 이 백송이 김정희의 집인 월성위궁에 있던 나무라는 김정희 방계 후손의 증언을 인용했다.

"최근 김익환 옹(완당 김정희 선생의 친동생 김상희의 5대 혈손이며 일제 시에 《완당선생문집》을 편찬한 분)을 찾아가 뵙고 완당 선생에 대하여 여러 가지 이야기를 하다가 완당 선생의 서울 고택 월성(위)궁의 위치를 물었더니 통의동의 백송 고목이 있는 곳이 완당 선생 고택의 정원 자리라는 것이었다."

이 증언을 바탕으로 2002년 유홍준 전 문화재청장은 《완당 평전1》에서 "영조는 김한신을 사위로 맞아들이면서 서울 통의동 백송나무가 있던 동네에 월성위궁을 내려주었다. 월성위궁은 궁이라는 이름이 붙을 정도로 거대한 저택으로 백송나무가 이 집의 정원수였다고 한다"고 썼다. 김한신은 영조의 딸 화순옹주의 남편이었다.

한편, 서울시는 1987년 종로구 통의동 35-5번지 금융감독원 연수원 부근에 '김정희 선생 집터'라는 표지석을 세웠다. 또 1994년 12월 종로구에서 펴낸 《종로의 명소》라는 책에서도 통의동 금융감독원 연수원 부근을 김정희가 태어난 곳(월성위궁)으로 지목했다.

미술사학자 최열은 2021년 김정희의 삶과 예술, 학문을 집대성한 《추사 김정희 평전》에서 새로운 의견을 제시했다. 백송은 원래 창의궁에 있었고, 월성위궁은 그 창의궁의 일부라는 주장

서울 종로구 통의동엔 거대한 백송의 밑동이 남아있다. 애초 이 백송은 김정희의 집인 월성위궁에 있던 것으로 알려졌으나, 최근 연구 결과 영조 이금의 잠저 (사저)인 창의궁 안에 있었던 것으로 확인됐다. 김규원.

이었다.

"창의궁 안에는 600년 넘게 자란 백송이 있었다. (…) 창의궁은 숙종이 (아들) 영조에게 주어 영조가 즉위하기 전 머무르던 잠저가 되었다. 영조는 둘째 딸 화순옹주가 월성위 김한신과 혼인하자 창의궁 일대의 가옥을 하사했는데, 바로 그 집이 월성위궁이었다. 물론 창의궁 전체를 주었는지 아니면 일부를 떼어주었는지는 알 수 없다."

그러나 2007년(초판), 2019년(증보판) 청와대 경호처에서 펴낸 《청와대와 주변 역사·문화 유산》이란 책에선 이와 다른 이야기를 적었다. 이 책을 보면, 백송은 영조의 잠저(사저)인 창의궁

창의궁의 건물이었던 양성헌의 현판인 '건구고궁'. 영조 이금이 썼다. 국립고
궁박물관.

안에 있었고, 김정희의 본가인 월성위궁은 창의궁 남쪽 적선동
에 있었다.

2013년 문헌학자인 이순우 민족문제연구소 책임연구원은 이
문제와 관련해 다양한 기록과 지도를 공개했다. 먼저 고종 시절
인 1865~1883년 사이 나온 〈동국여지비고〉를 보면, '화순옹주의
사당은 서부 적선방에 있다'고 적혀있다. 이 사당은 당연히 화순
옹주의 집(월성위궁)에 설치된 것으로 추정된다. 적선방은 현재
의 통의동 금융감독원 연수원 남쪽에서 새문안길에 이르는 지역
이다. 반면, 창의궁은 북부 의통방에 있었다. 두 지역은 현재의
자하문로2길로 나뉜다.

월성위궁의 위치를 좀더 구체적으로 표시한 지도도 제시됐다.
1903년 〈한국 경성 전도〉 지도엔 경복궁 서십자각 모서리에 '월
궁후동'이란 지명이 적혀있다. 1914년 〈경성부 시가 경계도〉 지
도에도 같은 위치에 '월궁동'이란 지명이 적혀있다. 1914년 〈조

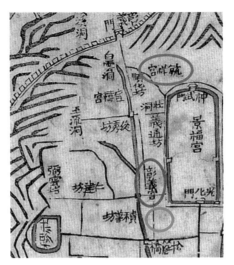

〈대동여지도〉 중 〈도성도〉. 경복궁 남서쪽에 영조의 사저 창의궁(빨간 원)이 있었고, 그 남쪽에 김정희 집안의 집 월성위궁(파란 원), 경복궁 북서쪽에 영조의 어머니를 모신 사당 육상궁(푸른 원)이 있었다. 서울역사아카이브.

선총독부 관보〉의 '경기도고시 제7호'엔 월궁동과 사온동, 장흥고동 등을 합해 적선동을 만들었다고 적었다. 월궁은 월성위궁의 줄임말이다.

이순우 책임연구원은 "1976년 김정희의 방계 후손이 백송 있는 곳이 김정희의 월성위궁이라고 잘못 말했고, 1987년엔 서울시가 김정희가 살던 월성위궁 터 표지석을 창의궁 터에 잘못 세웠다. 어쩌면 김정희가 중국에서 백송을 가져다 예산 고향의 조상 무덤 앞에 심으면서 통의동 백송과 혼동을 일으켰을 수 있다"고 말했다.

이렇듯 창의궁과 월성위궁이 서로 다른 공간임은 창의궁의 주인인 영조의 발언에서도 확인할 수 있다. 1774년 8월 28일 영조

육상궁 사당의 모습. 고종 시기에 연호궁과 합해져 처마엔 연호궁 현판이, 마루 천장엔 육상궁 현판이 걸려 있다. 김규원.

는 과거 합격자들을 축하하는 자리에서 자신의 사위 김한신의 양손자이자 김정희의 양아버지인 김노영에게 이렇게 말했다. "네가 사는 동네(월성위궁)가 바로 나의 옛집(창의궁)과 같은 동네 다." 만약 월성위궁이 창의궁이거나 그 일부였다면 영조가 "네가 사는 집이 바로 나의 옛집"이라고 말했을 것이다.

또 1790년 2월 28일 정조의 행차에서도 창의궁과 월성위궁은 서로 다른 공간으로 나온다. "(정조가) 육상궁(칠궁)에서 작헌례 (술 바치는 의례)를 행하였다. (…) 창의궁의 장보각과 의소묘를 두루 참배하고, 돌아오는 길에 화순옹주의 집(월성위궁)에 이르러 옹주의 양아들 김이주(김정희의 양할아버지)를 불러 만났다.”

이렇듯 창의궁과 월성위궁은 엄연히 다른 공간이다. 창의궁은 경복궁의 남서쪽에 있었고, 월성위궁은 창의궁의 남쪽에 있었다. 창의궁은 대체로 효자로와 자하문로, 자하문로2길, 자하문로6길로 둘러싸인 직사각형 모양의 터를 차지하고 있었다. 자하문로 2길은 조선 초기부터 있던 금천교와 연결되는 길이고, 자하문로 6길은 경복궁의 옛 영추문 앞길이다. 따라서 창의궁은 이 두 길을 넘어설 수 없다. 영추문은 일제 때인 1926년에 무너졌다가 1975년 50m 북쪽에 새로 세워졌다.

창의궁은 숙종이 아들 영조(당시 연잉군)에게 주기 위해 1707년 마련했다. 그 전엔 숙종의 넷째 고모인 숙휘공주와 인평위 정제현의 집이었다. 영조는 1712~1721년 사이 9년 동안 살았다. 이 사저 시절에 연잉군은 두 아들과 한 딸을 얻었고, 어머니를 잃었다. 왕이 된 뒤에도 100차례 이상 창의궁을 찾아갔다.

창의궁은 영조 이금에게 잊을 수 없는 곳이었다. 원래 왕이 될 세자나 세손은 계속 궁에서 살기 때문에 잠저(사저)에서 살아볼 수 없다. 그러나 숙종의 넷째 아들이었던 영조는 사저에서 살았다. 배다른 형 경종이 아들 없이 죽으면서 다시 궁으로 들어갔다.

창의궁에 대한 영조의 마음은 1768년 12월6일 발언에서 잘 드러난다. 영조는 12월4일 창의궁에 가서 이틀 동안 지내고 다시 경희궁으로 돌아왔는데, 신하들이 만나기를 요청했다. 그러자 영조는 “몸은 비록 이 집경당에 있으나, 아직 마음은 옛집(창의궁)에 있으니 내일 들어오라”고 지시했다.

1721년 창의궁을 떠난 영조는 5년 뒤인 1726년 다시 창의궁을 찾아갔다. 어머니 숙빈 최씨의 사당 육상궁(현 칠궁)에 절하고 나와 남쪽으로 1㎞ 떨어진 창의궁에 들르겠다고 선언했다. 그러자 승지(비서관)들이 모두 왕이 사저에 드는 것은 예법에 맞지 않는다고 반대했다. 그러나 영조는 한나라 고조와 광무제의 예를 들며 반박했다. 결국 창의궁에 들어간 영조는 밤 늦도록 머물다가 밤 11시에 경희궁으로 돌아갔다.

신하들이 사저에 가는 것을 반대하자 영조는 갖가지 방법으로 사저로 가려고 했다. 1728년 맏아들 효장세자가 죽자 1729년 그 사당인 효장묘를 창의궁 안에 설치하라고 지시했다. 그 뒤로 아들 사당에 간다는 이유로 창의궁에 갔다. 1751년엔 자신이 창의궁에 가는 것을 반대하는 우참찬 원경하를 공주로 유배 보냈다. 1752년엔 사도세자의 맏아들인 의소세자가 죽자 사당을 역시 창의궁에 설치했다. 그해 영조는 창의궁에 가서 왕위를 사도세자에게 넘기겠다고 폭탄선언을 하기도 했다.

양위 선언을 한 뒤로는 한 달이 멀다 하고 육상궁과 창의궁을 찾아가기 시작했다. 1752년까지는 31년 동안 창의궁 방문이 10차례도 안 됐으나, 1776년 퇴위 때까지 23년 동안 90차례를 넘겼다. 세상을 뜨기 5년 전인 1771년 1월 29~2월 8일 사이에는 9일 동안이나 창의궁에 머물면서 업무를 봤다. 준수방 잠저(장의동 본궁)이 세종에게 그랬던 것처럼 창의궁은 영조에게 엄마의 품 같은 집이었다.

영조 이후 창의궁엔 영조의 아들과 손자, 정조의 아들, 순조의 아들 사당이 설치됐다. 그러나 1900년께 창의궁의 사당은 모두 다른 곳으로 옮겨졌다. 1908년 일제의 동양척식주식회사(동척) 소유가 됐고, 1911년엔 동척 사택이 들어섰다. 1917년 기록을 보면, 동척 사택이 들어선 통의동 35번지의 넓이는 2만 1094㎡(6381평)이었다. 이 35번지는 해방 뒤 민간에 팔려 100개 이상의 필지로 조각조각 나뉘었다.

월성위궁은 영조의 딸인 화순옹주가 월성위 김한신과 1732년 결혼하고 궁을 떠난 1734~1735년께 조성된 것으로 추정된다. 1758년 김한신이 죽고 화순옹주가 따라죽은 뒤 이들의 사당이 마련됐다. 또 이들의 양아들 김이주, 양손자인 김노영, 양증손자인 김정희가 80년가량 살았다. 그러나 김정희가 1840년 제주로 유배된 뒤 이 집은 몰수됐고, 월성위 부부의 사당만 고종 때까지 유지됐다.

현재 서울시의 '김정희 본가 터' 표지는 종로구 적선동 8-4번지로 옮겨져 있으며, '창의궁 터' 표지는 종로구 통의동 35-23번지에 있다.

12

정선, 〈인왕제색도〉에 자신의 집을 그려넣다

인왕산

"우리 옛 그림 가운데 가장 웅혼하고 장엄한 감동을 주는 작품을 한 점 들어보라면 나는 주저 없이 '겸재 정선(1676~1759)의 〈인왕제색도〉'라고 대답하겠다. 국보 216호인 〈인왕제색도〉는 가장 남성적인 박력이 넘치는 화가이자 우리 산천을 우리 특유의 기법으로 그려내는 진경산수화를 완성한 대가 겸재 정선의 일흔여섯 살의 고령에 그려낸 거작이다."(오주석, 《오주석의 옛 그림 읽기의 즐거움1》, 신구문화사, 1999)

"〈인왕제색도〉는 정말 걸작입니다. 여러 가지 특색이 있는데, 역시 화면을 꽉 채우고 있습니다. 동시에 인왕산의 암벽을 적묵(겹먹칠)으로 일종의 면, 묵면(먹칠면)을 만들어서 압도합니다. 보는 사람으로 하여금 괴량감(덩어리무게감)을 느끼게 합니다. 화면이 안정되어 있고, 전체가 압도적으로 누르기 때문에 아래 허연

바탕과 음양도 잘 맞게 되어 있습니다."(이용희, 《우리 옛 그림의 아름다움》, 연암서가, 2018)

2021년 4월 28일 고 이건희 회장의 가족들은 "이 회장이 평생 수집한 개인 소장 미술품 1만 1천여 건, 2만 3천여 점을 국가 박물관 등에 기증한다"고 밝혔다. 여기에 〈인왕제색도〉 등 국보 14건, 보물 46건이 포함됐다. 고미술품 2만 1600여 점은 국립중앙박물관으로, 이중섭의 〈황소〉 등 한국과 서양 근현대 미술품 1600여 점은 국립현대미술관과 관련 미술관으로 간다.

2만 3천 점이 넘는 미술품들이 기증됐지만, 그 중에서도 단연 눈에 띈 것은 〈인왕제색도〉(비 개는 인왕산)였다. 겸재 정선의 최고 걸작이자, 진경산수화의 최고 걸작, 한국 회화 역사상 최고 걸작 중 하나로 꼽히는 작품이다. 미술사학자 최열은 "영조 때는 과학기술이 발전하고 경제가 재건돼 생산력이 왜란과 호란 직후의 몇 배로 커졌다. 바로 이 조선 후기의 황금 시대가 낳은 걸작이 〈인왕제색도〉다. 조선 초기 건국의 꿈과 희망을 담은 〈몽유도원도〉와 비교되는 작품"이라고 평가했다.

〈인왕제색도〉는 겸재 정선이 75살 때인 1751년 윤5월 하순에 그린 것이다. 시기를 특정할 수 있는 이유는 겸재가 그림 오른쪽에 '신미 윤(5)월 하완'(하순)이라고 적어놨기 때문이다. 당시 《승정원일기》를 보면 윤5월 19일부터 25일 오전까지 7일 동안 장맛비가 내렸다. 그래서 오주석 미술평론가는 이 그림을 그린 시기를 윤5월 25일 오후로 추정한다. 그림 곳곳에 묘사된 폭포와 비구름이 장마가 끝난 직후임을 보여주기 때문이다.

정선의 〈인왕제색도〉는 정선의 최고 작품이자, 진경산수화의 최고 작품, 한국의 전통 산
수화의 최고 작품으로 꼽힌다. 국립중앙박물관.

정선의 다른 그림인 〈서정보월〉(서쪽 정원에서 달밤에 걷다)에도 인왕산 치마바위(오른쪽 위)와 범바위(가운데 위)의 모습이 잘 나타난다. 국립중앙박물관.

이 그림은 무엇보다 서울의 내4산 중 서산인 인왕산의 실제 모습(진경)을 충실하면서도 강렬하게 표현했다는 점으로 유명하다. 인왕산의 주요 봉우리인 범바위와 치마바위(정상)와 작은봉우리, 기차바위(왼쪽부터)를 생생하게 그렸다. 또 주요 골짜기인 수성동과 옥류동, 청풍계, 주요 언덕인 필운대와 세심대 등도 모두 그려졌고, 인왕산 능선의 한양성곽까지 표시돼 있다.

이 그림에서 보는 사람을 압도하는 것은 치마바위에 위아래로 시커멓게 칠해진 붓질이다. 이른바 '부벽준'(도끼로 나무를 쪼갰을 때 나타나는 거친 세로 줄무늬)인데, 겸재는 크고 거친 붓으로 수 차례 겹칠함으로써 치마바위의 벽면을 어둡고 무겁게 표현했다.

최완수 간송미술관 연구실장은 책《겸재의 한양진경》(2004)에서 "인왕산의 백색 암봉(바위봉우리)을 정반대의 흑색 묵찰법(붓을 뉘어 쓸어내리는 먹칠법)으로 대담하게 쓸어내렸는데, 그 인상은 백색에서 느끼던 그것과 동질이니 이 무슨 신비의 조화란 말인가"라고 말했다. 그러나 인왕산의 바위벽엔 평소에도 물 흐른 짙은 자국이 남아있으며, 비에 젖으면 더 어두운 빛을 띠기 때문에 정선이 치마바위를 시커멓게 칠한 것은 오히려 '실제 모습'(진경)에 가깝다.

또 산봉우리들의 어두운 빛과 산자락의 하얀 비구름이 조화를 이룬 점도 높이 평가받는다. 미술사학자 최열은 책《옛 그림으로 본 서울》에서 "만약 이 안개를 산 사이로 깔아두지 않았더라면 이 작품은 그저 먹물만 머금은 암흑천지였을 것이다. 짙은 바위산의 무게와 맑은 안개의 가벼움을 적절히 뒤섞어 흑과 백의 조화를 절정의 수준으로 끌어올렸다"고 평가했다.

〈인왕제색도〉는 많은 이야깃거리를 담고 있다. 가장 오랜 논쟁은 이 그림에 그려진 단 한 채의 기와집이 누구의 집인가 하는 것이다. 이 논쟁은 그림의 성격과 직결된 것이다. 가장 널리 알려진 가설은 겸재의 절친이자 당대 유명 시인인 사천 이병연(1671~1751)의 집이라는 것이다. 겸재가 그림을 그린 당시 겸재보다 5살 많은 이병연이 와병 중이었는데, 겸재가 친구의 회복을 빌면서 그렸다는 것이다.

이 가설의 근거는 이병연의 사망 시기가 1751년 윤5월 29일로 이 그림의 제작 시기와 거의 같다는 점이다. 따라서 이 집을 육상궁(현재의 칠궁) 부근에 살았던 이병연의 집 '취록헌'으로 본다. 이 가설은 최완수 간송미술관 연구실장과 오주석 평론가가 제시했고, 많은 이들이 인용했다. '평생 우정'이라는 감동적 이야기가 호소력이 있지만, 시기 외엔 다른 근거를 찾을 수 없다. 백운동천 너머 이병연의 집 위치도 그림의 집 위치와는 거리가 멀다.

2011년 서울대 고미술사 연구자인 김가희는 이 집이 정선 그림의 주요 주문자 중 하나였던 도승지 이춘제의 집이라는 의견을 제시했다. 다시 말해 이 그림은 이춘제가 주문한 작품이라는 것이다. 근거는 이춘제가 겸재에게 주문한 〈옥동척강〉(옥류동 언덕오르기), 〈서원소정〉(서쪽 정원 작은 정자), 〈서원조망〉(서쪽 정원서 조망하다) 등 그림에 나오는 이춘제의 서원의 위치가 〈인왕제색도〉에 나오는 집의 위치와 비슷하다는 것이다. 이춘제의 서원은 서울 종로구 옥인동 옥류동 북쪽 언덕(현재의 지에스남촌리더십센터 부근)에 있었던 것으로 추정된다.

특히 이춘제가 겸재에게 주문해서 자신의 집을 그린 〈오이당도〉에 대한 시가 전하는데, 여기서 묘사한 내용이 〈인왕제색도〉의 풍경과 매우 비슷하다. "필운산(인왕산) 아래는 연기와 안개로 가려졌지만 풍경인 은자(숨은 사람)의 가옥은 옛날과 같다." 그러나 이 시에서 보듯 이춘제가 겸재에게 주문한 자신의 집 그림의 제목은 〈인왕제색도〉가 아니라 〈오이당도〉였다. 또 이춘제가 주문한 다른 10여 점의 그림과 달리 〈인왕제색도〉를 주문했다거나 소장했다는 기록은 전혀 없다. 오히려 〈인왕제색도〉는 겸재의 손자 정황에게 전해졌다가 1790년께 당대 권력가였던 심환지에게 넘어갔다.

정선은 인왕산 기슭에 살면서 <인왕제색도> 등 인왕산을 그린 많은 작품을 남겼다. 국립현대미술관에서 본 인왕산의 모습. 김규원.

미술연구자인 정민영 아트북스 대표는 "이 집의 소유자에 대해선 여러 가능성이 있다. 이병연의 집이라는 가설에 너무 얽매여서는 안 된다"고 말했다.

이 집이 겸재 자신의 집이라는 의견도 있다. 미술사가 홍선표는 이 집을 겸재의 집으로 해석했다. 가난한 집에서 태어나 그림으로 성공한 겸재가 말년에 자신의 대표작에 자신의 집을 그려

정선의 〈인곡유거〉는 인곡(인왕동, 옥류동)에 있던 자신의 집을 그린 작품이다. 왼쪽 위 치마바위, 오른쪽 위 기차바위가 보인다. 간송미술관.

넣었다는 것이다. 정선이 인왕산을 배경으로 자신의 집을 그린 〈인곡유거〉를 보면, 〈인왕제색도〉의 집과 비슷해 보인다. 〈인곡 유거〉에선 왼쪽 위에 치마바위, 오른쪽 위에 기차 바위가 보인 다. 당시 겸재의 집은 옥류동이었는데, 현재의 서울 종로구 옥 인동 지에스남촌리더십센터와 군인아파트 부근으로 추정된다.

〈인왕제색도〉의 집이 겸재의 집일 가능성을 뒷받침하는 다른 근거는 1790년께 이 그림을 넘겨받은 심환지가 이 그림에 붙인 시다. 이 시에서 심환지는 "늙은 주인이 깊은 장막 아래서 하도 · 낙서(《주역》을 뜻함)를 즐긴다"고 썼다. 실제로 겸재는 말년에 주역을 연구해 책을 쓰기도 했다. 당대 사람인 심환지가 이 집을 겸재의 집으로 인식했다는 뜻이다. 미술사학자 최열은 "겸재가 자신의 인생을 축하하기 위해 그린 것으로 본다. 평생 남을 위해 그렸던 전업 화가가 말년에 자신을 위한 그림을 한 점 그린 것이다. 손자에게 전해진 점도 그런 뜻을 보여준다"고 말했다.

겸재의 외할아버지인 박자진의 집이라는 의견도 있다. 박자진의 집은 옥류동에서 조금 북쪽인 청풍계에 있었는데, 그 모습이 〈풍계유택〉에 잘 나타나 있다. 청풍계는 청운초등학교 북쪽이다. 청운초 건너편 유란동에 살던 정선은 어려서 아버지를 잃어 외할아버지에게 많이 의지했을 것으로 보인다. 집의 규모를 보면, 정선의 외가는 상당한 재력을 가졌던 것으로 보인다.

그러나 기록을 떠나 순수하게 이 그림을 그린 관점(본 지점)만으로 평가하면 전혀 다른 결과가 나온다. 여러 가설에 나온 집들의 위치를 찾아가 사진을 찍어봤다. 이병연이 살았던 육상궁(종로구 궁정동) 근처에선 〈인왕제색도〉와 조금 비슷한 모습이 잡혔다. 그러나 이춘제가 살았던 옥류동(지에스남촌리더십센터와 군인아파트 부근), 겸재가 살았던 유란동(경복고등학교 안)이나 옥류동, 외할아버지가 살았던 청풍계(청운초등학교 북쪽)에선 〈인왕제색도〉와 비슷한 모습이 잡히지 않았다. 가장 비슷한 모습이 잡힌 곳은 종친부가 있던 국립현대미술관 서울관 언덕이었다.

정선의 〈풍계유택〉은 외할아버지 박자진의 집을 그린 것이다. 개인 소장.

〈인왕제색도〉는 겸재의 집안에서 대물려져 손자이자 화가인 정황이 갖고 있다가 정조 때 노론 벽파(강경파)의 실력자였던 심환지에게 넘겼다. 심환지 사후 충남 당진에 살았던 그의 후손들은 심환지의 친필이 붙어있는 이 그림을 제사 때 함께 모시기도 했다고 전한다. 일제 때 이 그림은 서울의 최난식, 개성의 진호섭이 소장하다 서예가이자 유명 수집가인 손재형에게 넘어갔다. 손재형은 이 그림과 함께 김정희의 〈세한도〉도 소장하고 있었다. 이것을 1970년대에 이건희 · 홍라희 부부가 매입한 것이다.

13

백사실 별서의 주인 허필과 김정희, 홍우길

백석동천

"골짜기물은 무슨 마음으로 밤새도록 흘렀나?/산꽃은 스스로 피었지만, 보는 사람이 적네/눈썹 사이에 한 줄기 연기와 노을이 비치니/열흘 동안 함께 놀아도 흥거움 다하지 않네"(허필, '북한산 남쪽 백석 별업(별서)에서 정윤, 강세황과 함께 시를 짓다', 1737년)

서울 종로구 부암동 백악(북악) 백사실白沙室 계곡, 또는 백석 동천白石洞天에 남아있는 별서 터(국가 명승)는 꽤 오랫동안 논쟁 거리였다. 처음에 이 별서를 세운 사람이 누구였나 하는 문제 였다. 많은 사람들이 '백사실'이라는 이름 때문에 백사 이항복 (1556~1618)을 떠올렸다. 그러나 이항복의 별서라는 추정엔 아무 런 근거가 없었다. 별서는 본집 외에 한적한 곳에 따로 지은 집 을 말한다.

지난 2012년 문화재청 산하 국립문화재연구소는 2012년 10월

흔히 백사실이라고 알려진 백석동천 육각정과 연못. 김규원.

'명승 경관 자원 조사 연구 및 DB 구축 사업(5차)'을 통해 "백사실의 본래 명칭이 '백석실'白石室이었고, 백사 이항복과는 관련이 없다"고 밝혔다. '백석'이란 백악과 마찬가지로 이 계곡의 화강암이 흰 것을 말한 것이고, '실'은 '별서'를 뜻하는 한자이거나 '골짜기'를 뜻하는 고유어로 해석됐다. 결국 '백사실'은 '백석실'이 와전된 발음으로 밝혀졌다.

문화재청은 2005년 사적(역사유산)으로 지정하면서 별서 위쪽 바위에 새겨진 대로 공식 이름을 백사실이 아니라 '백석동천'으로 확정했다. 그리고 2008년 명승(자연유산)으로 변경했다. '백석

백석동천 정자 위쪽의 바위글씨 '백석동천' 김규원.

동천'에서 '동천'洞天은 '무릉도원'이나 '별천지'처럼 신선이 사는 이상향을 말한다.

백사실이 아니고, 백사 이항복의 별서가 아니라면 이 별서의 주인은 누구였다는 말인가? 문화재청은 이곳의 역대 주인 중 한 사람으로 김정희(1786~1856)로 제시했다. 김정희가 쓴 '금헌(친구 성진경)과 함께 종경릉(명나라 시인 종성)의 운을 잡다'라는 시가 근거였다. 김정희는 이 시에서 "구구한 문자에도 정령(영혼)이 있으니 선인(신선)이 살던 '백석정'을 예전에 샀다"고 썼다. 백석정은 백석동천에 있는 정자를 말하는 것으로 보인다.

김정희는 이 시의 백석정에 대한 주석에서 "나의 '북쪽 별서'를 말한다. 백석정 옛터가 있다"라고 썼다. 또 친구 김유근에게 보낸 편지에서도 "아버지가 엊그제 잠깐 '북쪽 별서'로 나가셔서

이광려의 글에 나오는 '높은 골 가는 폭포'(고간세폭)의 모습. 김규원.

며칠 동안 서늘한 바람을 쐬실 생각이었다"고 썼다. 따라서 백석
동천의 별서는 김정희와 아버지 김노경이 소유했던 것으로 보인
다. 이들 부자는 이 북쪽 별서의 남쪽인 서울 종로구 적선동 국
립고궁박물관 네거리 부근의 월성위궁에 살았다.

그러나 문화재청은 김정희 이전에 이 별서를 소유했던 사람을
밝히지 못했다. 다만, 이광려와 박규수의 글을 인용해 애초 허씨
가 이 별서를 소유했던 것으로 추정했다.

18세기 중반에 살았던 이광려(1720~1783)는 이런 글을 남겼다.
"비온 뒤 북한산으로부터 시냇물을 따라 오다가 폭포를 봤다. 세
검정으로 가려고 하다가 시냇물 위를 보니 높은 골의 가는 폭포
(고간세폭) 한 물줄기가 있었다. 그 위에 '허씨의 띠풀 정자'(모정)
가 있었다. 편액을 '간정료'(솥을 보는 집)라고 했다. 시를 짓지 않

정선이 그린 부채 그림 〈세검정〉 부분. 백석동천 근처 세검정 모습. 국립중앙
박물관.

을 수 없었다." (〈이참봉집〉)

　여기서 '허씨의 띠풀 정자'가 바로 백석정으로 추정된다. 이
광려의 글에서 묘사한 것처럼 세검정에서 백석정으로 올라가는
길엔 지금도 '높은 골의 가는 폭포'가 있다. 또 이광려가 지은 3
편의 시 가운데도 '허씨 정자', '허씨 집'이란 표현이 더 나온다.

　박지원의 손자인 박규수(1807~1877)가 13살 때인 1820년 지은

'석경루 여러 절경 시 20수'에도 백석정과 그 주인 이야기가 나온다. "석경루(백석정 아래 누각) 북쪽은 샘과 돌이 기이하고 그 위로 '백석정 옛터'가 있다. 세상에 전하기를 허씨 진인(도인)이 살던 곳인데, 진인은 어느 때 사람인지 알 수 없다. 도연명과 환공의 무리일 것이다."

　여기서 알 수 있는 것은 백석정의 옛 주인이 허씨였으며, 그가 도가 계열의 사람이라는 점이다. '간정료', '진인'과 같은 표현은 모두 도가 쪽 표현이다. 간정료의 '정'은 약이나 차를 끓이는 솥을 말하는 것이며, 진인은 도인, 신선과 같은 말이다. 문화재청 연구에 참여했던 최영성 한국전통문화대학 교수(무형유산학과)는 조심스럽게 허씨 진인이 남인의 지도자였던 미수 허목(1595~1682)일 가능성을 제기했다. 허목은 도가에 밝아 점술이나 약짓기에 능했다고 알려져 있다.

　그러나 허 진인의 유력한 후보는 2년 뒤 나타났다. 최종현 통의도시연구소장(한양대 전 교수)는 2014년 허 진인이 조선 후기 선비이자 시인, 화가였던 허필(1709~1761)이라고 문헌을 근거로 증명했다. 그 근거가 이 글 맨 앞에서 인용한 '북한산 남쪽 백석 별업에서'라고 쓴 1737년의 시다. 또 그는 1749년 강세황 등 25명의 친구들과 세검정 일대에서 놀며 '세검정에서 봄놀이'라는 시를 짓기도 했다.

　허필은 누구였을까? 그는 진사시에 합격했지만 벼슬을 하지 않았고, 글, 글씨, 그림 등에 모두 뛰어나 '시서회 삼절'로 불렸다. 그는 김홍도의 스승이었던 강세황(1713~1791)의 절친으로 함께 산수화를 그렸고, 강세황의 많은 그림에 평을 썼다. 두 사람

백석동천 1대 주인 허필의 절친이었던 강세황. 국립중앙박물관.

은 남산 자락에서 이웃으로 함께 살았다.

앞서 인용한 이광려는 '표암 강광지(강세황)에게 드리다'라는 시에서 두 사람에 대해 이렇게 말했다. "표옹(강세황)과는 서로 늦게 알게 됐고, 연옹(허필)과는 끝내 인연이 없었다. (…) 여럿한테서 들으니 허 선생은, 사람들 중에 진짜 자유로운 선인禪人이라네." 허필의 호는 '연객'인데 담배 피우는 사람이란 뜻이다. 이 연객을 약간 바꿔 '연옹'(담배 피우는 늙은이)이라고 쓴 것이다.

이 시와 앞의 시를 연결해보면 이광려는 허필을 알고 있었고, 허필이 백석동천의 별서의 주인이라는 점도 알고 있었다. 그리고 살아있는 동안 허필을 만나지 못한 것으로 보인다. 따라서 이 시는 허필이 죽은 1761년에서 이광려가 죽은 1783년 사이에 지어진 것으로 볼 수 있다. 만약 이광려가 앞의 시에서 '허씨의 띠풀 정자'가 아니라, '허필의 정자'라고 썼다면 백석동천 별서의 주인을 둘러싼 논란은 일어나지 않았을 것이다.

2021년 9월 문화재청은 백석동천 별서의 주인과 관련해 추가적인 역사 검토 결과를 발표했다. 문화재청은 백석동천 1대 주인 허필(1709~1761)과 2대 주인 김정희(1786~1856) 부자 이후 백석동천의 별서를 소유한 3대 주인은 대사성과 대사헌, 한성부 판

김정희와 홍우길 등 경화세족들이 여가를 즐긴 백석동천 별서 터. 김규원.

윤, 판서 등을 지낸 홍우길(1809~1890)이었다며, 근거 문헌을 공개했다.

홍우길의 친구이자 참판을 지낸 조면호는 자신의 문집 〈옥수집〉에 "(1863년) 병중에 들으니 홍우길이 백석실 별업에 머문다고 해서 급히 나막신을 끌고 갔다. 이것은 묵은 약속이다"라고 썼다. 또 조면호는 또 "홍우길이 신석우와 나를 만나기로 약속해서 백석장을 찾아가 함께 시를 지었다", "밤에 홍우길의 서소(백석실)에 들렀다. 이때 달이 극히 아름다워 금강산을 유람하는 김병기를 생각하며 함께 시를 지었다"는 기록도 남겼다.

신서우는 대사성과 대사헌, 판서 등을 지낸 인물이다. 또 장동(신안동) 김씨 김병기도 한성부 판윤, 훈련원 대장, 판서 등을 지냈다. 1882년에 판서와 관찰사를 지낸 한장석도 "백석실에서 혼자 놀면서 사흘을 묵고 돌아왔다"는 기록과 시를 남겼다. 이런 내용을 보면 당시 백석실은 경화세족(서울에서 대대로 사는 권력 집안)들이 모여서 즐기는 공간이었던 것 같다.

특히 조면호는 백석실의 소유자와 관련해 "백석은 본래 계합 상공(정승)의 별업이었는데, 홍우길에게 넘어갔다"고 적었다. 문화재청은 확실하지는 않지만, 계합 상공은 대제학과 판서를 지낸 계당 남병철일 가능성이 있다고 밝혔다. 남병철은 장동 김씨 60년 독재를 연 김조순의 외손자이며 판서와 대제학을 지냈다. 의령 남씨는 장동 김씨와 함께 서촌 자하동에 대대로 산 집안이다.

이와 관련해 김정희와의 관련성도 생각해볼 수 있다. 당쟁에 휘말려 어려움을 겪던 김정희는 1840년 서울 장동의 월성위궁을 떠난 뒤 더는 돌아오지 못했다. 월성위궁은 영조 이금으로부터 받은 집이었으나, 왕가도 김정희 부자를 지켜주지는 못했다. 왜냐하면 김정희 부자가 당대 최대의 권력 가문이었던 장동 김씨와 틀어졌기 때문이다. 따라서 1840년 이후 김정희 부자가 소유했던 백석동천 별서가 장동 김씨 쪽의 남병철에게 넘어갔을 가능성은 충분하다.

백석동천 외에도 조선시대엔 창의문 밖의 백악과 인왕산 일대에 여러 별서들이 조성됐다. 가장 이른 시기의 별서는 1451년 종로구 부암동에 세워진 안평대군 이용의 무계정사다. 18세기 초반 판서 조정만은 종로구 부암동에 별서 '소수운련암'을 조성했는데, 이것은 19세기 중반 정승 김흥근의 '삼계동 별서'로 이어졌다. 김흥근한테서 삼계동 별서를 빼앗은 흥선대원군 이하응

안평대군 무계정사의 바위 글씨 '무계동'. 문화재청.

이 새로 붙인 이름이 '석파정'이다. 서울에 남아있는 대표적 별서다.

　대한제국 시기에 대신을 지낸 윤웅렬은 1906년 이용의 무계정사와 가까운 종로구 부암동에 '별서'를 지었다. 이밖에 조선 말기 이우석의 《하은일록》엔 홍우길의 백석실과 함께 호가장(호씨별장), 최가장(최씨 별장), 김흥근의 석경루 신장(새 별장) 등이 거론된다. 자문(자하문) 밖이라고도 불렸던 창의문 밖은 조선 후기에 별서 천지였다.

14

김정희, 설 추위를 겪고서야 사람을 알았다

월성위궁

"공자는 설 추위 이후에야 소나무와 잣나무가 늦게 시드는 것을 안다고 말했다. 소나무와 잣나무는 네 계절을 지나도 시들지 않는다. 설 추위 이전에도 한결같이 소나무와 잣나무이고 설 추위 이후에도 한결같이 소나무와 잣나무이다.

공자는 설 추위 이후를 특별히 칭찬했다. 지금 그대(제자 이상적)가 나에게 이전이라고 더한 것도 없고, 이후라고 덜한 것도 없다. 그래서 이전의 그대를 칭찬할 것이 없지만, 또한 이후의 그대는 공자의 칭찬을 받을 만하다."(김정희, '세한도 후기', 1844년)

지난 2020년 12월 9일 문재인 대통령은 금관문화훈장을 받은 손창근 선생을 청와대로 초청해 감사 인사를 했다. 손 선생은 아버지 손세기 선생 때부터 소장해온 김정희(1786~1856)의 〈세한도〉등 300여 점의 귀중한 문화재를 국립중앙박물관에 기증한 공로를 인정받았다.

이날 문 대통령은 청와대 본관의
입구까지 나아가 손창근 선생을 마중
했고, 허리를 굽혀 인사했다. 문 대
통령은 손 선생에게 "신문에서 〈세한
도〉를 두고 가격을 매길 수 없는 보물
이라고 표현했다. 제 안목으로도 〈세
한도〉는 우리나라 국보 서화류 가운
데 최고다. 얼마나 감사를 드려야 할
지 모르겠다"고 말했다.

이 일에 대해 손 선생과 함께 청와
대를 찾아간 아들 손성규 연세대 교
수(경영학)는 "〈세한도〉는 우리 가족

제자 허련이 그린 〈완당 선생 초상〉. 국
립중앙박물관.

이 50년 동안 잠시 가지고 있었던 것일 뿐이다. 국민의 품으로
돌려드리는 일을 아버지가 잘 매듭지어 기쁘다. 국민들께 조금
이나마 위안이 되면 좋겠다"고 대답했다.

〈세한도〉는 1844년 제주 대정읍에서 4년째 위리안치돼 있던
김정희가 제자 이상적(1804~1865)에게 그려준 그림이다. 당파싸
움에 휘말려 제주에 유배된, 별 볼 일 없는 자신을 챙겨주던 제
자에게 감사의 뜻을 담아 간소한 산수화를 그리고 발문(후기)을
써준 그림이다. 이 발문을 보면, 역관이었던 이상적은 중국 연경
(옌징, 베이징)에서 1843년 《만학집》과 《대운산방집》, 1844년 《황
청경세문편》 등 귀한 책들을 구해 김정희에게 보내왔다.

김정희는 변치 않는 이상적의 우정을 '세한'이란 두 글자로 표

세한도는 김정희가 제주에 유배됐던 시절, 변치 않는 우정을 보여준 제자 이상 적에게 고마움을 담아 그려준 그림이다. 국립중앙박물관.

현했다. 세한은 '설 추위'라는 뜻이다. 설 전후로 날씨가 가장 춥기 때문에 흔히 '한겨울', '맹추위'라는 뜻으로 쓴다. 추사의 발문 가운데 "설 추위 이후에야 소나무와 잣나무가 늦게 시드는 것을 안다"는 말은 〈논어〉의 자한편 27장에 나오는 말로 어려운 시절에야 사람의 진면목을 알게 된다는 뜻이다. 김정희는 이 말을 어려운 시절에야 진정한 친구를 알게 된다는 뜻으로 썼다.

〈세한도〉는 조선의 문인화 가운데 최고봉으로 꼽힌다. 소박하지만 깊은 그림과 당대 최고의 글씨가 어울렸기 때문이다. 여기에 나오는 집과 나무는 사실화가 아니라 은유로 여겨진다. 이

그림에 나오는 4그루의 나무 가운데 맨 오른쪽의 늙고 앙상한 소나무는 김정희, 그 옆의 전나무는 이상적, 왼쪽의 2그루 전나무는 초의선사와 제자 허련으로 추정된다. 가운데 청나라식 집은 북학파 김정희의 선진 문물에 대한 그리움을 표현한 것으로 해석된다.

김정희는 조선 왕가의 사위 집안이자 명문가의 종손으로 태어나 유복하게 자랐다. 고조부 김흥경은 영의정, 승조부 김한신은 영조 이금의 사위, 조부 김이주와 친아버지 김노경은 판서, 양아버지(큰아버지) 김노영은 참판을 지냈다. 김정희 본인도 성균관

충남 예산군 신암면 용궁리엔 김정희 집안의 옛집이 무덤, 사당과 함께 잘 보존돼 있다. 문화재청.

대사성과 참판 등을 지냈다.

김정희는 서울 남부 호현방 낙동(타락동, 서울중앙우체국 일대)의 외가에서 태어났다. 오랫동안 고향 예산에서 태어난 것으로 알려졌지만, 실제로는 서울에서 태어났다. 7살 때 큰아버지 김노영의 양자가 돼 서울 서부 적선방 월성위궁에 들어가 살았다. 월성위궁에 들어가기 전에 어디서 살았는지는 확실치 않다. 월성위궁은 증조부 김한신이 영조의 딸 화순옹주와 결혼하면서 영조로부터 받은 집이다. 바로 북쪽으로 영조의 사저였던 창의궁이 있었다.

김정희 집안과 조선 왕가의 친밀한 관계는 《조선왕조실록》에 잘 나타나 있다. 1774년 영조는 과거에 합격한 사람들을 만났는데, 이 자리에서 김정희의 양아버지(큰아버지)인 김노영에게 "네가 사는 동네가 바로 나의 옛집과 같은 동네다. 내 용호영(경호부대)의 삼현(현악단)을 특별히 보내줄 테니 오늘 다니면서 유가(합격인사)를 하라"고 했다. 김노영은 영조 사위 김한신의 손자였다.

이런 특별 대우는 순조 이공 때까지 이어졌다. 1819년 과거의 제술(논술) 부문에서 김정희가 수석으로 합격하자 순조는 김정희에게 역시 음악을 내려주라고 지시하고 "김한신의 제사를 모시는 자손이 합격했으니 기쁘고 다행스럽다. 김한신의 부부묘에 승지(왕의 비서)를 보내 제사를 모시게 하라"고 지시했다. 조선 왕가는 사돈집인 김정희 집안을 알뜰히 챙겼다.

그러나 조선 왕가와 김정희 집안의 특별한 관계도 당파싸움의 소용돌이에서 벗어나지 못했다. 조선 후기 영·정조 시기를 거치면서 당쟁은 노론 일당의 승리로 끝나는 듯했다. 김정희 집안도 노론이었다. 그러나 일당 독재는 다시 장동 김씨나 풍양 조씨의 일가 독재로 바뀌고 있었다. 이때 김정희 집안은 장동 김씨와 불화했다. 김정희 집안은 노론 벽파였고, 정국의 주도권을 쥔 장동 김씨 김조순은 노론 시파였다. 노론 벽파는 사도세자의 죽음을 당연하게 여긴 강경파였고, 노론 시파는 사도세자의 죽음을 동정하는 쪽이었다.

특히 김정희가 장동 김씨와 불화하게 된 데는 한 사건이 있었다. 바로 1826년 충청도 암행어사로 파견된 김정희가 비인현감 김우명(1780~1843)의 부정부패를 고발해 그를 파직시킨 일이다. 김우명은 원주 김씨였지만, 김조순 등 장동 김씨와 가까운 사람이었다. 당시 김정희가 김우명의 잘못을 이렇게 신랄하게 고발

1840년 김정희는 친구인 우의정 조인영의 도움으로 죽음을 면했다. 조인영 초상화. 위키피디아.

했다. "비인현감 김우명은 부임한 이래 좋은 업적이 하나도 없습니다. 일을 처리할 때는 추하지 않은 것이 없고, 이익을 발견하면 아주 작은 것도 남겨두지 않았습니다. (…) 이밖에 허다한 범법 사실은 이루 다 나열하기 어렵습니다."

그런데 이 일에 앙심을 품은 김우명이 4년 뒤인 1830년 김정희의 아버지 김노경 평안 감사를 탄핵(잘못을 비판함)했다. 당시 김우명은 관리에 대한 탄핵권을 쥔 사헌부 장령으로 일하고 있었다. 당시 김우명이 김노경을 탄핵한 내용이다.

"김노경은 탐욕스럽고 비루한 성격으로 벼슬을 얻지 못했을 때는 얻기를 근심했고, 얻은 뒤에는 그 벼슬을 잃어버릴까 근심했습니다. 내직이나 외직으로 벼슬살이하면서 사사로움에 따르고 사나운 짓을 멋대로 했으며 평생토록 잘하는 일이라곤 기회나 이익의 형세를 따르는 것이었습니다."

김우명은 김정희 개인에 대한 복수도 잊지 않았다. "김노경의 요사스러운 아들 김정희는 늘 반대만 일삼고 교활하게 세상을 살아감으로써 인륜이 허물어지는 것을 두려워하지 않았습니다." 의기 넘치는 충청도 암행어사 김정희가 쏜 화살이 결국 김

김정희의 절친이었던 권돈인도 김정희가 〈세한도〉를 그린 뒤에 자신도 〈세한도〉를 그렸다. 국립중앙박물관.

정희 자신을 맞힌 셈이었다.

장동 김씨의 눈 밖에 난 김정희는 집안을 보호해주던 순조가 1834년 세상을 떠나자 결국 긴 유배 생활을 하게 됐다. 1840~1849년 제주 대정, 1851~1852년 함경도 북청 등 2차례 10년 동안이었다.

김정희가 풍양 조씨 조인영(1782~1850), 안동 권씨 권돈인(1783~1859) 등과 친구였다는 점은 그의 보호막이자 한계였다. 이 두 사람은 세도 정치 시절 장동 김씨의 대표적 경쟁자들이었다. 1840년 죽음의 위기에 몰린 김정희를 구한 것은 당시 우의정이었던 친구 조인영이었다. 또 1851년 신해 예송(예법 논쟁) 때 함께 싸운 사람은 당시 영의정이었던 친구 권돈인이었다.

그러나 쟁쟁한 친구들을 두고도 결국 김정희는 중앙 정치계로 돌아오지 못했다. 조인영과 권돈인이 장동 김씨와의 권력 투쟁에서 졌기 때문이다. 권력 투쟁에서 패배해 1851년 경상도 순흥(경북 영주시 순흥면)으로 유배를 떠난 권돈인은 그곳에서 또 하나

김정희는 함경도 북청 유배를 마친 뒤 서울에 들어가지 않고, 아버지가 과천에 마련한 별서 '과지초당'에서 4년 동안 머물다 세상을 떠났다. 과천시 추사박물관.

의 〈세한도〉를 그렸다. 김정희의 〈세한도〉가 쓸쓸하다면, 권돈인의 〈세한도〉는 따뜻하다.

1844년 '세한도'를 선물받은 이상적은 그해 겨울 중국에 사신으로 가서 이 그림을 자랑했고, 무려 16명의 연경(베이징) 문인들이 이 그림에 시를 붙였다. 나중에 오세창 등 3명이 글을 더 붙여 원래 69.2㎝였던 이 그림의 가로 길이는 10m에 이르게 됐다.

나중에 세한도는 이상적의 손을 떠나 떠돌다가 1930년대 경성제국대학 교수이자 미술품 수집가였던 후지쓰카 지카시의 소유가 됐다. 그러나 서예가 손재형이 일본에까지 찾아가 팔 것을 간청했고, 그 정성에 감동한 후지쓰카는 돈을 받지 않고 손재형

김정희 집안이 영조로부터 받아 80년가량 살았던 월성위궁은 현재 경복궁의 서남쪽 모서리 부근에 있었다. 김규원.

에게 줬다. 손재형은 나중에 문화재 수집가인 손세기에게 이를 팔았고, 그의 아들이 손창근 선생은 이를 2020년 2월 정부에 기증했다.

김정희가 살던 집은 여러 곳에 남아있다. 먼저 그의 고향 집이 충남 예산군 신암면 용궁리에 잘 보존돼 있다. 그가 첫 유배 생활을 한 집(1840~1848)은 제주 서귀포시 대정읍 안성리에 복원돼 있다. 그가 둘째 유배 생활에서 풀려난 뒤 자리잡은 경기도 과천시 주암동 과지초당(1852~1856)도 복원돼 있다.

다만, 삶의 대부분을 보낸 서울 종로구 적선동 월성위궁(1793~1840)은 자취를 찾을 수 없다. 월성위궁은 현재 경복궁 국립고궁박물관 네거리 부근으로 추정된다.

15

집권만이 목적인 정치는 모두를 파멸시킨다

석파정

2020년 9월 문화재청은 지정 근거가 대부분 거짓으로 드러난 국가 문화재 명승 35호 '성락원'의 지정을 해제했다. 동시에 '성락원'을 국가 문화재 명승 118호 '서울 성북동 별서'로 다시 지정했다.

1992년 문화재 지정 때 성락원은 조선 철종 때 판서 심상응의 별서로 보고됐으나, 확인해보니 조선 역사상 심상응이란 판서는 존재하지 않았다. 실제로는 고종 때 내관(내시) 황윤명의 별서로 확인됐다. 한문의 문법에도 맞지 않았던 '성락원'城樂園이란 이름도 조선 때는 '쌍류동천'이나 '쌍괴당'이었던 것으로 확인됐다. 문화재청은 재지정의 주요 근거로 1884년 갑신정변 때 명성황후 민자영과 세자 이척이 이곳에 피신했다는 점을 들었다.

'성락원'과 비교되는 곳이 흥선대원군의 별서로 널리 알려진 '석파정'이다. 석파정은 그 역사적 근거가 확실하고, 보존 상태

석파정은 애초 조정만의 '소수운렴암', 김흥근의 '삼계동 별서'였다가 나중에 흥선대원군의 별서로 유명해졌다. 김규원.

가 우수해 서울에 남아있는 조선시대 최고의 별서로 꼽는다. 그러나 1974년 서울시 유형 문화재 26호로 지정된 뒤 지방 문화재로 유지되고 있다. 결국 거짓으로 지정받은 내시 별서는 '국가 문화재', 역사적 근거가 확실한 흥선대원군의 별서는 '지방 문화재'로 균형에 맞지 않게 관리되고 있다.

석파정은 판서를 지낸 조정만(1654~1739)의 별서로 시작됐다. 이 기록은 석파정의 계곡 바위벽에 '소수운렴암'(물이 깃들이고 구름이 발을 드리운 암자)이란 글자로 새겨져 있다. 이 바위 글자 옆엔 '한수옹 권상하(1641~1721)가 벗 정이 조정만에게 써주니 때

내시 황윤명의 별서였던 쌍괴당, 또는 쌍류동천은 '판서 심상응의 별서 성락원'
으로 정보가 조작돼 국가 문화재로 지정됐다. 서울시청.

는 1721년 설이다'라는 글이 새겨져 있다. 권상하는 우암 송시열
(1607~1689)의 수제자이며, 조정만도 노론 당파로 석파정에서 멀
지 않은 현재의 경복고 일대에 살았다. 창의문 바로 안에 살면서
창의문 바로 밖에 별서를 운영한 것이다.

　현재의 별서는 19세기 말에 영의정 김흥근(1796~1870)과 흥선
대원군 이하응(1821~1898)이 주로 조성한 것으로 보인다. 조선 후
기 최대 권력 집안인 장동 김씨 김흥근이 운영하던 '삼계동 산정'
을 1864년 아들을 왕위에 올린 이하응이 빼앗아 '석파산장'으로
이름을 바꿨다. 사랑채 위쪽 바위에 새긴 '삼계동'은 '세 계곡'이
란 뜻으로 현재 부암동의 옛 지명이며, 석파는 '돌언덕'이란 뜻
으로 석파정이 들어선 거대한 바위언덕을 말한다. 이하응의 호

1866년 고종과 명성황후의 혼례가 열린 대원군의 집 운현궁의 노락당. 문화
재청.

석파가 여기서 나왔다.

　이 일은 19세기 후반 조선의 극적인 정치권력 변동을 상징한
다. 이 2곳의 별서는 19세기 말 극단적 대결을 통해 조선의 멸
망을 앞당긴 두 사람, 대원군 이하응과 명성황후 민자영의 자취
를 담고 있다.

　1866년 음력 정월 초하루, 대왕대비인 신정왕후 조씨(헌종의
아버지 효명세자의 비)는 조선의 12~17살 사이 모든 미혼 여성에
게 혼인금지령을 내렸다. 당시 14살이었던 왕 이재황(고종)의 비
를 찾는다는 발표였다. 그해 2월25일 당대 권력 가문들이었던 장
동 김씨 김우근, 풍양 조씨 조면호, 대구 서씨 서상조, 기계 유씨
유초환, 여흥 민씨 민치록의 딸들이 후보로 뽑혔다. 그리고 3월

6일 민치록의 딸 민자영이 왕비(명성황후)로 확정됐다. 3월 21일 이재황과 민자영의 혼례가 운현궁 노락당에서 열렸다.

그러나 사실 민자영은 이런 공식 절차가 끝나기에 앞서 왕비로 결정돼 있었던 것으로 보인다. 당시 실질적인 집권자인 이하응이 일찌감치 민자영을 마음에 두고 있었다. 왜냐하면 이하응의 어머니와 이하응의 부인이 모두 여흥 민씨였기 때문이다. 이하응에게 여흥 민씨 집안은 외가이자 처가였고, 이재황에겐 진외가이자 외가, 처가였다. 심지어 이재황과 민자영의 아들 순종 이척도 1882년 여흥 민씨 황후를 맞아들인다. 무려 4대에 걸친 여흥 민씨와의 겹사돈이었다. 이런 겹사돈 관계를 외척의 정치 개입을 막는 방패로 삼으려 했다.

이하응이 민자영을 며느리로 점찍은 다른 이유는 민자영에게 남자 친족이 없었다는 점이다. 아버지 민치록은 민자영이 7살 때 죽었고, 다른 형제자매들도 모두 어려서 죽었다. 아버지가 죽은 뒤 민자영은 홀어머니와 함께 현재 서울 종로구 덕성여고 터에 있던 감고당에서 살았다. 심지어 민치록의 양아들이자 민자영의 양오빠였던 민승호는 이하응의 처남이었다. 정조가 세상을 떠난 뒤 60년 동안 권력을 휘두른 양대 집안이었던 장동 김씨와 풍양 조씨는 애초부터 후보가 아니었다. 이하응은 이재황을 왕위에 올리기 전 장동 김씨 왕비를 들이겠다는 약속도 내던졌다. 이렇듯 민자영은 이하응에게 '완벽한 며느리'로 보였다.

그러나 그것은 '완벽한 착각'이었다. 무려 31년에 걸친 이하응과 민자영의 권력 투쟁은 1873년 21살이 된 이재황이 아버지의 섭정(대리정치)을 거부하고 친정(직접정치)을 선언하면서 시작

홍선대원군 이하응은 권력을 잡으려
고 아들, 며느리와 목숨을 걸고 싸웠
다. 호머 헐버트.

명성황후 민자영은 강한 권력욕으로
시아버지 이하응과 다퉜다. 명성황후
추정 사진. 한미사진미술관.

됐다. 최익현이 "(이하응이) 옛 법을 함부로 고치고 인사는 나약
한 사람만을 임명한다"고 상소를 올리자, 이를 계기로 활용했
다. 이재황은 아버지가 직간접으로 임명한 좌의정과 우의정, 대
사헌, 대사간, 대제학 등 주요 자리를 대거 물갈이했다. 또 오
직 이하응만 다닐 수 있었던 경복궁의 출입문을 전격적으로 닫
아버렸다.

  이하응의 반격도 거칠었다. 이재황의 직접통치가 시작된 지
얼마 되지 않아 민자영의 침전에서 폭탄이 터졌다. 다행히 민자
영은 다치지 않았다. 1874년엔 민자영의 양오빠 민승호의 집에
폭탄이 배달돼 민승호와 아들, 민자영의 친어머니 등 3명이 모
두 숨졌다. 민승호는 이재황의 처남이자 이하응의 처남이었다.

이하응은 권력을 잡으려고 임오군란의 반란군, 갑신정변의 개화파, 동학 혁명군, 심지어 일본과도 손을 잡았다. 1894년 관군에 잡혀가는 동학 농민군의 지도자 전봉준. 무라카미 덴신.

이 폭탄들을 설치하거나 배달시킨 사람이 누구인지는 밝혀지지 않았다. 그러나 사람들은 모두 한 사람을 떠올렸다.

최고 권력을 되찾기 위한 이하응의 시도는 계속됐다. 이로 인해 1881년 이하응의 아들이자 이재황의 배다른 형인 이재선이 역모 혐의로 사형됐다. 1882년 조선의 구식 군인들이 반란(임오군란)을 일으켜 다시 지도자가 돼달라고 찾아갔을 때 이하응은 창덕궁으로 가서 민자영부터 잡아오라고 지시했다. 그러나 민자영은 궁녀복으로 갈아입고 이미 달아났다. 오히려 이하응이 둔지산(현재의 용산 미군기지)에 있던 청군 진영에 갔다가 사로잡혀 9년 만에 어렵게 되찾은 권력을 바로 잃었다. 아들 이재황은 아버지 이하응의 반란을 막으려고 외국군을 불러들였다.

1884년 갑신정변이 일어났을 때 개화파는 모순되게도 대원군과 손을 잡았다. 김옥균이 발표한 14개 조의 정강 가운데 1조가 '대원군을 즉각 돌아오게 하고, 청에 대한 사대, 조공 허례를 폐지한다'는 내용이었다. 그러나 갑신정변도 3일 만에 실패했다.

이하응은 1885년 청에서 귀국해 장남이자 이재황의 형인 이재면을 왕으로 세우려는 쿠데타를 계획했다. 이어 이하응은 1886년엔 손자이자 이재면의 아들인 이준용을 왕으로 세우려는 쿠데타도 계획했다. 모두 실패했다. 이하응은 둘째 아들 이재황을 왕위에서 끌어내리기 위해 다른 아들과 손자를 내세운 쿠데타를 3차례나 계획하고도 살아남았다.

이하응의 재집권 시도는 끝이 없었다. 1894년 동학농민혁명이 일어나자 이하응은 일본과 손을 잡고 잠시 집권했다. 그러나 일본의 변심으로 다시 권력을 잃었다. 심지어 이하응은 1893년 자신을 찾아온 동학군 지도자 전봉준을 만나기도 했다. 이하응은 권력을 잡기 위해 동학군과도 손을 잡았다.

동학군이 일본에 대패하고 민자영과 이재황이 러시아 쪽에 붙자 일본은 군대와 깡패를 동원해 한밤에 경복궁에 쳐들어가 민자영을 죽이고 주검을 불에 태웠다(명성황후 시해 사건). 일본인 깡패들이 밤에 모였다가 경복궁으로 출발한 곳은 이하응의 용산방 공덕리(마포구 염리동) 별장 아소당이었다. 다음날 아침 경복궁에서 이하응은 이 사건을 주도한 미우라 고로 일본 공사와 함께 이재황에게 권력을 내놓으라고 협박했다.

민자영은 살았을 때 민중에게 사랑받는 황후가 아니었다. 그러나 민자영이 비극적으로 죽자 상황이 뒤집혔다. 황후를 죽인

독일을 통일과 번영으로 이끈 지도자 오토 폰 비스마르크의 1881년 모습. 독일연방기록관.

일본에 대한 민중의 분노가 끓어올랐다. 결국 경쟁자는 사라졌지만, 이하응은 권력을 잡을 수 없었다. 민자영이 죽고 나서야 이하응은 자신의 진짜 적이 일본 등 외세였다는 사실을 깨달았을까? 불과 3년 뒤 이하응도 파란 많은 삶을 마쳤다.

이하응이 집권한 1864년보다 2년 앞인 1862년 독일 프로이센에선 오토 폰 비스마르크가 수상에 올랐다. 그는 프로이센의 군대와 관료, 세금 등 제도를 정비하고 자본주의 산업을 발전시켰다. 이어 덴마크, 오스트리아, 프랑스와 잇따라 전쟁을 벌여 많게는 39개 나라로 쪼개졌던 독일을 통일했다. 그는 1871년 통일 뒤에도 1890년까지 수상으로 일하면서 능수능란한 외교 역량으로 독일을 유럽의 중심으로 끌어올렸다. 이른바 '비스마르크에 의한 평화'가 찾아왔다. 비스마르크는 이하응보다 6살이 많았는데, 이하응과 같은 해인 1898년 죽었다.

이하응과 이재황, 민자영에게도 기회는 있었다. 1863년 집권 뒤 이하응은 야당이던 소론과 남인, 북인을 고루 등용했고, 부정부패의 온상이었던 1천여 개의 서원을 폐지했다. 이어 환곡 개혁, 호포제 실시, 토지 개혁, 관료의 부정부패 엄벌, 국방력 강화, 중앙집권 강화, 법률 정비 등 개혁을 실시해 백성들의 대환

석파정은 서울의 조선 시대 별서 가운데 단연 뛰어난 역사와 풍광을 갖고 있
다. 김규원.

영을 받았다. 이재황과 민자영도 온건한 개화와 외교를 통한 독
립 유지에 힘을 기울였다. 그러나 거기까지였다.

　이하응과 이재황, 민자영에겐 비스마르크처럼 개방과 근대화
에 나설 안목과 용기, 전쟁과 외교를 병행할 힘과 지혜가 없었
다. 특히 이하응과 이재황, 민자영 사이의 끝없는 권력 투쟁은
집권 자체가 목적인 정치가 어떻게 자신과 사회를 파멸시키는지
를 잘 보여줬다. 정치가 공공성을 잃으면 한낱 권력 투쟁에 불과
한 것이다. 석파정과 성락원을 단순히 풍광 좋은 별서로만 봐서
는 안 되는 이유가 여기에 있다.

16

언어가 가른 개화기 역관 형제들의 운명

필운대 홍건익 가옥

　　"우리 이웃 나라들(중국과 일본)은 최근 서양과 외교를 맺은 일을 계기로 좋지 않았던 과거를 다 묻어버리고 서양의 우수한 기술을 배우도 있다고 한다. 이웃 나라들의 이런 태도는 단순히 눈앞의 위기를 벗어나려는 움직임이 아니다. 멀리 앞을 내다보는 현명한 계략에서 비롯한 행동이다. 군사력이 약한 우리로서도 반드시 이웃나라의 움직임을 본받아 서양의 침략에 굳건한 대비를 해둬야 할 것이다."(고영주, 《치상집》 중 '유학가기에 대한 논의'(유학의), 19세기 말)

　　2013년 5월 서울시는 종로구 필운동 88-1번지 한옥 5동과 우물 등을 시 민속문화재로 지정했다. 문화재의 이름은 '필운동 홍건익 가옥'이었다. 홍건익은 1934년 이 집(터 467평)을 매입해 1935년 기존 집(건평 67평)을 허물고, 1936년 새 집(91평)을 지은

서울시 문화재인 홍건익 가옥 터의 전 주인은 조선 말기의 역관이자 개화파, 고위 관리였던 고영주다. 김규원.

사람이다. 현재 남아있는 건물을 지은 사람의 이름을 딴 것이다.

그런데 당시 서울시의 고시를 보면, 흥미로운 내용이 나온다. 1912년 조사 때는 이 집의 주인이 고영주(1840~1914년 이후)였고, 그가 1918년까지 이 집터를 소유했다. 고영주는 조선 말기의 중국어 역관이자 고위 관리였으며 개화파의 일원이었다. 또 그의 영향을 받아 동생들인 고영희와 고영철도 모두 개화파로 활동했다. 고영희(1849~1916)는 일본어 역관 출신으로 뒤에 대신(장관)까지 올랐으나, 한일병합에 협력하고 일본의 자작 작위를 받아 2006년 대한민국 정부가 발표한 반민족행위자가 됐다. 고영

1876년 강화도조약을 맺을 때 강화도 앞바다에서 무력 시위하는 일본 군함들. 이 조약으로 조선이 개항하면서 역관들의 시대가 열렸다. 국립중앙박물관.

철(1853~1911)은 중국어와 영어 역관이었으며, 최초의 신문 〈한성순보〉의 발행인 중 하나였다. 그 아들 고희동은 프랑스어 역관으로 한국 최초의 서양화가로 활동했으며, 해방 뒤엔 정치인으로도 활동했다. 그의 외손자가 이상돈 전 국회의원(중앙대 전교수)이다.

고영주의 집안은 아버지 고진풍 때부터 역관이었다. 고진풍은 중국어로 1828년 역관이 됐다. 고진풍의 외고손자인 이상돈 전 의원에 따르면, 고진풍의 집은 현재의 종로구청 부근에 있었다. 고진풍의 네 아들도 차례로 역관이 됐다. 고영주가 1859년, 고영희가 1867년, 고영선(1850~?)이 1870년, 고영철이 1876년 각각 역관 시험에 합격했다.

막내 고영철이 역관에 합격한 1876년은 조선 최초의 근대 조약인 일본과의 강화도 조약이 맺어진 해였다. 바야흐로 역관들의 시대가 열렸다. 개화의 시대에 외국과의 관계에서 강점을 발휘한 역관들은 국내에서도 출셋길이 열렸다. 허경진 연세대 객원교수는 "과거에도 역관들이 역관 직군에서 고위급까지 오른 경우는 있었으나, 개화기엔 역관들이 일반 직군에서도 고위직에 올랐다. 대표적인 경우가 고영주 집안"이라고 말했다.

고영주의 활동 가운데 눈에 띄는 것은 육교시사(광통교 시모임)였다. 육교는 '여섯째 다리'라는 뜻으로 4대문안 청계천에서 하류로부터 여섯째에 있는 광통교를 말한다. 광통교에서 수표교 사이의 청계천은 역관과 의관 등 중인들이 집중적으로 거주하는 지역이었다.

당시 김정희의 제자이자 개화파 지도자, 유명 시인이었던 강위(1820~1884)가 주도한 육교시사는 개화기에 중인을 중심으로 모인 지식인 그룹이었다. 여기엔 고영주와 고영선, 고영철 등 3형제가 참여했으며, 지운영과 지석영 형제도 참여했다. 육교시사에서 이 형제들의 활약은 강위가 펴낸 《육교연음집》(광통교 공동시집)을 고영철이 편집했다는 점에서 잘 알 수 있다.

강위 외에 고영주에게 영향을 준 사람으로는 《공보초략》을 쓴 김경수(1818~?)가 있다. 김경수는 김정희가 〈세한도〉를 선물한 애제자 이상적의 처남으로 이상적과 김정희의 북학에서 영향을 받았다. 〈공보초략〉은 외국 선교사들이 중국에서 빌행한 〈교회신보〉, 〈만국공보〉 등 신문에서 좋은 글을 골라 모은 책이다. 고영주가 〈공보초략〉의 서문을 쓴 것을 보면, 김경수와의 관계

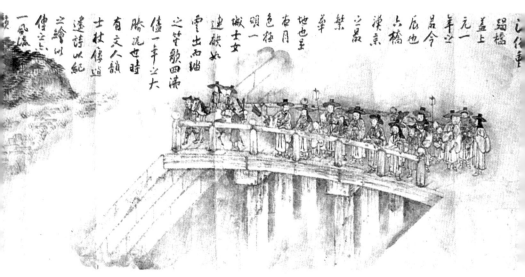

고영주 형제는 개화파와 중인들의 중심이던 '육교시사'(광통교 시모임)에서 활동했다. 조선 때 광통교에서의 대보름 밤놀이 모습을 그린 '상원야회도'(대보름 바깥놀이). 서울역사박물관.

를 알 수 있다.

　고영주의 또 다른 스승 또는 선배로는 김석준(1831~?)을 꼽을 수 있는데, 김석준 역시 김경수처럼 김정희와 이상적의 북학이나, 박규수(박지원의 손자)의 개화 사상의 영향을 많이 받은 이였다. 박규수는 개화파의 대표적 지도자였다. 고영주는 김석준의 시집 《속회인시록》에도 서문을 썼다고 자신의 《치상집》에 밝혔다. 이밖에 고영주는 개화 사상가 오경림(1834~?)과도 어울렸다.

　고영주는 당시 정세에서 조선이 살아남을 길을 교육과 경제, 외교로 꼽았다. "지금 우리에게 절실히 필요한 것은 다음의 세 가지입니다. 첫째는 학교를 일으키고 (…) 인재를 거둬서 그들에

영어 역관 고영철(뒷줄 오른쪽 둘째)은 1883년 민영익 보빙사의 수행원으로 미국을 방문했다. 앞줄 왼쪽부터 홍영식, 민영익, 서광범, 고영철의 왼쪽은 유길준. 출발 전 모습. 미국 위스콘신대학 밀워키도서관.

게 일을 맡겨야 합니다. 둘째는 씀씀이를 줄여서 나라의 경제력을 튼튼히 해야 합니다. 마지막은 외국과의 교섭을 충실히 해서 그들과의 관계를 우호적으로 유지하는 일입니다. 그래야만 그들의 침략을 막을 수 있기 때문입니다." (고영주,《치상집》중 '일을 말하는 상소')

고영주는 중국어 역관으로 시작해 1895년 전후로 개성부 판관, 개성부 관찰사, 1898년엔 개성부 재판사와 중추원(의회) 1등 의관(의원)으로 활동했다. 또 1907년엔 국채보상운동에 참여했고, 1914년엔 빈민을 구제하는 자선 사업을 벌였다는 기록이 남아있다.

그러나 앞서 설명한 고영주의 원대한 이상은 거의 실현되지 못했다. 첫째 이유는 그가 중인 출신으로 당시 권력의 핵심부로 진입할 수 없었다는 점이다. 둘째는 이미 조선이 개화를 통해 독립과 발전을 꾀할 수 있는 기회를 놓쳤다는 점이다. 셋째는 일본에 밀려 중국의 영향력이 조선에서 줄었다는 점이다. 기회는 점점 동생 고영희와 같은 일본어 역관, 친일 세력에 넘어가고 있었다.

고영주의 영향으로 동생들도 개화 물결의 맨 앞에 섰다. 넷째 고영철은 고영주와 같은 중국어 역관으로 1881년 김윤식 영선사(외교 사절)의 장학생으로 선발돼 중국 톈진으로 유학을 떠났다. 애초엔 군사기술을 배울 예정이었으나, 현지에서 영어를 배우는 것으로 바꿨다. 그는 조선 역사상 최초의 영어 역관이 됐다. 1882년 조선으로 돌아온 뒤엔 영어를 가르치는 동문학에서 일하며 최초의 근대 신문인 〈한성순보〉를 발행했다. 1883년엔 민영익 보빙사(사절단)에서 홍영식의 수행원으로 미국을 방문했다.

고영철은 중국어와 영어에 뛰어났으나, 시절을 얻지 못했다. 중국은 조선에서 영향력이 줄어들고 있었고, 미국은 조선에서 너무 멀었다. 조선에서의 주도권은 점차 일본으로 넘어가고 있었다. 고영철은 1898~1903년 경상도 봉화군수, 강원도 안협군수, 평안도 삼화의 감리 겸 부윤 등을 지냈다. 젊어서 배운 중국어와 영어를 전혀 써먹을 수 없는 지방관으로 떠돌았다.

이때 기회를 잡은 사람이 고영주의 동생이자 고영철의 형이었던 고영희였다. 일본어 역관이었던 고영희는 1876년 강화도조약 이후 김기수 수신사(외교 사절)를 따라 일본을 처음 방문했고,

일본어 역관이던 고영희(왼쪽 다섯째)는 일본과의 관계를 바탕으로 대신(장관)까지 올랐고, 한일병합에 적극 협력했다. 왼쪽 끝은 고영희의 큰 아들 고희경이고, 오른쪽 끝은 작은 아들 고희성이다. 이완용(왼쪽 일곱째)과 이토 히로부미(왼쪽 여덟째), 윤덕영(뒷줄 왼쪽)도 보인다. 1909년 2월 순종(가운데 앉음)의 서북 순행 뒤 창덕궁 인정전 앞. 국립고궁박물관.

1881년엔 신사유람단 홍영식의 수행원으로 일본을 또 방문했다. 고영희가 일본과 특별한 관계를 맺은 것은 1882년 임오군란 때였다. 당시 고영희는 인천으로 도피한 하나부사 요시모토 공사의 차비(임시지원) 역관으로 파견돼 그를 도왔다. 그 뒤에도 고영희는 일본 쪽 관리들이 조선을 방문할 때마다 역관으로 활동했다.

이런 일본과의 인연을 바탕으로 고영희는 1895~1905년 사이 학부(교육부)와 농상공부, 외부(외교부), 법부(법무부), 탁지부(재무부) 등의 협판(차관)과 주일본공사를 지냈다. 1907~1910년 사이엔 탁지부와 법부의 대신(장관)을 지내면서 1907년 정미7조약과 1910년 한일병합조약 체결에 앞장서 나라를 일본에 팔아넘겼다. 그는 정미7적, 경술국적에 모두 포함됐다. 일제 때 중추원 고문과 자작 작위를 받아 2006년 정부의 친일반민족행위진상규명위원회가 발표한 1기 친일반민족행위자에 포함됐다.

고영희의 아들인 고희경도 예식원 외사과장 · 예식과장, 궁내부 외사과장 등 왕실의 핵심 비서직을 맡았다. 또 아버지와 함께 친일행위에 적극 가담했다. 그는 초대 조선 통감인 이토 히로부미와 특별한 관계였다. 1907년 이토의 주도로 영친왕 이은이 일본 유학을 떠날 때 동행해 1926년까지 일본에 머물면서 왕세자부 사무관으로 일했다. 이은의 비서실장이었지만, 사실상 이토의 지시에 따라 감시자 노릇을 했던 것으로 알려졌다. 1926~1934년까지 중추원 고문도 지냈다.

고희경은 1916년 아버지 고영희가 죽자 자작을 승계했으며, 1920년엔 백작으로 높아졌다. 이 작위는 아들 고흥겸, 손자 고중덕으로 세습됐다. 나라를 팔아먹은 대가로 고영희부터 고중덕까지 4대가 일본의 귀족으로 산 것이다. 고희경도 아버지에 이어 2007년 정부가 발표한 2기 친일반민족행위자에 포함됐다.

고영주, 고영희, 고영철 등 3형제의 운명은 극적으로 엇갈렸지만, 이 집안은 개화기, 근대기에 가장 성공한 중인 역관 집안이었다. 고영철의 외증손인 이상돈 전 의원은 "고영주, 고영철과 고영희의 길 사이엔 큰 거리가 있었다. 아마도 그들이 선택한 언어가 그들을 가른 것이 아닐까 생각한다"고 말했다.

1905년 덕수궁 중명전에서 을사조약을 맺을 때 고희경은 서명을 거부한 한규설
을 이토 히로부미에게 보고해 다른 방에 가두도록 했다. 문화재청.

고영희와 고희경 부자의 집도 고영주의 필운동 집에서 멀지
않았다. 고영희는 옥동(현재의 옥인동)에서 살았고, 고희경은 통
동(현재의 통인동)에서 살았다. 그 뒤에 옥인동엔 대표적 친일파
인 이완용과 윤덕영의 집도 들어섰다. 필운동과 옥인동의 거리
는 수백 미터에 불과하지만, 형제의 생각과 운명은 이렇게 멀
었다.

그래서 서울시 민속문화재인 홍건익 가옥이 고영주의 집터였
다는 점을 문화재 이름이나 설명에 포함해야 한다는 의견도 나
온다. 허경진 교수는 "문화재의 이름을 정하는 데 여러 방법이
있지만, 기록상 이 집터에서 가장 중요한 인물은 고영주였다. 그
의 이름을 문화재 명칭이나 설명에 포함해야 한다"고 말했다.

제 3 부

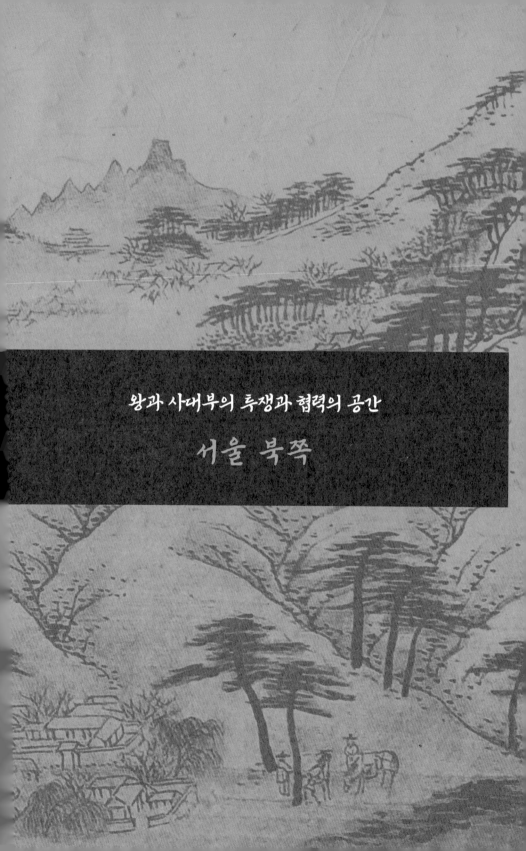

왕과 사대부의 투쟁과 협력의 공간

서울 북쪽

17

수도 이전은 언제나 기득권과의 전쟁이다

한양

1393년 2월 태조 이성계(1335~1408)는 새 수도 후보지인 충청도 계룡산 자락을 살펴보려고 새벽부터 수레를 준비시켰다. 그러자 중추원의 종2품 관리인 정요가 현비(이성계의 둘째 부인 신덕왕후 강씨)가 아프고 황해도 평주(현 평산군)와 봉주(현 봉산군) 등에서 도적이 나타났다는 도평의사사(뒤의 의정부)의 보고를 전했다. 이에 이성계는 "도적은 장교의 보고가 있었나? 어떤 사람이 보고했나?"하고 물었다. 정요는 대답하지 못했다.

정요의 보고는 새 수도 터를 보러 떠나는 이성계를 말리기 위한 대신들의 거짓말이었다. 정요의 거짓말에 이성계는 이렇게 말했다. "도읍을 옮기는 일은 세가대족(귀족 집안)이 함께 싫어하는 일이다. 재상들은 송경(개성)에 오래 살아서 다른 곳으로 옮기기를 즐거워하지 않으니, 도읍을 옮기는 일이 어찌 그들의 본뜻이겠는가?"

이성계가 새 수도 건설을 추진했던 계룡산 신도안의 주춧돌. 문화재청.

그리고 덧붙였다. "지금 내가 계룡산을 급히 보려는 것은 내 때에 새 도읍을 결정하려는 것이다. 후손이 선대의 뜻을 따라 도읍을 옮기려고 해도 대신들이 옳지 않다고 저지하면 어떻게 하겠는가?" 이성계는 개성 기득권 세력이 당시에도, 그 뒤로도 수도를 옮기는 일에 반대할 것임을 알았다.

이성계의 수도 이전 정책은 처음부터 최종적으로 확정될 때까지 비바람의 연속이었다. 1392년 7월 17일 왕위에 오른 이성계는 한 달도 안 된 8월 13일 도평의사사에 한양(북악 남쪽)으로 도읍을 옮기라고 지시했다. 한양은 1067년 고려의 4경(4개 수도) 중 하나인 남경이 됐으며, 고려 말에도 노참서(예언서)에 따라 새 수도 터로 여러 차례 거론된 곳이었다. 4경은 개경(개성)과 서경(평양), 남경(서울), 동경(경주)이었다.

계룡산 새 수도 터는 천황봉 아래로 현재는 3군 본부(계룡대)가 들어서 있다. 계룡산의 새 수도 추정도. 문화재청.

한양으로의 수도 이전 지시는 시행착오를 거듭했다. 먼저 1393년 1월 이성계의 태실 터를 찾아 남부를 다녀온 권중화(1322~1408)는 계룡산 남쪽을 새 수도 터로 추천했다. 현재의 충남 계룡시 계룡대 3군 본부 자리다. 이성계는 2월에 바로 계룡산을 찾아갔고, 현장에서 이곳을 새 수도 터로 결정한 뒤 수도 건설을 지시했다. 그러나 10달이 지난 12월 갑자기 계룡산 수도 건설을 중단한다. 하륜의 반대 때문이었다.

경기도 관찰사였던 하륜(1347~1416)은 "도읍은 마땅히 나라의 중앙에 있어야 하는데, 계룡산은 남쪽에 치우쳐서 동, 서, 북쪽과 멀리 떨어져 있다. 또 계룡산의 땅은 풍수상 쇠퇴와 실패가 닥치는 땅으로 도읍을 건설하는 데 적당하지 않다"고 주장했다. 그러면서 하륜은 한양과 계룡산 대신 한양 부근 무악(안산) 남쪽을 제안한다. 현재의 연세대, 이화여대, 신촌, 서강 일대다.

그러나 무악에 대해선 애초 계룡산 남쪽을 제안한 권중화가 반대했다. 1394년 2월 권중화, 조준 등은 "무악의 남쪽은 땅이 좁아서 도읍을 옮길 수 없다"고 주장했다. 그러자 정총은 고려의 수도인 부소(개성)를 계속 쓸 것을 주장했고, 윤신달, 유한우 등은 개성이 아니라면 한양을 도읍으로 할 것을 주장했다.

수도 이전 문제는 봉숭아 학당이 됐다. 한양과 계룡산, 무악, 개경 외에 황해도 장풍군 선적리 불일사, 파주시 적성면 설마리 선고개, 파주시 적성면 광실원, 파주시 도라산 등이 후보지로 제안됐다. 결국 1394년 8월 11~13일 사이 이성계는 여러 신하들과 새 수도에 대해 대토론회를 연다.

이 자리에서 정도전은 세 가지 큰 원칙을 밝힌다. 첫째는 "옛 수도 중 개성 외에 경주와 전주, 평양은 한쪽으로 치우쳐 적절치 않다." 둘째 "아직 나라의 터전이 굳지 않았으니 때를 기다려 수도 터를 보는 게 좋겠다." 셋째 "지금 땅기운의 성쇠를 말하는 것은 다 옛사람의 말을 전하는 것이다." 이성계로서는 조선 건국의 가장 중요한 동지마저 수도 이전을 반대 또는 유보한 것이다.

그럼에도 이성계는 8월 13일 모든 이견과 반대를 무릅쓰고 한양을 새 수도로 결정했다. 8월 24일 도평의사사를 통해 이를 공식적으로 결정했다. 9월엔 신도궁궐조성 도감(임시관청)을 설치했고, 10월엔 아예 궁궐도 짓지 않은 한양으로 거처를 옮겨 12월 새 수도 건설을 착공했다. 1395년엔 6월에 한양의 이름을 한성으로 바꾼 뒤 9월에 궁궐을 완공했고, 12월에 공식적으로 새 궁

계룡산을 반대한 하륜은 한강과 가까운 무악(안산)을 제안했다. 현재 무악 아래엔 연세대가 들어서 있다. 김규원.

궐에 들었다. 새 수도를 한양으로 정한 뒤 1년 4개월 만에, 착공 뒤 1년 만에 경복궁과 종묘 등 새 수도의 주요 건물을 완성했다. 놀라운 속도였다.

그러나 새 수도로 옮긴 지 불과 3년 만인 1398년 이방원을 중심으로 1차 왕자의 난이 일어났다. 이성계의 새 왕조와 새 수도에 대한 꿈은 산산조각이 났다. 이성계는 이방원에 의해 왕위에서 사실상 쫓겨났다. 왕위를 이은 정종 이방과는 즉위 6개월 만인 1399년 3월 한양을 버리고 개경으로 돌아갔다. 새 왕조 건설과 새 수도 건설을 동일시했던 이성계로서는 가슴이 찢어지는 일이었다.

이성계는 정종과 함께 개경으로 돌아가는 길에 "한양으로 옮

이성계의 선택은 계룡산이나 무악이 아닌 백악 아래였다. 이언 암스트롱.

긴 것은 내 뜻만은 아니었고, 나라 사람과 의논한 것이었다"고 변명했다. 개성에 돌아가서는 "내가 한양에 천도하여 아내와 아들을 잃고 오늘날 환도하였으니, 실로 도성 사람에게 부끄럽다. 반드시 밝지 않은 때에 출입해서 사람들이 보지 못하게 하겠다"고 말했다.

그러나 이성계의 가슴을 찢은 것도 이방원이었고, 그 찢어진 가슴을 치유한 것도 이방원이었다. 이방원은 즉위한 지 4년이 지난 1404년 "송도(개성)는 왕씨의 옛 수도이니 그대로 살 수 없다. 이곳에 수도를 두는 것은 시조(이성계)의 뜻에 따르는 것이 아니다. 내년 겨울엔 한양으로 옮길 터이니 궁궐을 수리하라"고 지시했다.

그러나 이방원은 한양으로 가고 싶지 않았다. 자신이 배다른 동생들과 정도전, 남은 등 공신들을 살해한 곳이기 때문이다. 그래서 아버지 이성계가 한양으로 수도를 이전할 때 경쟁했던 무악으로 옮기는 방안을 다시 검토했다. 그러나 1405년 10월 풍수가, 대신들과 함께 무악에 직접 가서 토론해보니 한양과 무악 사이에서 의견이 크게 갈렸다.

그러자 이방원은 한양과 무악, 송도를 두고 동전점을 치게 했다. 결국 2길 1흉이 나온 한양으로 결정됐다. 그러나 이방원은 한양으로 가는 것이 끝까지 내키지 않았던 모양이다. 그래서 살육의 현장이었던 경복궁 대신 들어갈 이궁(제2궁궐)을 한양 향교동에 짓게 했다. 창덕궁이었다. 그리고 한마디 덧붙였다. "나는 무악에 도읍하지 않았지만, 후세에 도읍하는 자가 있을 것이다." 그러나 이 말은 틀렸다. 그 자리엔 형 정종과 자신이 머물렀던 연희궁이 지어졌다가 사라졌다. 현재 그 자리엔 연세대와 이화여대 등이 들어섰다.

조선의 수도 이전은 이것으로 끝나지 않았다. 세종 때는 정궁을 경복궁(백악=북악)에 둔 것이 잘못이며, 창덕궁(응봉=매봉) 서쪽 승문원 터(계동 현대사옥 일대)에 둬야 한다는 주장이 나와 한동안 논쟁이 벌어졌다. 또 임진왜란 뒤 광해군 때는 서울의 땅기운이 다했으니 파주 교하로 수도를 옮겨야 한다는 주장이 나왔다. 광해군은 관심을 보였으나, 신하들의 반대로 좌절됐다.

수도 이전을 기득권 세력이 반대하는 것은 21세기에도 마찬가

창덕궁은 살육의 현장인 경복궁에 들어가고 싶지 않았던 이방원이 새로 지은 궁궐이다. 문화재청.

지다. 2003년 노무현 대통령이 신행정수도 건설 정책을 추진하자, 이명박 당시 서울시장을 중심으로 한 서울 기득권 세력의 강력한 반대 운동이 벌어졌다. 이들은 2004년 7월 '신행정수도 건설을 위한 특별조치법'에 대한 헌법소원을 내 헌법재판소의 위헌 결정을 받아냈다. 이에 따라 '신행정수도'는 '행정중심복합도시'로 축소됐다.

이명박으로 대표되는 서울 기득권 세력의 반대는 이것으로 끝나지 않았다. 2008년 대통령에 취임한 이명박은 2009년 5월 노무현 전 대통령을 죽음으로 몰아세웠다. 이어 넉 달 뒤인 9월 '세종

세종시는 2004년 새 수도로 결정됐으나, 2023년까지 19년 동안 수도로서의 면모를 갖추지 못하고 있다. 세종특별자치시청.

시 수정안'(행정도시 백지화안)을 밀어붙이기 시작했다. 당시 여당인 한나라당이 국회 과반수 의석이었기 때문에 행정도시 백지화는 확실해 보였으나, 당내 2인자이자 이명박의 정치적 경쟁자였던 박근혜 당시 의원의 반대로 무산됐다.

부족함투성이인 현재의 세종시조차 이런 우여곡절 끝에 겨우 만들어질 수 있었다. 조선이든 대한민국이든 기득권 세력의 수도 이전 반대는 한결같이 나타난다. 수도는 강력한 기득권이기 때문이다. 그래서 세종시는 온전한 수도가 되지 못했고, 현재 행정부의 60% 남짓만 옮겨진 상태다. 나머지 40%의 행정부와 청와대, 국회, 대법원 등은 아직 서울에 남아있다.

다만, 수도를 만드는 두 가지 핵심 요소인 국회와 대통령실은 점차 세종시로 옮겨질 전망이다. 국회는 2021년 9월 국회법을 개정해 "세종시에 국회 분원으로 국회세종의사당을 둔다"고 규정했다. 세종시의 제2국회는 2027년께 완공될 전망이다. 제2국회엔 세종시에 관련 부처가 있는 상임위원회 10여 곳과 예결위원회, 사무처, 예산정책처, 입법조사처, 국회도서관의 이전이 예상된다.

또 국회는 2022년 5월 '행정중심복합도시 특별법'을 개정해 세종시에 대통령 제2집무실을 설치할 수 있게 규정했다. 그러나 제2국회는 '둔다'고 한 반면, 대통령 제2집무실은 '설치할 수 있다'고 돼 있어 그 실행의 강제성에 차이가 있다.

정석 서울시립대 교수(도시학)는 "역사 속에서 수도 이전은 기존 수도의 기득권에 강해서 변화가 어려울 때 개혁 차원에서 시도됐다. 현재의 대한민국도 그런 상황에 놓여있다. 정부의 결단이 필요한 상황"이라고 말했다.

18

조선과 대한민국의 첫째 가는 큰길

육조거리

"여러 관청이 산처럼 서로 마주 보니/별들이 북극성을 둘러싼 듯하다./달 뜬 새벽의 관청 거리는 물과 같고/말수렛소리는 먼지 하나 일으키지 않는다."(정도전, 《신도팔경》 중 '열서성공', 1398년)

"줄처럼 곧고 긴 거리가 넓고/별처럼 둘러싼 여러 관청이 나뉘어 있다./궁궐 문으로 관리들이 구름처럼 모이는데/훌륭한 선비들이 밝은 임금 보좌한다./정치는 모두 공을 이루고/뛰어난 인재들이 무리에서 나온다./거리에 행차소리 서로 들리니/퇴근 때라 매우 분주하구나."(권근, 《신도팔경》 중 '열서성공', 1398년 이후)

한양으로 수도를 옮긴 지 3년 뒤인 1398년 4월26일 정도전(1342~1398)은 새로운 수도 한양의 여덟 가지 모습을 담은《신도팔경》시를 지어 태조 이성계(1335~1408)에게 바쳤다. 새 수도에

경복궁을 호위하듯 중요 관청들이 줄지어 들어선 1900년 이전 광화문 앞 육조
거리. 공유 사진.

자리 잡은 새 왕조가 어엿하게 틀을 갖춰가는 모습을 자랑스럽
게 그린 시다.

　그 중 하나가 위에 소개한 '여러 관청이 별처럼 둘러쌌다'(열서
성공)는 시다. 여러 관청이 왕이 거처하는 경복궁을 둘러싼 모습
을 그렸는데, 왕에게 충성을 다하겠다는 뜻이다. 정도전 시의 운
을 받아서 권근(1352~1409)이 지은 같은 제목의 시는 좀더 묘사
가 구체적이다. 거리의 모양이나 관리들이 궁궐로 오가는 모습,
퇴근 풍경이 생생하다. 관청이 많고 관리들이 많이 다녀서 거리
에서 관리들의 행차소리도 요란했던 모양이다.

2009년 세종로에 처음으로 광화문 광장이 들어섰다. 김규원.

이 거리는 어디일까? 바로 경복궁 광화문 앞 육조거리(육조 앞길)다. 현재는 세종대로, 또는 광화문광장이라고 부르는 곳이 다. 이렇게 이곳은 조선 때 나라와 수도를 상징하는 거리였다. 정부 기관들이 많이 떠났지만, 현재의 대한민국에서도 그 상징 성은 마찬가지다.

조선 건국 때 이곳은 관청 거리로 계획됐다. 1395년 9월 29일 《조선왕조실록》을 보면, "광화문 남쪽 좌우에는 의정부, 삼군 부, 육조, 사헌부 등 각 관청들이 벌여 있었다"고 적혀있다. 당시 엔 현재 발굴 중인 의정부터에 문관의 최고 기관인 의정부가 있 었고, 그 맞은편 정부서울청사 자리에는 무관의 최고 기관인 삼군부가 있었다. 문관과 무관을 국가 운영의 양대 축으로 삼되 문관을 왼쪽에 둬서 우선한다는 의미다.

그러나 초기에 정도전이 책임자를 맡았던 삼군부는 이방원 (1367~1422)이 중심이 된 1398년 왕자의 난 이후 그 이름과 업무가 계속 바뀌다가 세조 때인 1457년 완전히 폐지됐다. 이에 따라 문무 최고 기관을 광화문 앞 좌우에 균형 있게 배치했던 구조도 바뀌었다. 대신 삼군부 자리에는 예조가 들어섰다. 정도전이 장악했던 삼군부를 폐지해서 군권을 직접 행사하려 했던 이방원의 의지가 반영된 것이 아닌가 싶다. 이방원은 정도전의 사병 폐지에 반발해 왕자의 난을 일으켰으나, 권력을 잡은 뒤엔 자신이 사병 폐지를 추진했다. 군권이 자율성을 갖는 것을 용납하지 않은 것이다.

삼군부가 폐지된 뒤부터 고종 때까지 광화문 앞 관청의 배치는 거의 바뀌지 않았다. 왼쪽에 의정부, 이조, 한성부, 호조가 있었고, 오른쪽에 예조, 중추부, 사헌부, 병조, 형조, 공조, 장예원이 배치됐다. 이 배치는 고종의 즉위로 흥선대원군이 섭정하면서 바뀐다. 대원군은 1865년 비변사를 폐지했고 의정부의 기능을 회복했으며 삼군부를 부활시켰다. 400년 만에 삼군부는 다시 제자리로 돌아왔다.

그러나 이때부터 일제 강점기까지 육조거리의 풍경은 극심하게 바뀌었다. 두 가지 이유였다. 하나는 개화로 인해 조선의 전통적 정부 기관들이 근대 기관들로 탈바꿈했기 때문이다. 다른 하나는 일제가 지배하면서 조선의 정부 기관들을 대부분 폐지했고 대신 식민지 지배 기관들을 설치했기 때문이다. 시대가 혼

1904년 광화문 앞 삼군부 마당에서 벌어진 시위대의 훈련. 서울역사아카이브.

란스러우니 육조거리의 풍경도 혼란스러웠다. 변하지 않은 것은 이곳이 관청 거리였다는 점이다.

　해방 뒤 육조거리에 큰 변화가 생긴 것은 1950년 6.25전쟁이었다. 이 전쟁으로 광화문 앞은 폐허가 됐고, 대부분 건물들이 더 사용되지 못할 정도로 부서졌다. 무능한 이승만 정부는 전쟁이 끝난 뒤에도 대한민국의 얼굴인 육조거리를 재건할 생각도, 역량도 갖추지 못했다.

　폐허가 된 육조거리에서 시민혁명의 불길이 타올랐다. 1960년 4월19일 낮 대학생들이 중심이 된 시위대가 국회(현 서울시 의회) 앞에 모였다. 전날 고려대생 시위대에 대한 깡패들의 공격에 분노한 대학생들은 국회 앞에서 출발해 육조거리를 지나 경무대

1960년 4.19 혁명 당시 경무대(청와대)로 향하기 위해 국회(오른쪽 위, 현 서울시 의회) 앞에 모인 시민들. 케이티비(KTV) 화면.

(청와대)로 향했다.

그런데 효자로 중간 국민대(정부서울청사 창성동 별관) 앞에서 경찰이 무차별 발포를 시작했다. 시민들이 쓰러졌다. 4.19 혁명 기간에 전국에서 186명의 시민이 경찰의 총에 맞아 숨졌고, 6026명이 다쳤다. 일주일 뒤 이승만이 물러났다. 시민의 승리였다. 500년 이상 관청 거리였던 육조거리가 시민의 공간으로 전환된 중대한 사건이었다.

광화문 앞의 재건은 1960년대 들어서서야 시작됐다. 1961년 시민회관(세종문화회관 터), 쌍둥이 건물(대한민국역사박물관, 미국대사관), 1962년 광화문 전화국(세종로 주차장), 1970년 정부종합청사(정부서울청사) 등이 신축돼 육조거리는 다시 활기를 찾았다.

1915년 조선물산공진회 당시 광화문 앞 육조거리. 서울역사아카이브.

육조거리는 처음부터 조선에서 가장 넓은 길이었다. 구간에 따라 조금 달랐지만, 대략 50m 남짓이었다. 대한제국 시기인 1898년 이사벨라 버드 비숍은 책《조선과 그 이웃 나라들》에서 육조거리의 너비를 60야드(54.9m)라고 적었다.

"이 도시를 가로지르며 동대문에서 서쪽 대문 쪽으로 연결되는 하나의 대로(종로+새문안로)가 있고, 또 다른 하나(남대문로)가 이 도로에서 갈라져 남대문을 향하며, 세 번째 것(세종로)은 이 동맥 선에서 빠져나와 궁궐까지 60야드의 너비로 뻗어 있다. 두 줄로 늘어선 가게들에 의해 점령된 다른 도로들이 겨우 길 한쪽으로, 통행하기에 아주 협소한 공간만을 남겨두고 있는 것과는 달리, 이곳은 사시사철 아무런 장애물이 없이 유지되는 유일

육조거리가 너비 100m로 넓어진 것은 1970년대 박정희 정부 시절이었다. 서울역사박물관.

한 도로다."

  육조거리는 이 거리 양쪽에 들어선 관청들의 담장 사이이기 때문에 이 너비는 조선시대 내내 거의 변화가 없었다. 또 일제 때까지도 이 담장의 상당 부분이 유지됐기 때문에 육조거리의 너비는 조선 초부터 일제 때까지 일관되게 유지됐다. 일제는 실측을 통해 육조거리의 너비를 53m로 확정했다.

  이 거리의 너비가 달라진 것은 박정희 정부 시절이었다. 1966년 서쪽으로 30m, 1971년 동쪽으로 20m가 넓어졌고, 1978년 광화문 네거리의 병목 구간이 제거됐다. 이렇게 해서 오늘 우리가 보는 너비 100m의 대로가 만들어졌다.

  육조거리의 이름도 시대의 흐름에 따라 계속 바뀌었다. 조선 때 기록에는 육조거리(육조가), 육조앞(육조전), 육조앞길(육조전로) 등 대부분 '6조'를 넣어 불렀다. 육조가 이 거리의 정체성이었다. 정부에서 정한 공식 길이름이 있었던 것은 아니었다. 이곳의 이름은 일제 때인 1912년 '광화문통'(광화문거리)으로 바뀌었다. 이와 함께 운종가는 '종로통'으로, 태평관 앞은 '태평통'으로 바뀌었다. 통은 '거리'를 말하는 일본식 표현이다.

해방 뒤인 1946년 광화문통은 '세종로'가 됐고, 종로통은 '종로', 태평통은 '태평로'가 됐다. 세종로는 조선을 대표하는 위대한 왕의 이름을 딴 것이고, 세종이 근처 준수방(통인동)에서 태어난 점을 고려한 것이었다. 다만 일본식 이름을 고친 것은 좋았는데, 오랫동안 써온 '육조거리'나 '운종가'는 살려내지 못했다. 1기 오세훈 시장 시절인 2009년 세종로의 한가운데에 '광화문광장'이 들어섰고, 이명박 대통령 시절인 2010년엔 세종로와 태평로를 합해 '세종대로'라고 이름을 바꿨다.

일제에 의해 육조거리의 방향이 경복궁과 어긋나게 됐다는 의심도 오랫동안 존재했다. 그러나 이것은 정확한 사실이 아니다. 경복궁의 중심축은 애초부터 육조거리의 중심축과는 맞지 않았다. 경복궁의 축이 정남향이 아니라 서쪽으로 약간 틀어져 있기 때문이다. 이에 따라 육조거리는 월대와 그 바로 앞 사헌부까지는 이 틀어진 축에 맞춰져 있었고, 그 남쪽으로는 정남향에 가깝게 뻗어 있었다. 따라서 육조거리의 모양은 직선이 아니라, 여는 괄호(() 모양이었다.

2기 오세훈 서울시는 박원순 전 시장 때부터 추진해온 광화문광장 재구조화 사업을 2022년 7월 완공했다. 그런데 서울시가

오세훈 1기인 2009년 만든 광화문광장은 중앙 형 광장이다. 서울시청.

박원순 전 시장 시절 계획해서 2022년 8월 문 을 연 광화문광장은 서쪽으로 붙은 편측형 광 장이다. 서울시청.

2009년에 이어 두번째로 만든 광화문광장에도 큰 문제점이 있 다. 한쪽으로 치우친 광장이라는 점이다. 육조거리에서 서쪽을 광장으로, 동쪽은 차도로 만들었다. 육조거리가 세종대로의 한 가운데 있었다는 점을 중시하지 않았다. 이에 따라 경복궁 광 화문에서 태평로로 이어지는 대로의 축이 어그러져 버렸다. 조 선 때의 활처럼 휜 축도 아니고 일제가 만든 반듯한 정남향 축 도 아니다.

이 광장의 이런 형태는 육조거리 역사를 훼손하는 것이다. 서 울시가 광장으로 만든 서쪽 대부분은 옛 육조거리가 아니라, 옛 예조, 중추부, 사헌부, 병조, 형조, 공조, 장예원이 있던 관청 자 리다. 육조거리의 중심축은 광장의 동쪽과 차도가 만나는 곳이 다. 가운데 옛 육조거리 터에 차도를 만들고, 양쪽 옛 관청 터에 거리형 광장을 만들었다면 훨씬 자연스러웠을 것이다.

19

조선식 궁궐을 새로 지어라

경복궁과 창덕궁

　　"판문하부사 권중화, 판삼사사 정도전, 청성백 심덕부, 참찬 문하부사 김주, 좌복야 남은, 중추원 학사 이직 등을 한양에 보내서 종묘, 사직, 궁궐, 시장, 도로의 터를 정하게 했다."(《태조실록》, 1394년 9월 9일)

　　"판삼사사 정도전에게 지시해 새 궁궐의 여러 전각의 이름을 짓게 했다. 정도전이 이름을 짓고 이름 지은 뜻을 써서 올렸다. 새 궁궐을 '경복궁'이라 하고, (…) '오문'(남문)을 '정문'(현 광화문)이라 했다."(《태조실록》, 1395년 10월 7일)

　　"다시 한양에 도읍을 정하고, 드디어 향교동 동쪽 가에 터를 잡아 이궁(제2궁)을 짓도록 지시했다."(《태종실록》, 1404년 10월 6일)

　　"이궁을 창덕궁이라 했다."(《태종실록》, 1405년 10월 25일)

법궁(제1궁) 경복궁은 육조거리와 백악, 삼각산을 연결하는 서울의 중심 축 위에 지어졌다. 이성계와 정도전 등 조선의 건국자들이 추구한 이상의 구현이었다. 문화재청.

애초 조선엔 2가지 길이 있었다. 하나는 정도전이 가려던 길이었고, 둘은 이방원이 가려던 길이었다. 이성계는 정도전으로 상징되는 사대부 세력과 협력해 조선을 세웠으나, 바로 뒤 아들 대에선 사대부들과 길이 갈라진 것이다. 정도전의 길은 사대부, 신하권, 성리학, 보편주의, 이상주의의 길이었다. 이방원의 길은 왕, 왕권, 풍수와 도참, 전통주의, 현실주의의 길이었다. 이 두 길의 충돌로 1차 왕자의 난이 일어났고, 500년 동안 이 두 길은 협력과 충돌을 반복했다.

이 두 길의 모습은 왕궁에서도 여지없이 나타났다. 《실록》을 보면, 이성계와 신하들은 새 수도의 입지를 두고 오랫동안 논쟁을 벌였다. 수도의 입지는 최종적으로 왕이 정했으나, 수도를 실질적으로 건설한 이들은 사대부들이었다. 《실록》의 위 기록에서 보듯 경복궁과 종묘, 사직의 터를 잡은 이는 정도전 등 신하들이었고, 경복궁 건물의 이름을 붙인 이도 정도전이었다. 정도전은 '경복'(큰 복)이란 이름을 《시경》의 시에서 따왔다. '이미 술에 취하고 이미 덕에 배부르니 군자는 영원히 그 '큰 복'(경복)을 도우리라'라는 구절이었다.

그러나 창덕궁을 짓는 과정은 완전히 달랐다. 이방원은 1차 왕자의 난 이후 형 정종과 함께 개성으로 돌아가 왕이 오른 뒤 다시 한양으로 돌아가기로 결정했다. 그때 신하들은 경복궁에 들어가기를 요청했으나, 이방원은 이궁을 지으라고 지시했다. 사실상 경복궁으로 들어가기를 거부한 것이다. 경복궁은 정도전 세력이 지은 궁궐이고, 자신이 정도전 세력을 살육한 곳이었다. 피비린내 나는 곳으로 다시 가고 싶지 않았다. 그래서 지은 이궁이 창덕궁이다. 창덕궁의 이름을 지은 사람은 알 수 없다. 그 뜻은 '덕을 번창하게 한다'는 것이다.

처음부터 두 궁궐의 위상과 구조는 완전히 달랐다. 경복궁은 이른바 '법궁'(제1궁)이었고, 창덕궁은 '이궁'(제2궁)이었다. 경복궁은 중국의 〈주례 고공기〉에 따라 지어졌다. 정도전 등은 반듯한 너른 터에 남북의 중심축을 따라 외조(출입)와 치조(정치), 연조(왕실) 공간을 나란히 놓았다. 그리고 남문인 광화문 앞으로는 6조 등 궐외 각사(관청)를 역시 남북으로 나란히 놓았다. 이런 공

이방원은 한양으로 돌아왔으나, 이성계와 정도전이 세운 경복궁으로 들어가지 않고, 응봉 아래 창덕궁을 새로 지었다. 문화재청.

간 구조는 통일성과 위계질서, 인공성을 강조한 것이다.

그래서 경복궁은 25년 뒤 지어진 중국 베이징의 자금성과 빼닮았다. 규모는 자금성이 72만㎡로 경복궁(43만㎡)보다 1.7배 정도 되지만, 공간 구조는 매우 비슷하다. 직선의 남북 중심축 위에 중심 문과 건물을 짓고, 그 좌우로 다른 건물들을 지은 구조다. 황제국과 왕국의 위상에 따라 경복궁은 3개 문을 거쳐 정전에 이르고, 자금성은 5개 문을 거쳐 정전에 이르는 정도가 다를 뿐이다.

경복궁과 달리, 창덕궁은 북악의 응봉(매봉)에서 내려온 산줄기의 지형에 따라 지어졌다. 따라서 서남쪽 끝에 있는 정문 돈화문을 들어서면 금천교를 건널 때 한번 동쪽으로 꺾이고, 정전인 인정전으로 들어갈 때 다시 한번 북쪽으로 꺾인다. 왕실 공간은 인정전의 동쪽에 있어서 주요 건물을 관통하는 중심축이 형성될 수 없다. 크게 보면, 외조(출입)와 치조(정치), 연조(왕실)의 공간이 서에서 동으로 죽 늘어선 모습이다. 주요 건물의 방향도 기본적으로 남향이지만, 돈화문과 인정전은 남남서, 선원전은 정남, 희정당과 대조전, 낙선재는 남남동 방향으로 제각각 들어서 있다. 좋게 보면 자유롭고, 나쁘게 보면 무질서하다. 이런 공간 구조는 다양성과 평등, 자연을 보여준다.

김왕직 명지대 건축대 교수는 "중국의 궁궐은 좌우 대칭에 건물을 크고 높게 짓는 권위주의가 강하다. 그러나 한국에선 산지뿐 아니라, 평지에서도 일부러 건물을 비대칭으로, 꺾어서 짓는 경우가 많다. 한국인들은 자유와 변화, 역동성을 중시한다"고 평가했다.

이런 자연 지형에 따른 궁궐 배치는 한국 역사에서 흔히 볼 수 있다. 신라 경주의 월성이 들어선 언덕은 터 자체가 초승달 모양이다. 고려 개성의 만월대도 공간 사이에 꺾임이 있다. 조선 때 창경궁이나 경희궁, 덕수궁 등 다른 궁궐도 남북 중심축이 약하고 방향이 꺾였거나 틀어져 있다. 산지가 많고 평지가 적은 한국의 지형 특성이 한국인들의 공간 감각에 영향을 줬고, 궁궐 건축에도 반영됐다.

김한배 서울시립대 명예교수(조경학)는 "풍수 차원에서 보면, 도성 안에서 창덕궁이 앉은 자리가 경복궁보다 더 낫다. 이방원이 경복궁을 버리고 창덕궁을 새로 지은 것은 풍수 사상을 반영

경복궁의 정전 근정전. 문화재청.

한 것이다. 조선 초기 정도전은 중국의 성리학적 이상을 대변했
고, 무학은 전통적인 불교나 풍수 사상을 대변했다"고 말했다.

　궁궐의 공간 구성도 경복궁과 창덕궁은 극단적으로 대비된다.
경복궁(43만㎡)의 경회루와 향원정 일대, 국립민속박물관 북쪽을
제외하면 대부분 건물로 채워져 있다. 이성계가 처음에 775칸의
간소한 경복궁을 지었을 땐 공간이 헐렁했을 것이다. 그러나 흥
선대원군이 경복궁을 7225칸으로 키워 지었을 때는 거의 모든 공
간이 건물로 채워졌다. 경복궁 안엔 정원이라고 부를 만한 공간
이 거의 없다. 현재의 청와대 자리가 창덕궁 후원처럼 조성된 것
은 흥선대원군 때였다.

반면, 창덕궁은 전체 넓이 54만㎡ 가운데 10만~15만㎡ 정도만 궁궐 영역이고 나머지는 70% 이상이 후원(금원, 비원) 영역이다. 궁궐 건물들을 남쪽에 집중적으로 짓고, 북쪽의 나머지 공간을 모두 후원으로 가꾼 것이다. 특히 이 후원은 궁궐 정원으로서뿐 아니라, 전통 건축에서도 자연 조경의 백미로 꼽힌다. 자연 산골짜기에 여러 연못과 정자, 누각 등을 적절히 배치해 자연인지 인공인지 구분하기 어려운 아름다움을 만들어냈다.

황평우 한국문화유산정책연구소장은 "경복궁은 인간의 법도에 따라 건물을 중심으로 만든 공간이고, 창덕궁은 자연의 법칙에 따라 지어진 공간이다. 창덕궁의 후원은 하늘의 별자리처럼 무질서해 보이지만, 자연의 질서가 있다"고 말했다.

조선시대는 법궁과 이궁의 양궐 체제였다. 양궐 체제는 제1궁이 화재나 전쟁, 전염병 등 재난을 당했을 때 옮겨갈 수 있는 제2궁을 두는 것이었다. 임진왜란 전 법궁은 경복궁, 이궁은 창덕궁·창경궁이었고, 임진왜란 뒤 법궁은 창덕궁·창경궁, 이궁은 경희궁이었다. 대한제국 시기엔 양궐 체제가 무너지고 덕수궁이 단독 왕궁으로 사용됐다. 결국 조선시대 내내 보편적으로 사용된 궁궐은 경복궁이 아니라, 창덕궁이었다. 경복궁은 임진왜란 중인 1592년 불탄 뒤 1868년 다시 지어질 때까지 276년 동안 방치돼 있었다.

홍순민 명지대 교수(역사학)는 "법궁은 제1의 궁궐로 공식성이 강하고, 이궁은 필요에 따라 지어진 것이다. 아무래도 처음부터 이궁으로 지어진 창덕궁이 경복궁보단 좀더 편안한 공간이다. 자연과 가까이 하려는 공간 배치가 한국인의 정서에 잘 맞

창덕궁의 정전 인정전. 문화재청.

는다"고 말했다.

애초 경복궁이 이렇게 방치된 것은 풍수적으로 좋지 않다고 여겨졌기 때문이다. 선조는 1593~1607년 사이 경복궁 재건을 추진했으나, 착공하지 못하고 세상을 떠났다. 선조의 마지막 지시는 "건국 초기에 경복궁을 지을 때 여러 신하들과 술사들의 말을 찾아서 보고하라"는 것이었다. 경복궁의 풍수를 걱정한 것이다. 역시 풍수를 중시했던 광해군은 경복궁 대신 창덕궁을 재건했고, 인경궁, 경덕궁(경희궁)을 새로 지었다. 그러나 결국 광해군은 새 궁궐을 써보지 못하고 창덕궁에서 폐위됐다.

경복궁과 창덕궁의 규모는 시대에 따라 변화가 극심했다. 먼

안중식의 〈백악춘효〉(백악의 봄 새벽)에 그려진 경복궁의 모습. 국립중앙박
물관.

강희언의 〈북궐조무〉(창덕궁의 아침 안개)에 그려진 창덕궁의 모습. 개인
소장.

창덕궁의 후원은 조선의 궁 가운데 가장 크고, 가장 아름답다는 평가를 받는
다. 문화재청.

저 터의 넓이는 창덕궁이 54만㎡로 43만㎡인 경복궁보다 더 크
다. 건물이 들어선 면적은 작지만, 후원 면적이 경복궁보다 훨씬
더 넓기 때문이다. 1395년 태조 때 처음 지어진 경복궁의 규모는
775칸으로 1868년 고종 때 다시 지은 7225칸(500여동)의 11% 수준
이었다. 대원군이 애초보다 훨씬 더 키워 지은 것이다. 그러나
일제의 노골적인 훼손으로 36동까지 줄었다가 1990년 시작한 복
원 사업으로 2021년 146동까지 다시 늘어났다. 문화재청은 "2045
년까지 복원 사업을 계속해 경복궁의 건물은 모두 205동으로 늘
어날 것"이라고 밝혔다.

　창덕궁도 처음 지어진 1405년 태종 때는 287칸에 불과했으나,
헌종 시절(1834~1849년)엔 1838칸으로 6배 이상으로 늘어났다. 건

물 숫자로도 순조 재위(1800~1834년) 시절 300여 동에 이르렀으나, 일제의 훼손으로 79동까지 줄었다. 창덕궁은 1991년 시작한 복원으로 2021년 137동으로 늘어났다. 2020년 11월엔 주변 도로의 높이를 낮춰 창덕궁으로 들어가는 상징적 공간인 월대를 복원했다. 서울시와 문화재청은 2022년 9월부터 2023년 말까지 경복궁의 월대도 발굴, 복원 중이다.

창덕궁은 1997년 종묘와 함께 유네스코 세계문화유산으로 등록됐다. 그러나 경북궁과 창경궁, 경희궁, 덕수궁 등 다른 궁들은 유네스코 세계문화유산에 등록되지 못했다. 유홍준 전 문화재청장은 "전 세계에서 보기 드문 서울의 5대 궁을 묶어서 세계문화유산으로 등록하면 좋겠다"는 뜻을 밝혔다.

20

이방원이 정도전의 피로 물들인 땅

송현동

"원칙을 지키고 성찰하는 데 공을 들였고/책 속의 성현을 저버리지 않았다./삼십 년 동안 어려운 일에 힘써왔는데/송정(송현)에서 한번 취하니 헛일이 됐구나."(정도전,《삼봉집》중 '스스로 비웃다'(자조), 1398년 8월 26일)

2021년 11월 10일 문화체육관광부는 고 이건희 삼성그룹 회장의 기증 작품들을 소장·전시할 미술관을 서울 종로구 송현동에 짓겠다고 발표했다. 송현동의 대한항공 소유 터 3만 7141㎡ 가운데 9787㎡를 사용해 연면적 3만㎡의 미술관을 짓겠다는 계획이었다. 문화부는 "2021년 11월 예비타당성 조사, 2022년 하반기 국제 설계 공모를 하고, 2027년 개관하겠다. '이건희 기증관'이라는 이름도 변경하겠다"고 밝혔다.

그러나 시민단체들은 여러 이유로 반대했다. 첫째 정부가 공

서울시가 매입한 송현동 터엔 공원(가운데)과 이건희기증관(오른쪽 계단 모양)이 들어설 예정이다. 조감도. 서울시청.

론화 과정 없이 졸속으로 밀어붙이고 있다는 점이었다. 둘째 문화시설이 집중된 서울에 또 국립 문화시설을 짓는다는 점이었다. 셋째 고 이 회장 개인의 기증품만으로 국립미술관을 별도로 짓는 타당하지 않다는 점이었다. 넷째 서울 도심에 드물게 남은 1만여평의 송현동 녹지를 훼손한다는 점이었다.

송현동이 역사에 가장 먼저 등장한 것은 1398년 4월 16일이었다. 그날 《태조실록》은 "경복궁 왼쪽 언덕의 소나무가 마르므로 그 가까운 언덕의 집을 철거하라고 지시했다"고 적었다. 어찌 보면 단순한 솔숲 보호 지시지만, 그 의미는 단순하지 않다. 김두

규 우석대 교수(풍수학)는 "전형적인 비보 풍수"라고 설명했다. 풍수상 명예를 의미하는 좌청룡(송현)을 왕의 기운을 기르는 소나무로 보호한다는 것이다. 물리적으로도 송현은 남동쪽에서 경복궁으로 불어오는 바람을 막아주는 자리다. 이렇듯 조선의 건국자들인 왕족과 사대부들은 풍수를 중시했다.

안창모 경기대 교수(건축)는 경비나 보안의 필요에 따른 것으로 해석했다. 경복궁의 바로 동남쪽 언덕인 송현에 일반인의 출입을 제한해 경복궁 안이 들여다보이지 않게 했다는 것이다. 안 교수는 "현재 서울대 병원이 들어선 창경궁 동쪽 언덕도 조선 때 비워져 있었다. 맨 땅이면 궁궐 안이 잘 보이니 숲을 조성해 가린 것이다. 송현도 같은 이유였다"고 말했다.

송현에서 일어난 가장 유명한 사건은 정안대군 이방원이 일으킨 '1차 왕자의 난'이었다. 사병 혁파로 궁지에 몰린 이성계의 다섯째 아들 이방원이 1398년 8월26일 쿠데타를 일으킨 일이었다. 당시 이방원은 집권파인 정도전 세력을 모두 살해하고 아버지 이성계를 퇴위시켰다. 그 결정적 장면이 바로 서울 종로구 송현동에서 일어났다.

이성계-정도전 집권 세력과 이방원의 마찰이 시작된 것은 1392년 8월20일이었다. 이성계가 왕위에 오른 지 불과 1달 사흘 만이었다. 이날 이성계는 세자를 막내아들인 이방석으로 결정했다. 맏아들인 진안대군 이방우도 아니고, 건국에 공이 많은 다섯째 이방원도 아니어서 비극의 씨앗이 됐다. 또 이날 이성계는 개국 공신 명단도 발표했는데, 여기에도 이방원을 포함한 아들들은 포함되지 않았다.

경복궁 남동쪽의 고갯길이 송현이다. 사진 왼쪽 나무머리가 보이는 곳이 송현이고, 오른쪽이 경복궁 담장이며, 그 사이를 흐르는 물이 삼천동천이다. 일제 때 사진. 국립중앙박물관.

　이성계-정도전 세력과 이방원 세력의 충돌이 일어난 직접 계기는 요동 정벌과 그 과정에서 일어난 사병 혁파였다. 1398년 3월 20일 이성계와 정도전, 이지란이 만난 자리에서 정도전의 측근인 남은이 시위패(사병)를 가진 절제사를 혁파해서 관군을 만들라고 요청한다. '사병 혁파'의 시작이었다. 이에 따라 이방원이 보유했던 사병도 1398년 8월 중순 폐지됐다. 이방원은 세자도, 공신도 되지 못했고, 사병마저 빼앗겼다.

　결국 이방원은 측근 이숙번과 함께 8월 26일 쿠데타를 결정했다. 《태조실록》은 정도전이 쿠데타를 모의해서 이방원이 "약자로서 선수를 쳤다"고 적혀 있으나, 실상은 그 반대였을 것이다. 당시 권력을 장악하고 있었고 이방석을 세자로 세워놓았던 정도

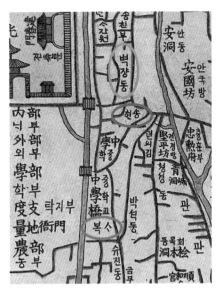

경복궁에서 안국동 쪽으로 넘어가는 율곡로 위에 송현(남은의 집, 붉은 원)이 있었고, 송현에서 남쪽으로 조금 내려가면 사복시(정도전의 집, 푸른 원)가 나온다. 송현 바로 북쪽이 현재 송현공원인 벽(장)동(파란 원)이다. 제임스 게일의 〈한성부 지도〉.

전은 쿠데타를 일으킬 이유가 전혀 없었다.

운명의 날인 8월 26일, 마침 이성계는 와병 중이었고, 이방원 등 왕족들은 근정문 밖 서쪽 회랑에서 숙직 중이었다. 저녁 8시, 숙직 중이던 이방원이 갑자기 배가 아프다며 화장실로 갔다가 준비한 말을 타고 경복궁 서문 영추문을 나가버렸다. 《실록》은 당시 이방원이 "상황이 어쩔 수 없다"고 말했다고 적었다.

자신의 준수방 잠저(사저)로 간 이방원은 이숙번 등 측근들이 모아온 병사들을 만났다. 그러나 반란군이라고 해봐야 기병 10명, 보병 10명, 시종과 노비 10명 등 30명에 불과했다. 이미 자신의 사병을 빼앗긴 뒤였기 때문이다. 이방원은 암구호를 '산성'으로 정한 뒤 정도전이 있는 곳으로 향했다. 바로 경복궁 남동쪽 송현에 있던 남은 첩의 집이었다. 밤 10시께였다. 당시 정도전 세력은 여기서 자주 모였다. 정도전의 집은 여기서 조금 남쪽인 서울 종로구청 부근이었다.

당시 송현의 남은 첩 집엔 정도전과 남은, 심효생, 이근, 장지화 등이 모여앉아 등불을 밝히고 웃으면서 이야기를 나누고 있었다. 반란군은 그 집을 에워싸고 이웃집 세 곳에 불을 질렀다. 그 자리에 있던 사람들이 모두 달아나려 했다. 정도전과 남은, 이직은 몸을 피했고, 심효생, 이근, 장지화는 그 자리에서 죽임을 당했다. 《실록》은 이방원이 남은의 집 이웃에 지른 불로 송현 하늘에 불꽃이 가득했다고 적었다.

정도전도 멀리 달아나지 못하고 이웃집에서 붙잡혔다. 그 집 주인인 전 판사(고위 관료) 민부가 반란군에게 "배가 불룩한 사람이 내 집에 들어왔다"고 신고했기 때문이다. 정도전은 작은 칼을 들고 나왔다가 버리고 붙잡혔다. 《실록》은 정도전이 이방원에게 "예전에 공이 이미 나를 살렸으니 지금도 살려주시오"라고 목숨을 구걸했다고 적었다. 그러나 원한이 가득했던 이방원은 "네가 조선의 봉화백이 되고도 부족하다고 생각하느냐? 어떻게 악함이 여기에 이르렀느냐"고 냉정히 말한 뒤 죽였다.

《실록》에 적힌 정도전의 비굴한 죽음에 대해선 이견이 있다. 이성계가 죽은 뒤 《태조실록》을 편찬한 이방원이 자신의 쿠데타를 미화하고, 정도전을 '만고의 역적'으로 만들려고 했을 것이기 때문이다. 이런 의심을 갖게 만드는 근거 중 하나는 이 글의 맨 앞에 소개한 정도전의 마지막 시 〈스스로 비웃다〉(자조)다. 이 시에서 보이는 태도가 파란만장하고 쓸쓸했던 정도전의 삶과 죽음을 훨씬 잘 보여준다.

그러나 쿠데타에 성공한 이방원은 이 사건을 이렇게 《실록》에 적었다. "정도전과 남은, 심효생, 이근, 이무, 장지화, 이직 등이 임금의 병을 문안한다고 핑계하고 밤낮으로 '송현'에 있는 남은의 첩 집에 모여 비밀리에 모의했다. 세자 이방석과 이제, 박위,

오른쪽 건물들과 그 앞 율곡로가 옛 송현(솔고개, 솔재)이며, 이 부근에 남은
의 집이 있었다. 김규원.

노석주, 변중량은 대궐 안에 있으면서 임금의 병이 위독하다고
알려 여러 왕자들을 급히 불러들이기로 했다. 왕자들이 오면 궁
노비와 무장병사들이 공격하고, 정도전과 남은 등은 밖에서 호
응하기로 했다, 8월 26일에 일을 일으키기로 약속했다.”(《태조실
록》 1398년 8월 26일)

　이방원의 쿠데타 뒤 종로구청 부근 정도전의 집은 사복시로
바뀌었다. 사복시는 왕이 타던 말과 수레를 관리하던 곳이다. 말
과 수레가 정도전의 집터를 짓밟도록 한 것이다.

　송현은 그 뒤로 오랫동안 특별한 기록을 남기지 않았다. 송현
이 다시 역사의 무대에 등장한 것은 조선 후기 순조 때다. 순조
때 영의정이었던 심상규가 이 송현에 ‘가성각’이란 대저택을 짓
고 살았다. 이유원은 《임하필기》에서 “심상규의 가성각은 나라

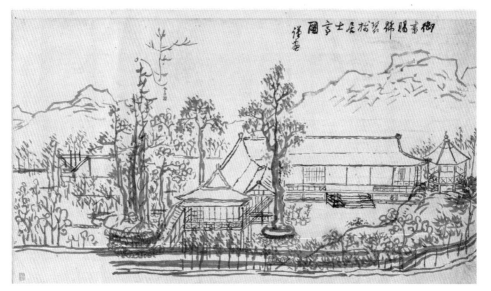

송현 북쪽 벽(장)동의 서쪽 부분엔 매국노 윤덕영의 집이 있었다. 1909년 안중식이 윤덕영의 집을 그린 〈벽수거사정도〉 밑그림. 서울시청.

안에서 제일 간다. 비록 한두 채의 웅장하고 화려한 집은 있으나, 가성각의 편안하고 세밀한 데는 미치지 못한다. 공이 평생 힘을 다해 이 집을 짓고 고금의 글씨와 그림, 기이한 돌, 골동품을 모아 이 집에 보관했다"고 적었다.

심상규는 조선 후기 대표적 경화세족(서울에 대대로 사는 권력 가문)인 청송 심씨로 장동(신안동) 김씨 김조순의 절친이었다. 심상규는 당대 제1의 문장가, 제1의 장서가였으며, 이 집을 크고 화려하게 지었다는 이유로 대사간의 탄핵도 받았다.

이 집은 심상규가 죽은 뒤 순조의 딸 복온공주와 남편 장동 김씨 김병주의 집 '창녕위궁'이 됐고, 다시 후손 김석진에게 상속됐다. 김석진은 1905년 이 '창녕위궁'을 여흥 민씨 민병석에게 넘겼다. 판서를 지낸 김석진은 1905년 을사조약에 반대했고, 1910

송현공원의 서북쪽 풍경. 김규원.

년 한일병합 때 스스로 목숨을 끊었다.

창녕위궁은 1906년엔 순종의 장인이었던 윤택영과 그 형인 윤덕영 등에게 넘어갔다. 이들은 대표적 친일파들로 특히 윤덕영은 고종과 순종을 압박해 한일병합을 관철시켰다. 서촌의 옥류동에 '벽수산장'이란 대저택을 지은 윤덕영은 송현에도 '가성각'과 '창녕위궁'을 이은 '벽수거사정'을 마련했다. '벽수'碧樹라는 호도 송현 옆 벽동壁洞에서 비롯한 것으로 알려져 있다. 현재 송현공원 옆의 음식점 '두가헌'엔 2그루의 큰 은행나무가 있는데, 이 자리가 벽수거사정과 관련이 있지 않을까 싶다.

1만여 평에 이르는 이 벽수거사정 터는 일제 때인 1919년부터 식산은행에 넘어가 사택이 됐다가 해방 뒤엔 미국 대사관 직원

2022년 10월 7일 임시 개장한 송현공원의 동남쪽 풍경. 김규원.

들의 사택이 됐다. 송현동이 다시 한국 소유가 된 것은 2000년 삼성생명이 미국 정부로부터 이 땅을 1400억 원에 매입하면서부터다. 당시 삼성은 여기에 미술관을 중심으로 한 복합문화시설을 지으려다 실패했다. 삼성은 이 땅을 2008년 대한항공에 2900억 원에 팔았고, 대한항공도 여기에 호텔을 지으려다 실패했다.

2021년 송현동 땅은 한국토지주택공사(LH)가 대한항공으로부터 매입해 서울시의 서울의료원 남쪽 터와 교환하기로 합의됐다. 서울시는 2022년 10월 7일 임시로 송현공원의 문을 열었다.

21

조선 왕들의 초상, 한 줌 재가 되다

선원전

"옛사람의 말에 '만약 털 하나라도 다하지 않았다면(다르다면)
나 자신이 아니다'라고 했다. 태워버려라."(태종 이방원, 1418~1422년)

"과연 이 초상화가 아니면 후손들이 무엇에 의지해 선왕의 얼
굴을 보겠는가. 또 역대 제왕이 초상화를 그려서 자손들에게 남
겨줬다. 나도 초상화를 그리고자 하는데, 어떤가? 초상화는 무
엇보다 젊을 때 그려야 한다."(세종 이도, 《실록》, 1434년 4월 15일)

세종 이도는 아버지이자 상왕인 태종 이방원의 말년 어진(왕의
초상화)을 그리게 했다. 그러나 이방원은 어진이 마음에 들지 않
았던 모양이다. 그래서 바로 태우라고 명령했다. 세종은 평소 아
버지의 말을 잘 듣는 아들이었지만, 이때는 따르지 않았다. 세종
은 아버지 이방원의 어진을 태우지 않고 잘 보관해뒀다.

젊은 이성계의 얼굴을 보여주는 준원전 어진(좌, 국립고궁박물관)과 늙은 이성계의 얼굴을 보여주는 경기전 어진(우, 문화재청)

　1443년 세종은 할아버지와 아버지의 어진을 베껴 그리고, 자신의 어진을 새로 그려 모두 경복궁 선원전(어진을 모신 사당)에 모셨다. 조선을 건국하고 발전시킨 이 세 왕의 어진이 한 자리에 나란히 모인 것이다. 그러나 당시 선원전에 모셔졌던 이 세 왕의 어진은 1592년 임진왜란 때 경복궁에 불이 나면서 모두 사라졌다. 경기전 등 다른 곳에도 보관된 이성계의 어진은 살아남았지만, 태종 이방원과 세종 이도의 얼굴은 임진왜란과 불로 인해 완전히 잊혔다.

　그럼 현재 우리가 알고 있는 세종의 얼굴은 무엇인가? 그것은 표준 영정으로 실제 모습을 그린 초상화가 아니라, 상상화다. 세종의 표준 영정은 1973년 박정희 대통령의 지시에 따라 운보 김기창이 그렸는데, 사실성이 떨어져 보인다. 표준 영정의 세종의 얼굴은 초상화가 남아있는 할아버지 태조 이성계와 아들 세조 이유의 얼굴과 전혀 닮지 않았기 때문이다. 눈이 크고 긴 세종 표준 영정의 얼굴은 한국인의 얼굴로도 보기 어렵다.

유홍준 전 문화재청장은 예전 강연에서 "조선은 초상화의 왕국"이라며 현재 남아있는 초상화를 3천 점 정도로 추정했다. 그러나 초상화 가운데서도 국가적으로 가장 정성을 들여 제작한 왕의 공식 초상화인 어진은 몇 점 남아있지 않다. 고려 때도 왕들의 초상화가 많이 그려졌는데, 현재는 공민왕의 초상화를 찍은 흑백 사진 외에 남아있는 것이 없다. 조선 초기까지는 고려 왕들의 초상화가 꽤 남아있었는데, 조선 세종 때인 1426~1437년 사이 모두 태우거나 땅에 묻어버렸다. 일종의 '전 왕조 지우기' 정책이었다.

《조선왕조실록》등을 보면, 조선 왕 27명 가운데 19명이 어진을 그린 것으로 기록돼 있다. 그러나 임진왜란 때 경복궁이 불타면서 이성계와 세조의 어진을 제외하고는 모두 사라졌다. 살아남은 이성계와 세조의 어진은 선원전이 아닌 곳에 보관된 초상화들이었다. 조선 후기의 왕 중에서는 숙종과 영조, 정조, 순조, 헌종, 철종, 고종, 순종 등 8명의 초상화가 해방 뒤까지 남아있었다. 그러나 6.25전쟁 때 부산으로 옮겨졌다가 1954년 보관 창고 부근에서 일어난 불로 거의 다 사라져버렸다.

가장 운이 좋았던 왕은 영조 이금이었다. 영조는 조선 왕 가운데 유일하게 어진이 2점이나 남아있다. 모두 1954년 부산 창고의 불 속에서 기적처럼 살아남았다. 하나는 연잉군(왕자) 시절인

20살 때 영조의 모습(좌)과 50살 때 영조의 모습(우). 문화재청.

1714년 20살 때의 앳된 모습을 그린 것이다. 아버지 숙종이 자신의 병수발을 여덟 달이나 들었다며 선물로 준 것이다. 가뭇한 수염과 매부리코, 어두운 표정이 인상적이다.

또 한 점은 한국인 누구나 알고 있는 어진으로 1744년 50살 때의 모습을 그린 것이다. 이 어진은 인생의 절정기에 있었던 영조의 당당하고 자신만만한 모습을 보여준다. 영조는 20살 때를 시작으로 30살, 39살, 50살, 60살, 69살, 79살 등 거의 10년마다 모두 7점 이상의 어진을 그렸다. 1954년 부산 창고에도 6점이 남아 있었으나, 그 중 2점만 살아남았다.

영조와 함께 2점의 어진을 남긴 사람은 이성계였다. 건국자인 이성계의 어진은 조선 초기부터 엄청나게 제작돼 서울과 함경도 영흥(고향), 경상도 경주, 전라도 전주(본관), 평안도 평양, 경기도 개성 등 6개 주요 도시에 각각 진전(어진 전각)을 설치하고

조선 후기에 왕들의 초상을 모셔두었던 창덕궁 선원전. 문화재청.

모셔졌다. 1548년 《명종실록》엔 서울 선원전에 모신 어진만 26점이고 전신상, 반신상 외에 승마상까지 있었다고 기록돼 있다.

세상 널리 알려진 것은 1398년 경주 집경전에 모셔진 어진을 베껴 1409년 전주 경기전에 모신 노년기의 어진이다. 이 경기전 어진은 이성계가 왕위에 오른 1392년(57살) 이후에 그려진 것으로 본다. 또 이 어진은 영흥 준원전 어진과 마찬가지로 조선시대에 표준 어진처럼 여겨져 널리 베껴 그려졌다. 이 어진은 조선 초부터 줄곧 전주에 모셔져 있어서 임진왜란 때도, 6.25전쟁 때도 피해를 보지 않았다. 작은 눈과 큰 귀가 눈에 띈다.

2013년 복원된 영흥 준원전의 어진은 경기전 어진보다 더 젊은 이성계를 보여준다. 수염과 구레나룻은 검고, 광대뼈와 턱뼈는 더 도드라진다. 왕이라기보다는 장군의 얼굴이다. 초상화 전문가인 조선미 성균관대 명예교수는 《어진, 왕의 초상화》에서 "준원전본의 원본은 아마도 왕위에 오르기 전에 제작됐을 것"이라고 추정했다. 이성계는 고려 왕조 때 장군으로 공을 세워 2번이나 공신에 올랐기 때문에 당시에도 초상화가 제작됐을 수 있다. 왕이 된 뒤에 그 공신 시절 초상화의 얼굴을 바탕으로 곤룡포(왕의 정장)를 입혔다는 뜻이다.

세조 이유는 의외로 통통한 얼굴이다. 국립고궁박물관.

준원전 어진의 복원 과정은 한 편의 드라마다. 고종은 경운궁(덕수궁)으로 옮긴 뒤인 1900년 이성계 등 7명 왕의 어진을 경운궁 선원전에 새로 모셨는데, 이때 모신 이성계 어진은 준원전 어진을 베껴 그린 것이었다. 경운궁 선원전은 바로 그 해 불이 나 7명의 어진이 모두 타버렸다. 그러자 다시 준원전의 태조 어진을 베껴 새로 그렸다. 이 어진은 1908년 창덕궁 선원전, 신선원전으로 옮겨졌다가 1954년 부산 창고의 불로 얼굴 대부분을 포함해 오른쪽 절반이 타버렸다. 젊은 이성계의 얼굴이 영원히 사라질 뻔한 순간이었다.

그러나 기적 같은 일이 일어났다. 2005년 영흥 준원전에 모셨던 어진의 일제 강점기 흑백 사진이 공개됐다. 서울의 선원전 등에 있던 수많은 어진은 왕가의 엄격한 법도로 인해 사진을 찍지 못했으나, 영흥 준원전은 일제가 사진을 찍어놓은 것이다. 이렇게 반쯤 타버린 부산 창고 어진의 색깔과 준원전 어진 사진의 이성계 얼굴을 더해 2013년 준원전 어진이 59년 만에 다시 모습을 드러냈다. 이종숙 고궁박물관 연구관은 "준원전 어진은 정면 모습으로 좌우 대칭이어서 복원이 가능했다"고 말했다.

영화 〈관상〉에서 배우 이정재가 "내가 왕이 될 상인가?"라는 말했던 세조(수양대군) 이유의 어진 초본(데생)도 기적처럼 모습을 드러냈다. 세조의 어진도 2점도 부산 창고에 남아있었으나, 1954년 불로 완전히 사라져버렸다. 그런데 1935년 김은호가 그린 세조 어진 초본을 2016년 김은호의 후손이 경매에 내놓았고, 고궁박물관에서 이를 구입했다.

이 어진을 보면, 세조는 갸름하고 마른 얼굴의 배우 이정재와 전혀 다른 모습이었다. 넙죽하고 통통하고 턱이 둥근 얼굴을 갖고 있었다. 계유정난과 사육신 사건으로 수백 명을 죽인 포악한 이미지와는 달리 부드럽고 순한 얼굴이다. 아버지인 세종도 고기를 좋아했고 뚱뚱했다고 《실록》에 적혀 있는 걸 보면, 아마도 세조가 세종을 닮지 않았을까 생각이 든다.

그러나 세조의 어진 초본은 태조의 젊은 어진과 달리 온전한 어진으로 복원되지 않는다. 고궁박물관은 세조 어진을 복원할 계획은 없다고 밝혔다. 이종숙 연구관은 "현재 세조 어진 초본은 윤곽선만 남아있어 온전한 복원이 어렵다. 초상화는 옷이나 얼굴 색깔, 음영 등에 따라 모습이 크게 달라질 수 있다"고 말했다.

이밖에 영조 어진 2점과 함께 부산 창고 불에서 얼굴이 살아남은 철종 이휘의 어진이 있다. 철종의 어진은 오른쪽 3분의 1 정도가 탔으나, 다행히 얼굴이 크게 상하지 않았다. 철종 어진은 군복을 입고 있는 점과 손이 드러나 있다는 점이 눈에 띈다. 철종의 모습은 둥근 얼굴과 큰 쌍꺼풀, 멍한 표정 등으로 인해 왕으로서의 위엄이 느껴지지 않는다.

철종의 얼굴. 국립고궁박물관.

조선 왕들의 어진은 조선 전기 세종 때부터 경복궁 선원전에 모셔졌다. 다만 건국자인 이성계의 어진은 선원전 외에 전국 5개의 진전(어진 전각)에도 모셨다. 그러다가 임진왜란 때 경복궁이 불타면서 조선 전기 어진들은 대부분 사라졌다. 조선 후기 왕들의 어진은 창덕궁 선원전과 영희전(현 중부경찰서 자리)에 주로 모셔졌다. 지방에선 준원전과 경기전 외에 강화, 강릉 등에 이성계 어진이 새로 모셔졌다.

서울과 전국의 여러 곳에 모셔졌던 어진들은 1908년 창덕궁 선원전으로 모두 옮겨졌으며, 1921년엔 신선원전을 지어 12실을 설치했다. 실제 왕이었던 태조와 세조, 숙종, 영조, 정조, 순조, 헌종, 철종, 고종, 순종 등 10실과 원종(인조의 아버지)과 문조(현종의 아버지) 등 추존된 왕 2실이었다. 이때 전체 어진은 48점이었다. 그러나 1954년 부산 창고에서 이 가운데 영조 2점, 철종 1점, 원종 1점을 뺀 44점이 얼굴을 알아볼 수 없게 모두 타버렸다. 너무나 안타까운 일이었다.

22

성종은 성공하고 연산군은 실패한 이유

사헌부

"왕이 '그대가 죽음에 임해서도 말을 바꾸지 않는 것은 '신의'라는 말 때문에 그런 모양이다. (…) 내가 그대를 옥에 가둔 것은 그대가 고집하기 때문이다. (…) 이제부터 말할 만한 일을 있거든 극진히 말하라. 내가 가상하게 여겨 받아들이겠다. 그대가 의기가 있고 굴하지 않는 것이 나는 대단히 기쁘다. 가서 그대의 직무를 계속하라'라고 말하고, 승정원에 지시해 술을 먹이고 예의를 갖춰 보냈다."(《성종실록》, 1477년 9월 8일, 사헌부 지평(정5품) 김언신이 형조판서(정2품) 현석규를 탄핵하자 이에 대한 성종의 답변.)

성종 이혈(1457~1494)의 시대는 조선이 완성된 시기였다. 조선의 헌법과 법률이라고 할 《경국대전》이 완성됐고, 그 이전의 정치적 불안정도 가라앉았다. 정치적 불안정의 원인은 두 가지

1591년 박지수 등 사헌부 관리들의 모임을 그린 〈총마 계회도〉. 문화재청.

였다. 하나는 할아버지인 세조 이유의 쿠데타(계유정난)로 인한
왕실과 대신들의 상처였다. 둘은 성종의 아버지 의경세자 이장
(1438~1457), 작은 아버지 예종 이황(1450~1459)의 이른 죽음으로
인한 왕위 계승의 불안정이었다.

　예종의 갑작스런 죽음으로 성종도 불과 12살에 갑자기 왕이
됐다. 7년 동안 할머니 정희왕후의 수렴청정(섭정, 대리 정치)을
거친 뒤에야 19살부터 친정(직접 정치)을 시작했다. 친정 이후 성
종은 많은 우려를 극복하고 두 가지 불안정을 모두 해소했다. 먼
저 사림파(건국 불참여파)를 등용하고 3사(사헌부, 사간원, 홍문관)
를 강화해 훈구파(계유정난 참여파) 대신에 대한 견제와 균형의 정
치 구조를 완성했다. 동시에 '왕과 신하의 공동정치'라는 조선의
정치 이념을 발전시켰다.

성종 시대인 1488년 김종한 등 사헌부 관리 23명의 모임을 그린 〈이십삼 상대회〉(23명 사헌부 모임)에 보이는 사헌부의 모습. 성종은 대간(사헌부와 사간원)의 위상을 높여 의정부 대신들과 서로 견제하게 만들었다. 문화재청.

　김종직을 중심으로 한 사림파가 대거 등용되던 시절, 3사엔 비교적 젊은 사림파들이 많았고, 의정부 대신들은 훈구파 출신이 많았다. 따라서 훈구파와 사림파는 대신과 3사라는 구도로 서로 견제하고 경쟁했다. 이때 성종은 경험 많은 대신들을 존중하면서도 '젊은 근본주의자'인 3사의 의견을 충분히 들어줬다. 왕과 대신, 3사라는 조선의 3권 분립이 자리 잡은 시기였다. 대표적인 사건은 이 글 앞에 인용된 1477년 사헌부 지평 김언신의 형조판서 현석규 탄핵 사건이었다. 조선의 탄핵은 현재 법률의 탄핵과 달리 고발, 비판이란 뜻이다.

　김언신이 현석규를 탄핵한 이유는 그가 '소인'이어서 조정의 화합을 해친다는 이유에서였다. 김언신은 그 근거로 그가 도승지 시절 자신의 뜻을 관철하기 위해 동료들에게 눈을 부라리고 팔뚝을 내보이며 협박했다고 주장했다. 성종은 이 문제를 대신들과 논의한 뒤 김언신의 탄핵이 지나치다고 결정하고 오히려 그를 잡아들여 조사하게 했다. 의금부에선 현석규를 소인으로 모함한 김언신의 죄가 곤장 100대, 도형(노역형) 3년의 중죄에 해당한다고 보고했다.

성종은 김언신을 직접 조사하면서 죽어도 현석규를 계속 소인이라고 주장할지, 아니면 자신의 잘못을 인정할지를 물었다. 김언신은 죽음의 문 앞에서도 끝내 자신의 주장을 굽히지 않았다. 그러나 놀랍게도 성종은 이 글 앞에서 본 것처럼 김언신을 풀어주고 술까지 먹여 사헌부로 돌려보냈다. 대간과 대신들에게 전달한 성종의 메시지는 분명했다. '목숨을 걸고 간언하는 신하를 처벌한다면 아무도 제대로 간언하지 않을 것이다. 또 대간에서 이렇게 강하게 간언해야 훈구파 대신들이 부정부패하지 않을 것이다.'

이 사건에는 엄청난 반전이 있다. 다음해인 1478년 김언신의 현석규 탄핵이 스스로 한 일이 아니라, 임사홍의 사주를 받아 탄핵했다는 사실이 드러났기 때문이다. 임사홍은 뒤에 연산군 때 조선 최대의 사화였던 갑자사화의 빌미를 제공한 인물이다. 이로 인해 김언신은 곤장을 맞고 유배됐고, 임사홍도 유배됐다. 당시 성종은 "대간의 말을 듣지 않을 수 없으나, 들으면 그 폐단이 이러하니 어떻게 해야 하겠는가. 김언신이 극진히 말할 때는 절개가 곧은 선비라고 생각했는데, 어찌 그 붕당을 위해 말한 것

1900년 이전 광화문 앞 육조거리의 모습. 왼쪽 붉은 원이 사헌부, 오른쪽 파란 원이 의정부였다. 공유 사진.

인 줄 알았겠는가. 대간의 말을 어찌 다 믿을 수 있겠는가"라고 개탄했다.

그러나 성종은 관대한 왕이었다. 이렇듯 신하들에게 속고도 다시 그들을 용서했다. 8년 뒤인 1486년 임사홍, 김언신 등의 직 첩(임명장)을 돌려주라고 지시했다. 사면, 복권을 지시한 것이다. 이에 대해 대간이 "열 군자를 쓰는 것이 한 소인을 물리치는 것 만 못하다"는 논리로 거세게 반대했다. 심지어 대간은 성종에게 "작은아들로서 왕이 됐으니 종사와 백성을 위해 계책을 세워야 한다"며 왕위 계승의 정통성을 부정하는 듯한 말까지 서슴지 않 았다. 다른 왕이었으면 죽음을 면치 못할 망발이었다.

그러나 성종은 "벌 받은 지가 이미 오래 됐고 하늘의 도리도 10년이면 변하는데, 임사홍도 스스로 새로워지는 마음이 없겠

광화문광장 서북쪽에서 발굴된 사헌부 대문 터. 김규원.

는가"라고 너그럽게 말했다. 심지어 성종은 "임사홍이 소인이라고 하더라도 내가 문제점을 알고 있고, 대간에서 그것을 바로잡으면 된다"고 반박했다. 성종이 받아들이지 않자 대간과 대신들은 모두 사직을 청했다. 그러나 성종은 임사홍 등의 사면, 복권을 관철하면서 대간과 대신들의 사직서도 모두 반려했다. 인내와 긍정의 화신이었다.

　성종의 여러 유산은 고스란히 아들 연산군 이융(1476~1506)에게 넘겨졌다. 그러나 대신과 3사, 정치를 대하는 아버지와 아들의 태도는 전혀 달랐다. 아버지 성종이 왕과 사대부의 공동정치, 왕-대신-3사의 견제와 균형을 추구했지만, 아들 연산은 절대 왕권과 독재를 추구했다. 3사나 대신의 권한이 왕에게 버금가는 상황을 참지 못했다.

대간(사헌부와 사간원)과 함께 조선 정치 체제의 양대 축이었던 의정부의 본관
인 정본당. 서울역사박물관.

　　연산과 3사의 갈등은 1494년 즉위 직후부터 벌어졌다. 죽은 성
종에 대해 왕실의 전통대로 수륙재를 지내려고 했는데, 3사에서
불교 의례라며 반대한 것이다. 원로 대신 노사신(1427~1498)의 의
견에 따라 그대로 시행했지만, 연산과 3사의 관계는 처음부터 틀
어져 버렸다. 그 뒤로 연산과 3사는 외척, 내관, 유모, 폐비 윤씨
등 문제로 사사건건 부딪쳤다. 근본주의자들로 이뤄진 3사는 이
과정에서 노사신 등 대신들과도 벌어졌다.

　　이런 갈등은 결국 사화(사대부 탄압)로 이어졌다. 1498년 무오
사화는 국왕과 대신들이 손을 잡고 3사의 주축을 이룬 사림파를
숙청한 일이었다. 무오사화의 방아쇠는 김종직의 제자이자 당시
사림파의 리더인 김일손의 세조 관련 사초였다. 김일손은 사초
에서 세조의 잘못에 대해 여러 차례 노골적으로 언급했다. 조사

과정에서 김일손의 스승인 김종직이 지은 '조의제문'(의제를 기리는 글)까지 발견됐고, 이 풍자적 글을 통해 김종직 역시 세조의 쿠데타에 비판적이었음이 드러났다.

이에 따라 조사가 확대돼 52명이 처벌됐다. 이 가운데 절반이 김종직과 김일손 등 사림파였고, 나머지는 3사와 실록 관계자들이었다. 6명이 사형됐고, 31명이 유배됐다. 조선의 첫 사화였다. 눈에 띄는 것은 연산군 집권 초기, 대신을 대표해 3사와 대립했던 노사신이 사림파의 희생이 확대되지 않도록 노력했다는 점이다. 노사신은 3사의 근본주의적 비판에도 반대했고, 사화의 지나친 처벌에도 반대했다. 그는 중용의 정치인이었다.

그러나 무오사화는 시작에 불과했다. 6년 뒤 1504년 갑자사화는 3사뿐 아니라 대신까지 사대부를 초토화했다. 무오사화는 예조판서 이세좌가 연산이 준 술을 실수로 연산의 옷에 흘린 일, 전판서 홍귀달이 손녀의 입궐 지시를 따르지 않은 일로 시작됐다. 그런데 불행하게도 두 사람은 모두 폐비 윤씨 사건에 관련돼 있었다. 홍귀달은 폐비 때 승지, 이세좌는 사약 내릴 때 승지를 맡고 있었다. 왕의 옷에 술을 쏟은 사건이 폐비 윤씨 사건 진상 조사로 확대됐고, 조선 최대의 사화로 번졌다.

사형과 사망만 100명이었고, 유배가 106명, 부관참시 22명 등 유배형 이상의 중형만 239명이었다. 희생자 가운데 3사 관리가 92명으로 가장 많았고, 판서와 정승 등 대신이 20명이나 됐다. 내시도 22명이나 희생됐다. 조선 전기 중앙 정부의 관원이 741자리였던 것에 고려하면 중앙 관리의 25.6%가 처벌받았다.

어떻게 이런 정치적 참사가 일어났을까? 가장 큰 원인은 연산

무오사화로 인해 사림파의 주축이었던 김종직과 그의 제자들이 대거 숙청됐다. 경북 고령의 점필재 김종직 종택. 문화재청.

개인에게 있었다. 연산은 신하들과 함께 정치를 한다는 생각이 없었다. 그는 절대 왕권, 왕의 독재를 꿈꿨다. 또 사림파로 구성된 3사의 비판이나 반대를 조정할 정치적 역량이나 의지도 없었다. 심지어 그는 정치적 사안의 공-사와 경-중을 구분하지 못했다. 아버지 성종이 결정한 어머니 폐비 윤씨의 죽음을 이유로 자신의 정치적 파트너인 대신들을 대거 살해했다.

둘째 원인은 사림파와 3사에 있었다. 사림파와 3사의 태도엔 성리학 근본주의, 사림 근본주의가 있었고, 심지어 왕과도 타협하려 하지 않았다. 같은 사대부였지만 조선 건국에 참여한 혁명파나 세조의 쿠데타에 참여한 훈구파 대신들을 혐오했다. 사림파는 세조의 발탁으로 조정에 참여했지만, 세조도 혐오했다. 이런 강퍅한 태도는 성종과 같은 관대한 군주에겐 받아들여졌지만, 연산 같은 독재적 군주에겐 받아들여질 수 없었다. 뒤에 기

성종 시대에 완성된 듯 보였던 조선의 정치 체제는 그의 아들 연산군 시대에 이르자 순식간에 무너지고 말았다. 도봉구 연산군의 무덤. 국립문화재연구소.

묘사화에서도 보듯 사림파의 근본주의는 재앙을 자초한 측면이 있었다.

왕과 신하의 공동정치는 성종 때 완성됐다고 평가받는다. 그러나 성종의 아들 연산군 시대에 이르면 그 체제가 여전히 미완성이라는 점이 명확히 드러났다. 성종이나 노사신 외에 다른 왕이나 신하들은 그런 체제를 운영할 준비가 돼있지 않았다. 조선의 정치 체제는 오랜 시행착오를 거쳐야 했다. 사화는 명종 때까지 거의 50년 동안 계속됐고, 선조 때에 이르러서야 더 이상 일어나지 않았다. 그러나 사화가 끝나자 동인-서인 간의 당파 싸움이 시작됐고, 19세기 후반 당파 싸움이 끝나자 조선은 멸망했다. 어렵사리 평화를 이루면 다른 전쟁이 시작됐다.

23

서인과 남인은 왜 정당이 되지 못했나?

의정부

"사대부의 예의와 왕조의 예의가 다르다는 것이 무슨 말인지
모르겠다."

우암 송시열(1607~1689)은 1차 예송(예법 논쟁)인 기해예송 때
이렇게 말했다. 부정문으로 이야기했지만, 사실 "사대부와 왕조
의 예의가 다르지 않다. 사대부와 왕조는 평등하다"가 본뜻이
었을 것이다. 이것이 우암 송시열이 본 조선 사회의 근본이다.

그는 당대에 서인과 노론의 지도자였고, 사대부가 중심이 된
나라를 만들려는 꿈을 갖고 있었다. 그의 '신권주의'(사대부주의)
라는 정치 철학을 가지고 '왕권주의'를 정치 철학으로 가진 남
인과 경쟁하고 투쟁했다. 결국 그가 죽은 뒤 그의 후배와 제자
들은 서인과 노론의 장기 집권이란 꿈을 이뤘다. 그 자신도 문
묘(성균관 대성전)와 종묘(왕가의 사당)에 모두 올랐고, 공자, 맹

송시열은 조선 후기 권력 투쟁에서 서인 노론의 주도권을 확립했다. 국립중앙박물관.

김상헌의 손자 김수항은 송시열과 함께 서인의 지도자였다. 국립중앙박물관.

자, 주자에 이은 '송자'라는 거대한 이름까지 얻었다.

사실 이런 투쟁은 그에게서 비롯한 것이 아니다. 이성계와 함께 조선을 세운 정도전도 '사대부 중심, 재상 중심의 나라'를 꿈꿨다. 정도전의 꿈은 '왕 중심의 나라'를 꿈꾼 태종 이방원과 충돌하며 좌절됐다. 그러나 그런 정치 철학은 조선시대 내내 사대부들에게 이어졌다. 송시열은 정도전만한 실무 능력을 보여주지 못했지만, 이념적 정체성에선 확실히 정도전의 후계자였다.

사대부 중심의 나라를 만들기 위한 송시열의 투쟁은 1659년 효종의 죽음으로 막을 올렸다. 효종의 아버지 인조의 둘째 부인이자, 효종의 의붓어머니인 자의대비가 상복을 얼마나 입어야

윤휴는 남인과 서인의 권력 투쟁에서
송시열의 최대 경쟁자였다. 이들의 투
쟁은 결국 두 사람이 모두 죽는 비극
으로 끝났다. 문화재청.

허목은 2차례 예송에서 윤휴와 함께
남인을 이끌었다. 국립중앙박물관.

하는지를 두고 논란이 벌어졌다. 서인의 지도자인 송시열, 송준
길 등은 효종이 왕이었지만 둘째 아들이므로 자의대비는 1년 동
안 상복을 입으면 된다고 주장했다. 반면, 윤휴와 허목, 윤선도
등 남인의 지도자들은 왕이 되면 맏아들의 정통성을 갖게 되므
로 3년 동안 상복을 입어야 한다고 주장했다.

이 논쟁에선 서인이 승리했다. "사대부의 예의와 왕조의 예의
가 다르지 않다"는 송시열의 주장이 관철됐다. 그러나 1차 예송
에서 서인과 송시열의 이런 외람된 승리는 결국 당시 왕이었던
현종 이연을 자극했다.

왕당파와 신당파는 2차 예송인 갑인예송에서 다시 충돌했다. 효종이 죽은 지 15년 뒤인 1674년 이번엔 효종의 왕비인 인선왕후가 세상을 떠났다. 그러나 인조의 둘째 부인이자 인선왕후의 의붓어머니인 자의대비는 여전히 살아있었다. 애초 예조는 자의대비가 1년 동안 상복을 입어야 한다고 말했다. 그러나 곧 말을 바꿔 9개월만 입으면 된다고 결정했다. 1차 예송과 마찬가지로 효종을 인조의 적통을 이은 맏아들이 아닌 둘째 아들로 본 결정이었다.

그러자 이번엔 현종이 가만있지 않았다. 즉시 예조의 판서부터 정랑까지 주요 관리들을 모두 잡아다가 조사하라고 명령했다. 왜 1년에서 9개월로 줄였는지를 밝히겠다는 것이었다. 현종이 화가 나서 예조판서를 자르는 바람에 상례를 주관해야 하는 예조판서가 공석이 되는 황당한 상황이 벌어졌다. 그래서 병조판서에게 예조판서를 겸임시켰다가 예조판서를 새로 임명하는 해프닝이 벌어졌다. 그러나 현종이 이렇게 격분했음에도 예조가 정한 9개월을 다시 1년으로 돌리지는 못했다. 왕이라도 적법한 절차를 거친 결정을 바꿀 수 없었다.

그러나 반전이 있었다. 경상도의 남인 유생 도신징이 조선의 헌법인《경국대전》의 문제점을 지적한 상소를 올렸다. 맏아들과 둘째 아들을 잃었을 때 어머니의 상복을 1년으로 같게 해놓고 맏며느리와 둘째 며느리를 잃었을 때 어머니의 상복을 1년과 9개월로 구분한 것은 잘못이라는 지적이었다. 9개월의 상복은 효종의 왕비를 둘째 며느리로 보고, 효종을 둘째 아들로 본 것이라는 비판이었다. 도신징의 주장은 둘째 아들이라도 맏아들의 죽음으로 왕위를 이었으면 맏아들로 봐야 한다는 것이었다. 이른바 '왕권주의자'의 입장이었다.

현종의 마음에 쏙 드는 주장이었다. 현종은 도신징의 주장을 근거로 당상관(차관보) 이상을 모아 빈청(당상관 회의장)에서 이틀 동안 네 번이나 회의를 열어 자의대비의 상복을 9개월에서 1년으로 바꾸려고 했다. 그러나 당상관 이상을 대부분 차지한 서인들이 《경국대전》을 근거로 반대해 바꿀 수 없었다. 심지어 현종은 《경국대전》을 개정해 "둘째 아들이라도 왕위를 이으면 맏아들로 본다"는 구절을 새로 넣으려고 했다. 그러나 서인들의 반대로 개정도 할 수 없었다.

결국 현종은 극단적인 방법을 선택했다. 왕의 직권으로 그냥 1년 상복으로 바꿔버렸다. 서인 대신들이 반대하자, 그들을 모두 잘라버리고 남인으로 교체해버렸다. 이른바 '군약신강'을 일시적으로 '군강신약'으로 바꾼 사례였다.

비슷한 시기, 영국에서도 왕권을 둘러싸고 신하들 사이에서 논쟁이 벌어져 당파가 갈라졌다. 영국에선 올리버 크롬웰의 죽음과 함께 공화국 시대가 끝나고 1660년 왕정이 복구됐다. 왕위에 오른 찰스 2세는 자녀가 없어 동생 요크 백작 제임스를 왕위 계승자로 결정했다. 그런데 제임스와 부인 메리는 가톨릭 신자였다. 영국 성공회 신자가 아닌 사람이 왕이 되는 것을 막기 위해 의회는 심사법과 왕위 배제법 제정을 추진했다. 찰스 2세는 의회 해산으로 맞섰다.

이 과정에서 의회는 두 당파로 분열했다. 하나는 왕위 계승자라도 영국 성공회와 의회주의를 존중해야 한다는 '신당파'였다.

이들을 '휘그'라고 불렀는데, 스코틀랜드말로 '소몰이꾼'이라는 뜻이다. 다른 하나는 왕의 권리는 신으로부터 받았으므로 비록 가톨릭 신자여도 의회가 간섭할 수 없다는 '왕당파'였다. 이들을 '토리'라고 불렀는데, 아일랜드말로 '강도'라는 뜻이다. 신당파라는 측면에서 영국의 휘그는 조선의 서인과 닮았고, 왕당파였던 토리는 남인과 닮았다.

영국의 정당 정치는 찰스 2세의 권한에 대한 의견 차이에서 시작됐다. 위키피디아.

그런데 그 뒤 조선의 당파들과 영국의 당파들은 서로 다른 길을 걷는다. 조선의 서인과 남인은 숙종의 집권 시기(1674~1720)에 집권과 실권을 거듭하며(환국 정치) 목숨을 건 권력 투쟁을 벌였다. 이 과정에서 남인의 윤휴와 허적, 서인의 송시열과 김수항 등 당파의 지도자들이 모두 사약을 받았다. 네가 죽어야 내가 사는 극단의 정치였다.

이 결과로 경종(1720~1724)과 영조(1724~1776), 정조(1776~1800) 시기에 남인은 대부분 조정에서 사라지고 거의 서인만 남았다. 남인이 사라지자 서인은 노론(송시열파)과 소론(윤증파)으로, 낙론(서울파)과 호론(충청파)으로 갈렸다. 그러다 순조~헌종~철종(1800~1864) 시기엔 아예 당파가 엷어지고 장동 김씨, 풍양 조씨, 청송 심씨 등 일부 경화세족(서울에 대대로 사는 권력 집

서인의 독재가 시작되자, 서인은 송시
열의 노론과 윤증의 소론으로 갈라졌
다. 윤증의 초상. 문화재청.

노론의 독재는 김조순 등 장동 김씨
한 집안의 60년 독재로 이어졌다. 위
키피디아.

안)이 권력을 장악했다. 서인의 일당 독재가 경화세족의 일가 독
재로 바뀌었다.

반면, 영국의 휘그와 토리는 1715년 영국의 첫 수상이었
던 휘그의 로버트 월폴과 1783년 토리를 발전시킨 젊은 윌리
엄 피트 등이 나오면서 근대 정당으로 발전했다. 1834년 토
리는 '보수당'으로, 1859년 휘그는 '자유당'으로 이름을 바꿨
다. 19세기 후반 자유당의 윌리엄 글래드스턴과 보수당의 벤
저민 디즈레일리가 주고받으며 장기 집권하면서 두 정당
의 체제가 확고하게 됐다. 두 당은 왕권에 대한 이견에서 자
유무역 허용, 선거권 확대 등 현대적 정책 경쟁으로 나아갔다.

영국은 19세기 후반에 현대적인 정당 정치를 확립했다. 자유당의 대표적 수상이었던 윌리엄 글래드스턴. 위키피디아.

19세기 후반 글래드스턴과 함께 영국의 정당 정치를 확립한 보수당의 수상 벤저민 디즈레일리. 위키피디아.

1715년부터 노동당의 등장으로 자유당이 제3당으로 밀려난 1929년까지 두 당은 200년 넘게 영국의 양대 정당으로 경쟁했다.

왜 한국의 서인과 남인은 근대 정당으로 발전하지 못했고, 영국의 휘그와 토리는 근대 정당으로 발전했을까? 강원택 서울대 교수(정치학)는 "기본적으로 영국에선 의회가 있었고, 선거권이 확대되면서 당파들이 대중을 설득하기 위해 노력했다. 조선에도 붕당(친구당) 정치가 있었지만, 의회와 같은 민주주의 토대가 없었고, 식민지가 되면서 더 이상 발전할 수 없었다"고 설명했다.

동아시아철학 연구자인 이상수 박사는 "조선 사대부의 붕당은 구양수의 군자-소인론에 따라 우리 붕당은 정통이고, 다른

광화문 앞 의정부 터 발굴 현장의 모습. 문화재청.

붕당은 이단이라고 봤다. 상대에 대한 관용이 부족해서 집권하면 상대를 파멸시키려고 했다. 그런 극단적 태도가 선거로 정권을 잡거나 내놓는 근대 정당이 될 수 없었던 이유 중 하나"라고 평가했다.

조선의 붕당은 근대 정당으로 나아가지 못했지만, 조선에도 그런 타협 정치의 싹은 있었다. 대표적인 것이 합의 정치 기관이던 의정부(정치를 의논하는 기관)였다. 의정부는 서울 광화문 앞, 정부서울청사 건너편에 있었다. 또 1896년 대한제국은 무보직 당상관 이상 기관이던 중추부(중심 기관)를 역사상 첫 의회로 만들었다. 중추부는 의정부 터의 맞은편인 정부서울청사 안 남쪽에 있었다.

1919년 독립운동가들은 중국 상하이에서 대한민국의 첫 의회를 만들었다. 조선 의정부의 이름을 딴 '임시 의정원'이었다. 불행히도 임시정부와 의정원은 해방 뒤 미국 군정청에 의해 그 합법성이 부정됐다. 대신 1946년 미국 군정청이 설치한 남조선 과도입법위원회가 대한민국 국회의 뿌리가 됐다. 과도입법위는 현재의 서울 중구 예장동 일제 통감부 청사에 있었다. 현재 남산 예술센터 자리다.

대한민국 국회는 1948년 지금은 사라진 조선총독부 건물 중앙홀에서 문을 열었다. 1950년 6.25전쟁 때는 부산으로 옮겨졌다가 1954년 현재의 서울시 의회 건물(경성 부민관)에 자리 잡았다. 1975년 여의도에 새로운 건물을 지어 옮겼다. 2021년엔 세종시에 제2국회(세종의사당)를 설치하는 법 개정이 이뤄졌다. 2027년 세종시 제2국회가 문을 열면 세종시로 수도가 옮겨질 때까지 서울과 세종시에 2개의 국회가 운영된다.

24

위대한 왕이 되기엔 2% 부족했던 숙종

경희궁

　"윤휴가 '대비의 동정을 말으라'고 한 말은 그 본심의 있는 곳이 이미 극도로 흉악하고 잘못됐다. 또 '역적 허견의 은밀한 사주를 받아 체찰부의 재설치를 찬성한 것은 오로지 역적 이남(복선군)의 처지를 위한 것'이라는 말이 고발자인 정원로의 진술에서 나왔다. 부체찰사를 뽑을 때는 자신이 뽑히지 못한 것에 분노해 어전에서까지 기뻐하지 않는 표정을 드러냈고, 심지어 화내는 말까지 했다. 그 잘못된 실상은 신하로서 차마 할 수 없는 일이다."(《숙종실록》, 1680년 5월 15일)

　"아! 송시열의 더할 수 없이 흉악함을 모두 들 수 없으나, 가장 중대한 것을 말하자면, 효종을 폄하했고, 현종을 속였으며, 세자를 흔들었다. 진실로 이는 〈춘추〉에서 보면 왕을 업신여긴 것이며, 한나라에서 보면 반란을 조장한 것이다. 이런데도 천지간에

왜란과 호란의 두 전쟁을 거친 조
선을 복구하려 했던 숙종의 지시로
1697년 그린 농사와 누에치기 그림.
국립중앙박물관.

애초 가까운 선후배였던 윤휴(왼쪽, 문화재청)와 송시열(오른쪽, 국립중앙박물관)은 조선 후기 최대의 정적이 됐다가 모두 사약을 받았다.

서 편히 살게 하고, 왕의 법을 바르게 하지 않으면 무엇으로 신과 인간의 분노를 풀겠는가? (…) 임금을 잊고 당을 위해 죽는 무리를 무거운 법률로 다스리지 않을 수 없다." (《숙종실록》, 1689년 5월 30일)

숙종 이순(1661~1720)은 조선 역사에서 보기 드문 '절대 군주'로 평가받는 인물이다. 왕과 사대부가 함께 다스렸던 조선에서 숙종만큼 일방적으로 신하들을 쥐락펴락하고 떨게 만든 왕은 없었다. 숙종은 1680년 남인의 지도자였던 윤휴와 허적을 죽였고, 1689년엔 서인의 지도자였던 송시열과 김수항을 죽였다. 송시열과 윤휴를 죽인 것은 마치 개국 전후 이방원이 정몽주와 정도전을 죽인 일에 비교할 만하다.

당시 송시열은 효종 이후 사림 전체에서 가장 영향력이 큰 인물이었다. 학문에선 이이에서 김장생, 김집으로 이어지는 기호학파의 적통, 대의명분론에선 김상헌의 적통을 한몸에 받은 대로(큰어른)였다. 또 숙종의 할아버지인 효종 이호의 스승이었고, 숙종 자신의 어릴 적 스승이기도 했다. 윤휴도 송시열에 맞서는 남인의 실력자였고, 공자와 맹자, 주자를 뛰어넘는 혁신적 이론가였다. 그러나 이런 거물들도 모두 숙종의 사약을 피하지 못했다.

과연 숙종은 어떤 인물이었을까? 숙종은 구김이 없는 왕이었다. 왕위 계승의 정통성에 아무 흠결이 없는 왕이었다. 1661년 즉위 3년째인 현종 이연의 맏아들로 태어났고, 어머니는 정비인 명성왕후 김씨였다. 왕과 정비의 맏아들로 태어나 왕위에 오른 조선의 왕은 숙종에 앞서 오직 단종이 있었고, 연산군과 인종은 왕과 계비의 맏아들로 태어났다. 불행히도 이 3명은 모두 끝이 좋지 않았거나 단명했다. 조선의 왕 대부분은 왕의 맏아들이 아니었고, 어머니가 정비나 계비가 아니었다. 심지어 아버지가 왕이 아닌 경우도 있었고, 어머니가 궁녀인 경우도 있었다.

숙종은 정통성뿐 아니라, 뛰어난 정치력도 갖추고 있었다. 1674년 아버지 현종이 갑작스럽게 죽자 13살에 왕위에 올랐고, 바로 친정(직접 정치)을 했다. 조선에서 10대에 즉위한 왕은 많았지만, 대부분 할머니나 어머니의 수렴청정이나 고명대신의 섭정을 거쳤다. 성종, 명종, 선조, 순조, 헌종, 철종, 고종 등이었다. 그러나 13살의 숙종은 처음부터 친정을 했다. 그는 타고난 왕이었다.

숙종은 재위 기간도 46년으로 아들인 영조(52년) 다음으로 길었고, 업적도 많았다. 대표적 업적은 전후 복구 사업이었다. 숙종이 집권한 1674년은 병자호란(1636~1637)이 한 세대 남짓 지난 뒤였다. 왜란과 호란으로 무너진 국가를 다시 세우는 일이 시급했다. 숙종은 전쟁으로 쑥대밭이 된 국토를 회복하기 위해 꾸준히 토지 측량(양전) 사업을 벌였고, 모두 67만결을 새로 확보했다. 또 경상도와 황해도까지 대동법을 확대했다. 이로써 변경인 평안, 함경, 제주를 제외한 전국에서 대동법이 시행됐다.

병자호란 이후 청이 금지한 군사력 강화에도 나섰다. 금위영을 설치해 훈련도감, 어영청, 총융청, 수어청과 함께 5군영 제도를 완성했다. 또 한양도성과 남한산성을 보수했고, 북한산성을 새로 쌓았다. 또 강화도에 50여곳의 돈대(높은 보루)를 설치했고 성을 쌓아 요새화했다. 영토도 확장했다. 세조 이후 버려진 폐4군 지역을 회복했고, 압록강 주변을 개척했다. 청나라와의 영토 분쟁 지역이었던 백두산에 정계비를 세웠다. 안용복이 일본인들과 충돌한 울릉도에 대해선 일본 정부와의 교섭을 통해 조선 영토임을 확인했다.

숙종 시기엔 상업 활동도 활발해졌다. 숙종은 인조 때 발행됐다가 사용이 중지된 상평통보를 다시 발행해 전국으로 유통시켰다. 상평통보의 가치는 은의 가치와 연동하는 은 본위제를 채택했다. 이에 따라 농업뿐이던 조선의 산업이 상업까지 확대됐다. 강명관 부산대 전 교수는 "이 시기 청나라, 일본 사이에서 중개무역도 활발히 벌였다. 청나라에서 비단실과 같은 사치품을 수

홍지문과 오간수문을 그린 정선의 〈수문천석〉(수문과 냇돌). 국립중앙박물관.

입해 2배 이상의 가격으로 일본에 판매했다. 일본에서 막대한 양의 은이 들어와 재정도 튼튼해졌다"고 말했다.

숙종은 과거의 역사적 상처를 치유하고 국가를 통합하기 위한 조처도 시행했다. 태종 이방원에 희생된 이방번, 이방석이 각각 무안대군, 의안대군으로 지위가 회복됐다. 이방원의 형으로 2대 왕에 올랐으나, 묘호를 받지 못했던 '공정대왕' 이방과에게 '정종'이란 묘호를 올렸다. 세조에 의해 폐위된 '노산군' 이홍위에겐 '단종'이란 묘호를 올렸다. 그와 함께 사육신을 복권시켜 제사를 지내게 했다.

그러나 '환국 정치'가 문제였다. '환국'은 정국 전환의 준말로 현대로 치면 정권 교체, 집권당 교체를 뜻한다. 숙종은 재위 기간에 3차례 환국 정치를 했다고 알려져 있다. 그러나 집권 직후에 서인을 몰아내고 남인 정권을 세운 것까지 포함하면 실질적으로 4차례의 '환국'을 했다. 1674년 서인→남인(집권 직후), 1680년 남인→서인(경신환국), 1689년 서인→남인(기사환국), 1694년 갑술환국(남인→서인) 등이었다.

환국 정치의 시작은 아버지 현종의 행장(죽은 뒤 쓰는 일대기) 문제였다. 현종의 행장을 맡은 대제학 이단하는 1~2차 예송(예법 논쟁)에 대해 쓰면서 송시열이 한 일에 대해 모호하게 적었다. 송시열은 이단하의 스승이었다. 그러자 숙종은 집요하게 송시열의 잘못을 현종의 행장에 적도록 지시했다. 1~2차 예송 때 아버지 현종이 송시열과 서인으로 인해 엄청난 스트레스를 받았기 때문이다. 이 행장을 계기로 숙종은 송시열을 유배 보냈고 서인들을 조정에서 대거 잘라냈다. 13살 새내기 왕이 67살 먹은 사림의 지도자와 집권당을 단박에 제압했다.

환국 정치에서 숙종은 붕당 정치에 적극적으로 개입했다. 왕의 정치 참여 자체가 문제는 아니었다. 그러나 환국 정치는 그 이전의 정치와 비교할 때 극단적이었다. 이긴 쪽이 권력을 독점하고, 진 쪽은 목숨을 내놔야 했다. 그 전에 붕당들이 공존하면서 주도권을 두고 경쟁한 것과는 딴판이었다. 이 과정에서 숙종은 극단적 정치를 조장하거나 활용했다. 왕 자신의 정치 주도권을 강화하기 위해서였다.

이익주 서울시립대 교수는 "숙종이 훌륭한 왕이었다면, 공정

숙종은 조선의 왕 가운데 명필이었다. 숙종이 초서로 쓴 경희궁 용비루의 현판 '교월여촉'(밝은 달이 촛불 같다). 국립고궁박물관.

한 태도로 붕당 사이의 극단적 싸움을 막아야 했다. 조선 역사상 붕당 사이의 다툼으로 사람을 죽이는 일은 많지 않았다. 일종의 신사 협정이 있었다. 그러나 숙종 시기엔 그것이 깨졌고, 숙종이 그것을 부추겼다"고 말했다.

홍순민 명지대 교수도 "숙종 이전엔 붕당이 공존하면서 견제와 균형을 했다. 그러나 숙종의 환국 정치에 따라 한쪽이 권력을 장악하면서 균형이 깨졌다. 왕이 정국을 주도하기 위해 선수로 뛰어든 것이 그 이전과 크게 달랐다"고 말했다.

숙종의 환국 정치는 그 뒤 영·정조의 '탕평 정치'로 이어졌다. 탕평은 숙종 이전 붕당 정치의 전통을 되살리고 붕당 간에 균형을 맞추려 한 일이었다. 그러나 이미 붕당 간의 갈등이 심각해졌고, 붕당 가운데 서인만 살아남았다. 정치의 영역은 더욱 좁아져 있었다.

숙종이 이런 문제점을 몰랐던 것은 아니다. 오히려 문제점을 누구보다 더 잘 알고 있었다. 4차례의 환국 정치를 끝낸 숙종이 집권 25년째인 1698년 밝힌 의견이다. "국가가 불행해 동인-서

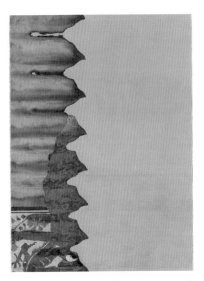

2점이 남아있던 숙종의 초상은 1954년 부산 창고 불로 얼굴을 알아볼 수 없게 타버렸다. 타고 남은 숙종의 초상. 국립 고궁박물관.

인을 표방한 이래 백년이 됐는데, 날이 갈수록 고질이 되고 있으니 한탄스럽다. 우리나라는 좁고 작은데다 문벌을 숭상해 사람을 등용하는 길이 이미 좁다. 그런데 한쪽이 진출하면 한쪽은 물러나 나라의 절반에 해당하는 사람들이 대부분 막혀있으니 어떻게 나라를 다스릴 수 있겠는가. 여러 신하들은 (…) 함께 나라를 다스려 나갈 계책에 힘쓰도록 하라."

숙종은 자신의 어진(왕의 초상)을 그리게 했고, 2점이 남아있었다. 그러나 불행히도 6.25전쟁이 끝난 직후인 1954년 부산의 창고에서 불탔다. 현재 숙종의 어진으로 추정되는 한 점이 부분적으로 남아있으나, 얼굴 부분이 불타 누구인지 알아볼 수 없다.

숙종은 경덕궁(현재 경희궁) 회상전에서 태어났고, 바로 옆 융복전에서 죽었다. 조선 후기에 경희궁이 이궁(제2궁)이었다는 점을 생각하면 특별한 일이다. 그는 아마도 경희궁을 고향 집처럼 생각했던 것 같다. 그래서인지 숙종은 재위 기간에 여러 차례 경희궁에 와서 지냈고, 경희궁을 크게 수리하기도 했다.

그러나 경희궁은 흥선대원군의 경복궁 재건 때 대부분 건물이 뜯겨 경복궁으로 옮겨졌다. 일제 때는 경성중학교(현재의 서울고등학교)와 일본인 주거지가 들어서 더 훼손됐다. 숙종이 태어난

숙종은 이궁이던 경희궁 회상전에서 태어났고 융복전에서 죽었다. 회상전과 융복전은 정전인 숭정전(사진) 바로 옆에 있었다. 문화재청.

회상전과 융복전은 내전 건물로 외전의 중심인 숭정전의 바로 동쪽에 있었다. 현재 그곳엔 회상전과 융복전이 없고, 일제 때 만든 방공호와 녹지만 있다.

제 4 부

비주류 영웅들과 외세의 공간

서울 남쪽과 용산

25

이방원, 사무친 원한을 다리에 새기다

광통교

　"의정부에서 보고했다. '옛 제왕의 능묘가 모두 도성 밖에 있
는데, 지금 (신덕왕후 강씨의) 정릉이 성 안에 있는 것은 적당하지
못하니, 밖으로 옮기게 하소서.' (왕이) 그대로 따랐다. 정릉을 도
성 밖 사을한(현 정릉동)의 산기슭으로 옮겼다."(《태종실록》, 1409
년 2월 23일)

　"큰비가 내려 물이 넘쳐 백성 가운데 빠져 죽은 자가 있었다.
의정부에서 보고했다. '광통교의 흙다리가 비만 오면 곧 무너지
니, 정릉 옛터의 돌로 다리를 만드소서' (왕이) 그대로 따랐
다."(《태종실록》, 1410년 8월 8일)

　"서선 등 6인이 제안했다. '종친과 각 품계의 서얼 자손은 높은
직책에 임명하지 말아 본처와 첩을 분별하소서.' 육조에서 의논

한양 제1의 다리였던 광통교엔 신덕왕후 강씨에 대한 태종 이방원의 원한이 깊이 새겨져 있다. 현재의 광통교는 이명박 서울시장 시절, 원래 위치에서 상류로 150m 옮겨졌다. 문화재청.

해 제안대로 시행하자고 결론 내렸다. 왕이 그대로 따랐다."(《태종실록》, 1415년 6월 25일)

이성계는 둘째 부인이었던 신덕왕후 강씨를 몹시 사랑했다. 강씨는 이성계보다 21살이나 젊었고, 조선 건국으로 가는 고비마다 이성계의 결단을 도왔다. 1392년 막내아들인 방석을 세자로 세우는 데도 정도전과 함께 친모인 강씨의 영향력이 가장 컸다. 1396년 강씨가 40살의 나이로 세상을 뜨자 이성계는 도성 한

도성 안에서 밖으로 내쳐진 신덕왕후 강씨의 정릉. 중구 정동과 성북구 정릉동은 모두 정릉에서 유래했다. 정릉은 병풍석과 난간석을 두르지 않는 등 왕릉의 법도를 잃었다. 국립문화재연구소.

복판인 취현방(현재의 정동)에 정릉을 조성하고 그 옆에 흥천사라는 절까지 지어 아침저녁으로 강씨의 명복을 빌었다.

그러나 강씨에 대한 이성계의 지극한 사랑은 결과적으로 강씨에게 재앙을 가져다줬다. 이성계와 강씨의 최대 실수는 1392년 10살짜리 막내아들을 덜컥 세자로 세운 일이었다. 1398년 8월 1차 왕자의 난을 일으킨 이방원은 정도전에 이어 강씨의 두 아들 방번, 방석, 강씨의 사위인 이제를 모두 죽였다. 강씨의 딸 경순공주는 머리를 깎고 중이 됐다. 이때 강씨가 죽임을 피한 이유는 이미 2년 전에 죽었기 때문이다.

정도전과 강씨 일파를 제거한 이방원은 도성 한복판 정동(정릉동의 준말)에 있던 강씨의 무덤을 눈엣가시로 여겼다. 아버지 이성계가 아직 태상왕으로 살아있던 1406년 4월 의정부에서 이런 요청을 올린다. "정릉이 서울 안에 있는데도 영역이 너무 넓으니 능에서 1백 걸음 밖에는 집을 짓도록 허락해주십시오." 사실상 이방원의 지시에 따른 요청이었다. 태종은 즉시 허락했다. 그러자 최측근인 좌의정 하륜이 사위들을 데리고 와서 정릉 주변 땅을 차지했다.

한 달 뒤 5월 태상왕 이성계는 정릉과 흥천사에 찾아가 음식을 올리고 한없이 눈물을 흘렸다. 자신이 사랑한 강씨가 묻힌 정릉 주변의 소나무가 마구 잘리고 하륜 등의 집이 지어지고 있었기 때문이다.

1408년 5월 이성계가 죽자, 이방원은 1년도 지나지 않은 1409년 2월 정동의 정릉을 파헤쳐 강씨의 무덤을 도성 밖 사을한(현 정릉동)의 산기슭으로 내쳤다. 아버지 이성계가 정성 들여 조성한 무덤의 병풍석과 난간석, 문무 석인 등은 옮기지 않았다. 새 정릉으로는 장명등(돌등)과 혼유석(상석) 등 최소한만 옮기도록 했다. 이에 따라 태조 시절 아름답게 꾸며졌던 정릉은 터를 옮긴 뒤 조선 왕릉 중 가장 초라한 무덤이 바뀌었다.

이방원은 이것으로 그치지 않았다. 2달 뒤인 1409년 4월엔 옛 정릉의 정자각(제사용 건물)을 허물어 태평관(중국 사신 접대 건물)을 새로 짓도록 했다. 옛 정릉의 봉분은 없애고 문무 석인은 땅에 묻으라고 지시했다. 1410년 8월엔 옛 정릉에 남아있던 무덤돌들을 무너진 광통교를 새로 만드는 데 쓰도록 했다. 현재 150m 상류로 이전된 광통교의 난간석과 교대석(버팀벽 돌) 일부는 1410

이성계가 만든 신덕왕후 강씨의 정릉 병풍석의 조각(위, 김규원)과 이방원이 만든 이성계의 건원릉 병풍석의 조각(아래, 문화재청)을 비교해보면, 두 사람이 들인 정성의 크기가 잘 드러난다.

년 정동의 정릉에서 가져온 무덤돌들이다. 이성계가 이 정릉에 들인 정성을 잘 보여준다.

광통교는 조선 한양의 제1 대로인 에 운종가(구름처럼 모이는 거리)에 놓인 다리였고, 주변에 시장이 형성돼 사람들의 통행이 많았다. 그래서 광통교의 다른 이름도 '운종교'였다. 이방원은 서울 사람들이 가장 많이 모이는 거리에 강씨의 무덤돌로 다리를 만들어 언제나 사람들이 밟고 다니도록 했다. 이 다리가 1410~1412년께 세워졌으니 2023년이면 611년 동안 짓밟히는 중

이성계는 왕비를 둘 뒀으나, 신의왕후는 개성에 묻혔고, 신덕왕후는 이방원의
원한으로 정릉동에 묻혔다. 이성계의 건원릉(위)과 이방원의 헌릉(아래). 문
화재청.

이다.

태종 시절에 확립된 서얼 차별이 강씨의 아들들에 대한 복수였다는 평가도 있다. 태종 때 펴낸 《태조실록》과 세종 때 펴낸 《정종실록》과 《태종실록》에선 신덕왕후 강씨의 아들들인 이방번과 이방석에 대해 '적자'라는 말을 전혀 쓰지 않았다. 대신 '서자'(10번, 양민 출신 첩의 아들)와 '얼자'(8번, 천민 출신 첩의 아들), '서얼'(7번, 서자+얼자) 7번, '유자'(1번, 어린 아들) 1번, 심지어 '고아'(1번)라는 표현까지 썼다.

사실 강씨는 이성계의 첩이 아니라 경처(서울 부인)였고, 이성계의 첫 왕비이자 조선의 첫 왕비였다. 이방원의 어머니인 신의왕후 한씨는 이성계가 왕이 되기 한 해 전인 1391년 죽었기 때문에 생전에 왕비가 될 수 없었다. 또 방번과 방석은 배다른 적자 동생들이었다. 그러나 이방원은 이 모든 사실을 부정했다.

정도전에 대해서는 조상 중에 천민이 있었다는 확인할 수 없는 소문까지 《실록》에 적었다. 1차 왕자의 난을 일으킨 1398년 8월26일 《태조실록》엔 정도전 등의 졸기가 실렸다. 여기엔 "정도전 외할머니의 아버지인 김전이 종 수이의 아내와 간통해 낳은 딸이 정도전의 외할머니"라는 내용이 들어있다. 정도전의 외할머니가 천민이므로 그 딸인 정도전의 어머니도 천민이고 그 아들인 정도전도 천민이라는 주장이다. 이 내용은 정도전의 생전엔 알려지지 않았던 이야기다. 그의 사후 꾸며진 이야기일 가능성이 있다.

강씨 아들들에 대한 복수 차원인지 서얼에 대한 차별은 태종 시절부터 본격화했다. 1402년 9월 예조전서 김첨의 보고서를 보면, "서자가 제사하지 않는 것은 그 종통(맏이 혈통)을 밝히는 것이다. (…) 종친(왕의 친족)은 종묘에서 제사하는 것을 허락하지 말라"고 돼 있다. 또 1413년 9월 대사헌 윤형의 상소를 보면, "(이성계의 배다른 형제인) 이원계, 이화 등의 자손에게 왕자, 왕손과 더불어 작위를 나란히 주는 것은 분별이 없다. 서얼 출신 천한 자들(이원계, 이화 집안)이 금지옥엽(이성계 집안)의 귀한 신분과 섞인다"고 말한다. 그런데 사실 적서의 원칙에 따르면, 배다른 형인 이원계가 적자이고, 배다른 동생인 이성계가 서자라고 볼 수도 있다.

19세기 대표적 서얼 지식인이었던 박제가. 공유 사진.

1415년 6월에 서선 등이 제안한 내용은 아주 짧지만, 조선의 서얼 차별 역사에서 가장 중요한 기록이다. "종친과 각 품계의 서얼 자손은 높은 직책에 임명하지 말아 본처와 첩을 분별하소서." 이 기록에 대해서는 다른 설명이 없어서 어떤 배경이나 맥락에서 나온 것인지 알 수 없다. 다만 이 제안이 당시 태종이나 조정 핵심 세력의 생각과 잘 맞았다는 점은 확실하다.

조선 초기에 이런 지배 세력의 생각은 1471~1485년 완성된 《경국대전》에 그대로 담겼다. "재혼하거나 간통한 부녀의 자손, 서얼의 자손은 문과(대과)를 응시하지 못하게 하라." 그리고 품계에 따라 양인 출신 첩 자손(서자)과 천민 출신 첩 자손(얼자)이 오를 수 있는 품계의 한계를 자세히 정해뒀다.

명문가 출신이면서 서얼 친구들이 많았던 박지원은 서얼 차별 폐지를 주장하는 글을 썼다. 공유 사진.

그러나 양반을 아버지로 두고도 어머니가 둘째, 셋째 부인이라는 이유로 관리로서의 성장을 가로막은 이 제도에 대한 비판은 거셌다. 조선 초중기부터 성혼, 이이, 류성룡, 조헌, 이항복, 허균, 최명길 등 당대의 유명 대신들이 모두 서얼 제도의 문제점을 고발했다.

개혁가이자 문장가였던 허균은 1613년 책《성소부부고》에 쓴 글에서 서얼 문제를 매섭게 비판했다. "하늘이 준 재능은 균등한데, 대대로 벼슬하던 집안과 과거 출신으로만 한정하니 항상 인재가 모자라서 애태운다. 시간이 오래고 세상이 넓지만, 서얼 출신이라고 인재를 버리고 어머니가 재혼했다고 그 재능을 쓰지 않는다는 이야기는 듣지 못했다. 원망하는 사내와 홀어미들이 나라 안에 절반이나 된다."

1625년 부제학 최명길의 상소도 많은 공감을 불러일으켰다. "하늘이 인재를 낼 때는 귀천의 구분이 없고, 왕이 사람을 쓸 때는 가문의 지위에 얽매이지 않는다. 하늘의 이치여서 어떤 왕도 바꿀 수 없다. 한 사람이 원망을 품어도 화합의 기운을 해치는데, 그 수가 헤아릴 수 없이 많다." 1696년 이조판서가 된 최명길의 손자 최석정도 할아버지와 같은 내용의 상소를 썼다.

조선 후기 최대의 문장가였고, 서얼 지식인들의 친구였던 박지원도 1700년대 후반 공개하지 않은 상소를 썼다. "서얼 금고법(제한법)은 옛날에도 그런 법이 없고, 예법과 형법을 뒤져봐도 근거가 없다. 처음에 한 사람의 감정에서 나온 것일 뿐 건국 당시 정한 제도가 아니었다. 아아, 서얼로 태어나면 세상의 큰 치욕이 된다. 높은 직책을 금지하니 조정과 멀어지고, 호칭을 제대로 부르지 못해 가정에서도 핍박을 받는다."(〈서얼 폐지를 청하는 상소(의청소통소)〉)

서얼 차별의 폐지는 조선 후기에 국가적 이슈가 됐다. 1695년 서얼 988명(천인소)의 상소를 시작으로 1724년 260여 명, 1772년엔 3천여 명, 1773년과 1778년엔 두 차례 3738명, 1823년 9996명(만인소)이 상소했다.

그러나 결국 조선은 동학농민혁명이 일어난 1894년이 돼서야 이 문제를 풀었다. 일제의 주도로 시행한 갑오개혁에서 양민-천민과 적자-서얼의 차별을 폐지한 것이다. 서얼 차별이 나온 지 479년 만이었다. 너무 늦은 개혁이었다.

26

이순신은 왜 선조의 명령을 거부했나?

건천동

"왜적의 우두머리(고니시 유키나가)가 손바닥을 펼쳐 보이듯 가르쳐주었는데도 우리나라는 해내지 못하였으니 참으로 천하에 용렬한 나라다. (…) 한산도의 장수(이순신)는 편안히 누워서 어떻게 할지를 모르고 있다. (…) 우리나라는 다 됐다. 아, 이제 어떻게 하겠는가? 아, 어떻게 하겠는가? 아, 어떻게 하겠는가?"(〈선조실록〉, 1597년 1월 23일)

"이순신은 조정을 속이고 임금을 무시한 죄, 적을 놓아주고 치지 않음으로써 나라를 저버린 죄, 심지어 남의 공로를 가로채고 또 남을 죄에 몰아넣은 죄가 있다. 신하로서 임금을 속인 자는 반드시 죽이고 용서하지 말아야 한다. 이제 끝까지 국문해 그 내막을 밝혀낸 뒤 어떻게 처리할지를 대신들에게 물어보라."(〈선조실록〉, 1597년 3월 13일)

임진왜란의 첫 전투인 부산진성 싸움에서 조선군을 격파한 왜군은 부산진 일대에 왜성을 쌓아 사령부로 삼았다. 영조 시절 부산진성 싸움을 그린 〈부산진순절도〉. 문화재청.

이순신 초상화. 부산 동아대 박물관.

"그대의 공로와 업적은 임진년의 큰 승첩이 있은 후부터 크게 떨쳐서 변방의 군사들은 마음속으로 그대를 만리장성처럼 든든하게 믿어왔다. 지난번에 그대의 직책을 교체하고 그대에게 죄를 이고 백의종군하도록 한 것은 역시 나의 모책이 좋지 못했기 때문에 그렇게 된 것이다. 그 결과 오늘의 이런 패전의 욕됨을 만나게 됐다. 더 이상 무슨 말을 하겠는가? 더 이상 무슨 말을 하겠는가?"(선조, 이순신에게 내린 교서, 1597년 7월 23일)

"저 임진년부터 5~6년 동안 적들이 감히 전라도와 충청도로 바로 쳐들어오지 못한 것은 수군이 그 길목을 누르고 있었기 때문입니다. 지금 신에게는 아직 12척의 배가 남아 있습니다. 죽을 힘을 다해 맞서 싸운다면 오히려 해볼 만합니다. 전선의 수는 비록 적지만, 신이 죽지 않았으니 적이 감히 우리를 업신여기지 못할 것입니다."(이순신, 선조에게 올린 장계, 1597년 9월)

1592년 4월 임진왜란이 터진 뒤 2달 남짓 만에 선조 이연은 명나라와의 국경 도시인 의주까지 달아났다. 당시 왜군은 이미 평양을 점령한 상태였다. 심지어 선조는 압록강을 건너 명나라로 망명하려 했지만, 신하들의 반대로 건너지 못했다. 이때 선조를 망국의 치욕에서 구한 것은 전라 좌도 수군 절도사(전라도 동부

해군 사령관) 이순신의 해전 승리와 각지 의병들의 싸움, 그리고 명군의 참전이었다. 특히 이순신의 잇따른 해전 승리는 왜군이 호남의 곡식과 서해안의 보급로를 확보하지 못하게 했다는 측면에서 전세를 뒤집는 데 결정적이었다.

그러나 1593년 4월 조-명 연합군이 한양을 탈환하고, 5월 일본군이 부산 쪽으로 대거 후퇴하면서 전쟁은 대치전 양상으로 전환됐다. 이때부터 1596년 말까지 3년 동안 명과 일본은 종전 협상을 벌였다. 그러

우타가와 요시이쿠가 그린 고니시 유키나가의 초상화. 위키피디아.

나 양쪽 요구 사항의 차이로 협상은 결렬됐다.

결국 1597년 1월 왜군은 정유재란을 일으켜 다시 전면전이 시작됐다. 이때 조선에선 이순신과 선조가 정면 충돌했다. 두 사람의 갈등을 촉발시킨 사건은 정유재란의 선봉장이었던 가토 기요마사 부대의 상륙을 바다에서 막을 것인가 하는 문제였다. 가토 기요마사는 임진왜란 때 고니시 유키나가 부대와 함께 일본군의 주력, 선봉 부대였다. 특히 가토는 도요토미 히데요시의 부하 가운데 강경파의 대표자였다. 일본으로 철수했던 가토 부대가 가장 먼저 부산으로 돌아올 것을 조선에 알려준 것은 경쟁자이자 협상파였던 고니시 쪽이었다. 정확히는 고니시와 그 사위인 쓰시마 영주 소 요시토시 쪽이었다.

류성룡이 지은 〈징비록〉엔 당시 상황이 적혀있다. 고니시의 부하인 요시라(가케하시 시치다유)가 몰래 김응서(김경서) 경상 우

이순신을 발탁했다가, 죽음으로 몰았다가, 다시 삼도수군통제사로 임명한 선조 이연의 초상화. 위키피디아.

도 병마 절도사(경상도 서부 육군 사령관)를 찾아왔다. 요시라는 "고니시 장군이 '이번에 종전 협정이 이뤄지지 못한 것은 가토 때문이다. 나도 그를 제거하고 싶다'고 말했다. 며칠 뒤 가토가 바다를 건너올 예정이라고 한다. 해전에 뛰어난 조선 군사가 나선다면 반드시 이를 격퇴할 수 있다. 놓치지 말라"라고 말했다.

김응서는 이 내용을 조정에 알렸다. 1597년 1월 2일《선조실록》을 보면, "1일 경상 우병사 김응서의 '비밀 장계'에 대해 왕이 대신들을 불러 '편전(집무실) 밖에서' 회의하도록 했다. 머리를 맞대고 일을 모의했으나 한 가지 꾀도 내지 못하자, 왕이 그만두게 하고 비변사로 가서 회의하도록 했다." 선조는 이번 일에 엄격히 보안을 지키도록 지시했다. "이번 일은 매우 비밀스럽게 해야 한다. 사관은 우선 책에 쓰지 말 것이며 비변사도 가져다 보지 말라."

고민 끝에 선조는 이 작전을 허락한다. "이 일은 조정이 허락할지 말지만 결정할 뿐, 허다한 절차를 멀리서 지휘하기는 어려울 것 같다. 이원익 체찰사에게 급히 편의에 따라 시행하게 하라. 일이 성공하면 마땅히 김응서와 이순신의 최고 공적으로 삼을 것이다. 이런 뜻을 각별히 두 사람에게 내리는 왕명에 써넣도록 하라."

왜군 장수 고니시 유키나가는 경상우도 병마절도사 김응서(김경서)에게 가토 기요마사의 조선 상륙 계획을 알렸다. 김경서의 초상화. 위키피디아.

당시 이순신은 이 지시를 받고 어떻게 생각했는지 알 수 없다. 다만, 정확한 날짜를 알 수 없는 1597년 1월 이순신의 보고가 〈선조수정실록〉에 나온다. "통제사 이순신이 보고했다. '흉적이 그대로 변경에 있으면서 아직도 틈을 노리어 침략할 계책을 품고 있으니 참으로 분개스럽습니다. 신이 수군을 뽑아 거느리고 부산 근처로 나아가 주둔하며 적이 오는 길을 차단하고 일사의 결전을 해서 하늘에 사무친 치욕을 씻고자 합니다. 만일 지휘할 일이 있거든 급히 다시 알려주십시오.' 듣는 자들이 모두 장하게 여겼다."

그 사이에 요시라는 다시 김응서에게 와서 가토가 조선으로 건너오는 것을 막을 준비가 됐느냐고 묻는다. 1월 19일 《실록》

을 보면, 1월 11일 요시라가 다시 와서 고니시의 뜻을 전했다. "가토가 7천명의 군사를 거느리고 4일에 이미 쓰시마에 도착했는데 순풍이 불면 곧 바다를 건넌다고 한다. 전일에 약속한 일은 이미 갖추었는가? 수군이 속히 거제도에 나아가 정박했다가 가토가 바다를 건너는 날을 엿봐야 한다."

그러나 결국 이순신은 부산으로 출동하지 않았다. 가토는 무사히 바다를 건넜다. 1월 21일 《실록》을 보면, 도체찰사 이원익이 이렇게 보고했다. "기장 현감 이정견의 급보에 '가토가 이달 13일에 다대포에 도착해 정박했는데 먼저 온 배가 2백여 척이다. 고니시가 '조선의 일은 늘 이렇다. 이런 기회를 잃었으니 매우 애석한 일이다'라고 말했다."

이순신은 왜 출동하지 않았을까? 이에 대한 이순신의 당시 기록은 남아있지 않다. 《난중일기》는 1596년 10월 12일부터 이순신이 체포돼 서울에서 조사를 받은 1597년 3월까지 빠져 있다.

당대의 기록은 아니지만, 윤휴(1617~1680)가 쓴 '통제사 이충무공 유사'엔 이순신이 출동하지 않는 이유를 이렇게 보고했다고 적었다. "한산도에서 부산까지 가다보면 도중에 반드시 적진을 거쳐 우리의 형세가 파악됩니다. 또 부산에서는 바람을 안고 적과 싸워야 해서 불리합니다. 어찌 적의 말을 믿고 전쟁을 시험 삼아 해볼 수 있겠습니까?" 군사적 위험성 때문에 부산 앞바다에 출동하지 않았다는 이야기다.

1597년 1월 당시의 기록은 아니지만, 선조와 이순신의 서로 다른 생각을 보여주는 기록도 있다. 3년 전인 1594년 9월 3일 《난중일기》다. "새벽에 비밀 왕명이 들어왔는데, '수군과 육군의 여러

조선 수군 사령부인 삼도 수군 통제영이 있던 한산섬. 문화재청.

장수들이 팔짱만 끼고 서로 바라보면서 한 가지라도 계책을 세워 적을 치려고 하지 않는다'는 것이었다. 3년 동안 해상에 있으면서 절대로 그런 일이 없었다. 다만, 험한 소굴에 웅거하고 있는 왜적 때문에 가볍게 나아가지 않을 뿐이다." 윤휴가 쓴 내용과 비슷한 맥락이다.

이런 심정을 담은 이순신의 시도 전한다. 제목이 없고, 지은 시기도 알 수 없다. 다만, 내용을 보면 이순신이 1597년 2월 26일 체포된 뒤에 쓴 것으로 보인다. "산하는 참혹함으로 휩싸였고/물고기와 새들도 슬픔을 노래한다/나라는 엉망진창인데/맡아서 위기를 돌릴 사람이 없다// (…) 원수 막으려 여러 해 했던 일들이/오늘 임금을 속인 일이 됐구나."

1월 23일부터 조정은 가토의 뱃길을 막지 않은 이순신에 대한

성토로 부글부글 끓는다. 심지어 그의 절친인 류성룡마저 이순신을 외면한다. 결국 이순신은 2월 26일 한산도 통제영(해군본부)에서 체포돼 3월 4일 한양의 감옥에 갇혔다. 3월 12일 국문(고문 조사)을 당했고, 3월 13일 선조는 "이순신을 죽어야 한다"고 말했다. 우의정 정탁이 간절한 구명 상소를 올렸다. "장수는 국가의 안위와 관계되므로 함부로 큰 벌을 줘서는 안 된다. 아끼고 보호해야 한다"는 내용이었다. 이순신은 4월 1일 석방됐고, 권율 도원수를 따라 백의종군했다.

7월 15일 칠천량에서 원균이 이끄는 조선 수군이 대패했다. 왜군은 남해를 장악하고 호남과 충청으로 쳐올라갔다. 선조는 칠천량 참패의 소식을 들은 당일인 7월 22일 바로 이순신을 다시 삼도 수군 통제사(해군 총사령관)로 임명했다. 넉 달 전 이순신을 죽이려 했던 일에 대한 사과의 글도 함께 보냈다. 9월 18일 이순신은 전남 진도와 해남 사이 명량에서 13척 수군으로 130여 척의 왜군을 격파해 다시 왜군의 서해 진출을 막았다. 왜군의 북상도 충청도 직산에서 멈췄다. 조-명 연합군이 다시 반격을 시작했다.

이순신의 고향은 충남 아산으로 알려져 있는데, 아산은 어머니 초계 변씨의 고향이다. 이순신은 10대 때부터 과거에 합격한 31살까지 충남 아산군 염치읍 백암리, 현재의 현충사 일대에서 살았다. 애초 서울에 살았던 이순신의 부모는 이순신이 10대일 때 가족들을 데리고 백암리로 이주했다. 아마도 변변한 직업이 없던 아버지 이정이 서울 생활을 감당하기 어려웠기 때문인 듯하다.

이순신이 젊은 시절을 보낸 아산의 옛집은 부인 방씨의 집(처가)으로 추정된다. 문화재청.

현재 현충사 안에 남아있는 이순신 옛집은 어머니 초계 변씨의 집(외가)이 아니라, 이순신이 20살에 결혼한 부인 상주 방씨의 집(처가)이었던 것으로 알려져 있다. 이순신이 데릴사위였다는 뜻이다. 이순신이 과거 시험을 준비하는 비용도 군수를 지낸 장인의 도움을 받았을 가능성이 크다. 넉넉지 않았던 아버지 이정과 아들 이순신 모두 처가살이를 한 것이다.

아버지 쪽 고향은 서울이다. 대대로 개성 부근에 살았던 이순신 집안은 증조부인 이변 때 한양으로 이주했고, 조부 이백록이 한성부 남부 낙선방 건천동(마른냇골)에 자리를 잡은 것으로 알려져 있다. 이순신도 건천동에서 태어났다.

이순신은 건천동에서 류성룡과 어린 시절을 함께 보냈다는 점

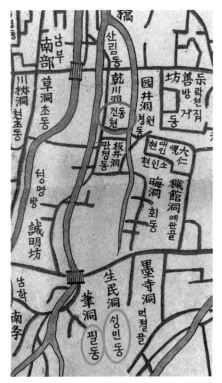

1901년 제임스 게일의 〈한성부 지도〉를 보면, 이순신이 태어난 건천동은 필동천과 생민동천 사이에 있었다.

은 매우 중요하다. 류성룡은 이순신보다 3살이 더 많았는데, 이순신을 높이 평가했다. 그래서 1591년 정읍 현감(종6품)이던 이순신을 추천해 전라 좌도 수군 절도사(정3품)로 임명되도록 했다. 이런 파격적 인사는 류성룡 없이는 설명할 수 없다.

이순신이 태어나 10대까지 살았던 건천동은 현재의 서울 중구 인현동 일대다. 조선시대 지도를 보면, 건천동(마른냇골)은 현재의 세운상가(마른내로6길 추정)를 따라 흐르던 생민동천(건천)과 마른내로4길, 을지로18길을 따라 흐르던 필동천 사이에 표시돼 있다. 따라서 이순신의 집도 생민동천과 필동천 사이에 있었을 것이다.

남해는 '이순신의 바다'라고 할 정도로 곳곳에 이순신의 자취가 깊게 배어있다. 그 중에서도 가장 중요한 곳을 꼽는다면 전라 좌수영(전라 동부 해군 사령부, 1591년 2월~1593년 7월)이 있던 전남 여수시와 삼도 수군 통제영(해군 총사령부, 1593년 7월~1597년 7월)이 있던 경남 통영시 한산도다. 현재 여수의 좌수영 자리엔 진남관이 있고, 한산도 통제영 자리엔 제승당과 그 유명한 수

이순신이 나고 자란 서울 건천동은 현재의 서울 중구 인현동 일대다. 김규원.

루가 있다. 삼도 수군 통제영은 왜란이 끝난 뒤인 1604년 현재의
경남 통영시 세병관 일대에 다시 마련됐다. 통영이란 도시 이름
이 통제영에서 나왔다.

27

연암과 백탑파 친구들, 개천에서 놀다

청계천

"드디어 현현을 지나는 길에 찾아가 술을 더 마시고 크게 취하여 운종교(광통교)를 거닐고 난간에 기대어 서서 옛날 일을 이야기했다. 당시 정월 보름날 밤에 유연이 이 다리 위에서 춤을 추고 나서 이홍유의 집에서 차를 마셨다. 유득공이 장난삼아 거위의 목을 끌고 와 여러 번 돌리면서 종에게 분부하는 듯한 시늉을 하여 웃고 즐겼다. (…) 다시 수표교에 당도하여 다리 위에 줄지어 앉으니 달은 바야흐로 서쪽으로 기울어 순수하게 붉은 빛을 띠었다. 별빛은 더욱 흔들흔들하며 둥글고 커져서 마치 얼굴 위에 방울방울 떨어질 듯했으며, 이슬이 짙게 내려 옷과 갓이 다 젖었다."(박지원,《연암집》중 '취해 운종교를 걷다', 1781년 7월 13일)

1781년 7월 13일 밤 서울 새문(서대문) 밖 평계(종로구 평동) 연암 박지원(1737~1805)의 집에 박제가의 형 박제도가 이덕무, 이

19세기 말 광통교를 지나는 고종의 행차. 광통교는 서울의 제1 대로에 놓인 제
1 다리였다. 경기도박물관.

희경, 이희명, 원유진 등을 데리고 와서 술을 한 잔 하려고 했다.
그런데 당시 호조 참판이던 서유린이 먼저 와 있었다. 박제도와
서유린은 별로 친분이 없었는지 서로 데면데면하고 앉아있다가
결국 박제도가 먼저 일어나버렸다.

　한참 뒤 박제도가 보낸 아이가 박지원에게 다시 와서 말했다.
"손님(서유린)이 이미 떠나셨을 거라면서 여러 분들이 거리를 산
보하다가 선생님이 오시기를 기다려 술을 마시려고 한답니다."
그때까지 앉아있던 서유린은 웃으며 "나를 쫓아내려는군요"라
고 말하고 떠났다. 다시 만난 박제도는 "달이 밝아서 집에 찾아
왔는데, 술을 마련해 환대하지 않고 유독 귀인(서유린)만 붙들고
이야기하면서 오래도록 밖에 서있게 하니 어쩌자는 거요"고 정

옛 수표교 자리엔 수표교를 본딴 나무다리가 놓여있다. 진짜 수표교는 장충단 공원에 옮겨져 있다. 문화재청.

답게 나무랐다.

　박제도가 산 술을 마신 뒤 이들은 운종가(구름처럼 모이는 거리, 종로1가 네거리)로 가서 종루(종각) 아래서 달빛을 밟으며 거닐었다. 이때 종루의 밤 종소리는 이미 3경 4점(밤 12시 36분)을 지나 달은 더욱 밝고 사람 그림자는 길이가 모두 열 발이나 늘어졌다. 이때 박지원이 광통교에서 회상한 유연과 이홍유, 유득공의 대보름 놀이는 6년 전이었으니 대략 1775년의 일이었다. 그때 무슨 일이 있었을까?

　1770년대에 박지원은 전의감동(서울 종로1가 종로타워 부근 또는 조계사 부근)에 살았다. 대략 1768년부터 박지원이 가족들과 함께 황해도 금천 연암골로 들어간 1778년까지 10년가량이었다. 이때 박지원은 나중에 '북학파'라고 불리는 친구들과 어울렸다. 그러나 당대에 이들의 모임은 '북학'(청나라 학문)보단 '백탑'(흰탑, 원각사지 10층 석탑)이란 이름으로 더 알려져 있었다. 이들의 모임 이름을 '백탑시사'(흰탑 시모임)라고 불렀기 때문이다. 당시 '백탑'은 서울 4대문 안의 초고층 랜드마크였다.

박지원은 이 모임 이야기를 두 군데 남겼다. 하나는 자신의 《연암집》에 실린 '여름날 밤 잔치'(하야연기)이고, 둘은 아들 박종채가 《과정록》(번역본 《나의 아버지 박지원》)에 실었다. 《과정록》의 다음 이야기가 더 흥미진진하다.

1771년 11월 겨울, 남산 아래 영희전(서울 중부경찰서 자리) 부근 홍대용의 집에 박지원과 김억이 모였다. 홍대용은 거문고, 가야금 연주에 뛰어났고, 김억은 당대 최고의 연주자이자 가수였으며, 박지원도 홍대용의 집에 있던 구라철현금(유럽철현금, 양금)을 연주할 줄 알았다. 새로 연주법을 익힌 구라철현금을 다른 악기들과 맞춰 연주해보려는 자리였다. 말하자면, '구라철현금 합동 연주회' 같은 것이었다.

그런데 그 자리에 김용겸이 갑자기 찾아왔다. 김용겸은 장동 김씨인 영의정 김수항의 손자이자 김창즙의 아들로 장악원(국립음악원)에서 일했고, 나중에 참판(차관)을 지냈다. 백탑파의 장로노릇을 하고 있었다. 김용겸은 세 사람의 양금, 생황 연주를 듣다가 책상 위의 구리 쟁반을 두드리며 《시경》의 '벌목'장을 노래했다. "나무하는 소리 쩡쩡 들려오고 새들은 서로 지저귀는구

1910년 단소와 해금, 거문고, 양금을 연주하는 조선 음악인들(오른쪽부터). 서울역사아카이브.

나. 그윽한 계곡에서 나와 큰 나무 위로 날아가네. 그 지저귀는 울음소리는 벗을 찾는 소리라네…” 통상 친구들을 초대한 잔치에서 부르는 노래였다.

그런데 노래를 마친 김용겸은 일어나 나가더니 돌아오지 않았다. 박지원과 홍대용이 나가서 찾았으나 보이지 않았다. 하는 수 없이 김용겸의 집 쪽으로 가고 있었는데, 김용겸이 수표교 위에 앉아 거문고를 무릎 위에 올려놓고 달 구경을 하고 있지 않은가? 그래서 악기와 술상을 수표교로 옮겨 김용겸과 함께 놀다가 헤어졌다. 박지원은 아들에게 “김용겸 선생이 돌아간 뒤에는 다시는 이런 운치 있는 일이 없었다”고 말했다.(박종채,《나의 아버지 박지원》, 1998)

다리 난간이 없는 1894년 이전의 수표교. 이 다리 위에서 박지원과 친구들이 달과 음악을 즐겼다. 멀리 보이는 다리는 장통교. 서울시청.

　이런 작은 연주회는 이날만이 아니었다. 어느 여름날 밤에도 박지원은 국옹(누룩늙은이, 이한진 추정)과 함께 홍대용의 남산 아래 집에 찾아갔다. 이날도 음악인 김억이 찾아와 함께 연주를 했다. 홍대용은 가야금을, 김억은 거문고를 연주했고, 국옹은 노래를 불렀다. 국옹은 노래가 절정으로 치달을 때 옷을 벗고 두 다리를 쭉 뻗기도 했다.

　박지원은 이보다 앞선 여름에도 홍대용의 집에 갔다가 특별한 연주에 참여했다. 홍대용이 연주자인 연익성과 거문고에 대해 토론하고 있었다. 그런데 갑자기 구름이 몰려들고 천둥이 쳤다. 그러자 홍대용은 연익성에게 "이것은 무슨 소리에 속하는가"라고 물으며, 천둥소리에 맞춰 거문고 연주를 시작했다. 박지원

영조 때의 청계천 준설은 주변 지역에 엄청난 변화를 가져왔다. 오간수문(다섯 칸 수문) 부근에
서 청계천 바닥을 파는 사람들의 모습. 부산시립박물관.

도 그 연주에 맞게 가사를 지었다. 일종의 즉흥 합동 연주였다.

이 시절, 박지원을 비롯한 백탑파의 청계천 활동은 어떤 의미가 있는 일일까? 조선시대에 청계천 지역은 5부 가운데 '중부'에 해당하는 곳으로 사대부들이 거주했던 나머지 4부보다 수준 낮은 곳으로 여겨졌다. 개천가 지역이었기 때문에 평민이나 빈민들이 많이 살았다. 사대부들은 홍수나 전염병 우려가 큰 천변에 살지 않았다. 그런데 그런 우려를 뒤집은 일이 벌어졌다.

1760년 영조가 청계천을 대규모로 준설했다. 그해 2~4월 두 달 동안 연인원 21만 명을 동원해 청계천에 쌓인 모래를 파내고 청계천 양쪽에 돌로 제방을 보강했다. 그리고 준천사를 설치해 2~3년에 한 번씩 청계천을 계속 준설하고 관리하도록 했다. 이 사업을 통해 홍수의 위험이 낮아졌고, 위생 상태도 개선됐다. 이 대규모 준설은 청계천을 도성 안 중심으로 우뚝 세웠다. 이것은 2003~2005년 이명박 서울시장의 청계천 복원이 청계천 주변 낡은 지역의 재개발을 촉진한 일과 비슷했다.

청계천 준설 이후의 변화는 조선시대 문헌에 잘 나타난다. 이를 잘 그려낸 글이 바로 강이천의 〈한경사〉(서울노래)다. 〈한경사〉는 모두 106편의 연작시로 18세기 말 서울의 풍경을 묘사하고 있다.

바로 이런 분위기 속에서 박지원과 백탑파 친구들의 활동이 벌어졌다. 이들은 그 전까지 존재했던 두 가지 금기를 깼다. 첫째는 청계천이 사대부가 찾아갈 만한 곳이 되지 못한다는 인식을 깨고 자신들의 연주나 가무, 음주, 산책의 무대로 삼았다. 물론 이들의 집은 여전히 북촌과 남촌이었다. 박지원 유득공, 이덕

청계천 준천 뒤 활성화한 광통교 부근의 그림가게에서 팔던 중국풍의 〈곽분양 행락도〉 병풍 그림. 국립중앙박물관.

무, 이서구는 종로 이북의 백탑 부근에 살았고, 홍대용, 박제가
는 영희전 부근 남촌에 살았다.

둘째 계급 장벽을 뛰어넘었다는 점이다. 백탑파 멤버 가운데
박지원과 홍대용, 이서구는 집권당인 노론의 아들들이었지만,
이덕무, 박제가, 유득공 등은 서자 출신이었다. 이들은 계급이
달랐지만 형제처럼 어울렸다. 박지원은 서자 차별 폐지를 요구
하는 글을 발표하기도 했다.

이들은 함께 북학파로 새로 태어났다. 이를 앞장선 인물은
가장 나이가 많은 홍대용(1731~1783)이었다. 홍대용은 1765년 연
경(베이징)에 다녀왔고, 조선 3대 연행록으로 꼽히는 《을병연행

보호 장치를 세우기 전과 후의 백탑(원각사지 10층 석탑). 문화재청.

록》(한국어)을 썼다. 다른 2편은 김창업의 《노가재연행일기》, 박
지원의 《열하일기》다. 그의 연행 경험은 그 뒤로 연행을 떠난
박지원과 박제가, 이덕무, 유득공에게 큰 영향을 줬다. 홍대용
은 천문, 경제, 음악, 교육 등 여러 방면에 뛰어난 지식을 갖고
있었다.

　박제가와 유득공, 이서구도 1778년 연행을 다녀왔다. 박제가
는 가장 강력한 북학 개혁론자로 《북학의》를 썼으며 중국어 공
용어론을 펴기도 했다. 유득공은 《발해고》를 써서 통일신라시
대를 발해와의 '남북국 시대'로 새롭게 정의하는 업적을 남겼다.
이들 세 사람과 서이수 등 4명의 서자들은 정조 시절 규장각 검
서관으로 이름을 떨쳤다.

이어 박지원은 1780년 연행을 다녀와 불후의 명작인 《열하일기》를 썼다. 《열하일기》는 연행록에서뿐 아니라, 한국 역사상 산문 가운데 가장 뛰어난 작품의 하나로 꼽힌다. 박지원은 이밖에 《양반전》 등 10여 편의 사회 비판 소설을 쓰기도 했다.

그러나 거기까지였다. 지식과 경험이 뛰어났던 이들은 정조의 죽음, 신분의 한계 등 이유로 중용되지 못했다. 북학을 바탕으로 한 사회 개혁이라는 이들의 원대한 희망은 거의 실현되지 못했다. 백탑파로서의 활동이 두드러지지 않았던 이서구 정도가 우의정까지 올랐을 뿐이다.

이들의 활동은 후손들로도 이어졌다. 박지원의 손자 우의정 박규수는 19세기 말 개화파의 지도자로 김옥균, 홍영식, 박영효 등 개화 운동가들을 길러냈다. 유득공의 아들 유본예는 서울의 대표적 역사지리서인 《한경지략》을 썼으며, 이덕무의 손자인 이규경은 《오주연문장전산고》를 썼다. 박제가는 김정희를 길러냈다. 그러나 후손들도 백탑파의 이상을 실현하진 못했다.

백탑파의 활동 무대였던 청계천 광통교는 2000년대 초 청계천 복원 과정에서 150m 상류 쪽으로, 수표교는 1959년 청계천 복개 과정에서 장충단공원으로 옮겨졌다. 광통교와 수표교가 박지원이 거닐었던 원래 자리로 다시 옮겨질 가능성은 현재로서는 낮아 보인다.

28

위대한 지도 남기고 연기처럼 사라진 김정호

약현

"백성이 여행하고 왕래하는 데 무릇 수로나 육로의 험하고 평
탄함에 따라 나아가고 피하는 것을 몰라서는 안 된다. 세상이 어
지러우면 이를 말미암아서 쳐들어오는 적을 막아 강폭한 무리들
을 제거하고 시절이 평화로우면 이로써 나라를 경영하고 백성을
다스리니 모두 내 글을 따라서 취하는 것이 있을 따름이라고 하
였다."(김정호, 〈대동여지도〉 머리글 '지도유설', 1861년)

2022년 5월 22일부터 8월 7일까지 서울역사박물관에서 '명품
도시 한양 보물 100선'이란 전시회가 열렸다. 서울역사박물관 개
관 20년을 기념한 이 전시회엔 《용비어천가》 등 보물 15점, 유형
문화재 25점 등 귀중한 작품들이 여럿 선보였다.

그중에서도 단연 눈에 띈 작품은 김정호(1804?~1866?)의 〈대동
여지도〉와 〈동여도〉다. 한국에서 김정호의 〈대동여지도〉를 모

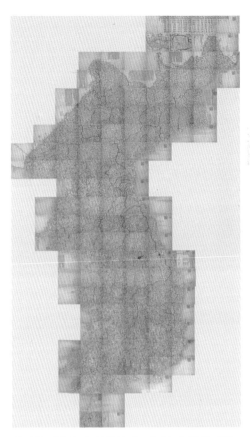

목판본 〈대동여지도〉보다 더 먼저 만들어진
손글씨본 〈동여도〉. 서울대학교 규장각.

김정호 지도의 완성이라고 할 목판본 〈대동여
지도〉 22책을 펼친 모습. 위키피디아.

르는 사람은 거의 없다. 그러나 실제 〈대동여지도〉를 본 사람도
거의 없다. 이 전시가 뜻깊은 것은 〈대동여지도〉와 〈동여도〉의
원본을 한자리에서 볼 수 있다는 점이었다.

　원본의 특별한 점은 그 크기에 있다. 〈대동여지도〉나 〈동여
도〉나 22첩(22개 가로 접이식 책)으로 돼 있는데, 모두 펼쳐 붙였
을 때 높이가 6.6m, 너비가 4m에 이른다. 〈대동여지도〉의 경우
모두 227면을 붙인 것인데, 한 면이 표시하는 실제 크기는 높이

〈대동여지도〉는 22개의 접이식 책을 모두 펼쳐야 온전한 모습이 나타난다. 길이 6.6m, 너비 4m에 이른다. 접은 상태의 〈대동여지도〉. 서울역사박물관.

120리(50.4㎞), 너비 80리(33.6㎞)다. 축척은 1 대 16만 정도다. 현재 〈대동여지도〉는 30질가량 남아있음에도 이 거대한 크기 때문에 상설 전시하는 곳이 없다. 6.6m는 2층 건물 높이이고, 넓이도 26.4㎡(8평)나 차지한다.

또 〈대동여지도〉 한 편에 실린 지명 등 단어는 판본에 따라 조금씩 다르지만, 대략 1만 3천 개 정도 된다. 〈동여도〉는 이보다 훨씬 많아 1만 9천 개가 적혀있다. 이보다 앞선 〈청구도〉는 1만 5천 개의 단어가 적혀있다. 〈대동여지도〉는 목판으로 찍은 것이어서 단어가 비교적 적게 들어갔고, 대신 14개의 기호를 사용했다. 작은 글자를 목판에 볼록새김하기는 어렵기 때문이다. 반면, 〈동여도〉나 〈청구도〉는 손글씨본(필사본)이어서 더 많은 단어가 들어갈 수 있었다.

서울역사박물관 박현욱 학예부장은 "인공위성과 같은 과학기술이 없을 때 어떻게 이렇게 정밀한 지도를 만들었는지 놀랍다. 지도에 담긴 정보량도 엄청난 수준이다"라고 말했다.

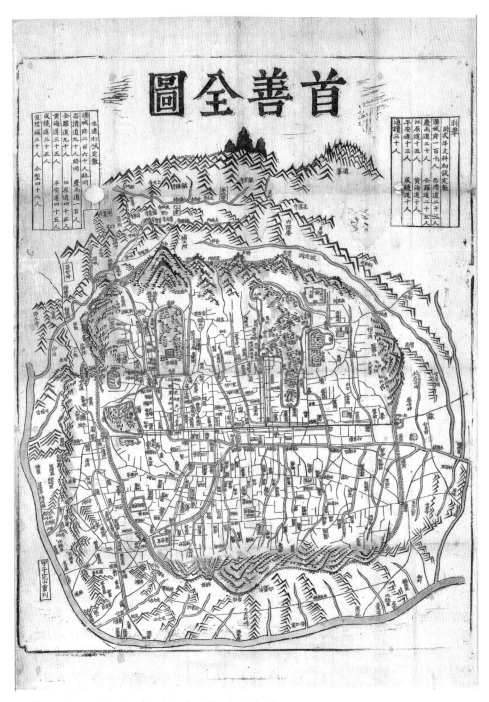

김정호가 만든 서울 지도 〈수선전도〉. 서울역사박물관.

김정호가 지도를 만드는 데 자료를 제공한 고위 무관 신헌. 위키피디아.

김정호는 이 작업을 혼자서 했다. 그는 이 지도를 만들기 위한 방대한 자료를 수집, 검토했고, 지도를 직접 그리고 글씨를 썼다(〈청구도〉, 〈동여도〉). 또 이들 지도를 바탕으로 목판을 새겨 지도를 찍어냈고(〈대동여지도〉), 이 3종의 지도를 모두 11개 판본으로 계속 개선했다. 이와 함께 조선의 지리를 설명한 책인 〈동여도지〉(1834~1844), 〈여도비지〉(1853~1856), 〈대동지지〉(1861~1866) 등도 썼다. 서울지도인 〈수선전도〉(1840년대)도 만들었다. 혼자서 이런 초인적인 일을 해낸 지도학, 지리학의 거인이었다.

그는 왜 지도를 만들었을까? 이에 대해서는 전문가들의 의견이 갈린다. 어떤 전문가들은 그가 평민 출신의 지리학자, 지도학자였다고 본다. 이 전시회를 마련한 서울역사박물관의 김양균 전시과장은 "그는 목각 기술자로 시작했지만, 단순한 목각 기술자에 머물지 않았다. 그가 만든 지도와 지리지를 보면, 그가 뛰어난 식견을 가진 학자였음을 알 수 있다. 장영실에서 봤듯 평민이나 천민 출신이라고 해서 뛰어난 학자가 될 수 없는 것이 아니다"라고 말했다.

이상태 국사편찬위 전 사료조사실장도 "19세기엔 중국을 통해 유클리드의 기하학까지 조선에 들어왔다. 서학을 공부하는 모임

들이 많았고, 김정호도 그런 모임에
서 공부했을 것이다. 아마도 친구 최
한기를 통해 모임에 들어갔을 것으로
본다"고 말했다.

그가 정부의 군사, 행정 목적으로
지도를 만들었다는 의견도 있다. 병
조 판서와 훈련대장(수도방위사령관),
총융사(수도북부사령관) 등을 지낸 무
관 신헌(1810~1884)과의 관계가 그 근
거다. 신헌은 〈대동방여도서〉에서
"나는 일찍이 우리 지도에 뜻을 두고
비변사와 규장각에 소장된 자료, (…)
등을 모아 편집했다. 이것을 김백원

김정호는 약현성당 부근에 살았던 것으
로 추정된다. 문화재청.

(김정호)군과 의논하고 그에게 위촉해 완성했다. (…) 비로소 한
부를 완성했는데, 전체가 23권이었다"라고 말했다.

신헌은 고위 무관으로 1866년 병인양요(조선-프랑스 전쟁)에
총융사로 참전했고, 1876년 강화도 조약의 조선 쪽 대표였다. 그
런 그가 김정호에게 비변사(국가안전보장회의)와 규장각(국립도서
관)의 문서를 제공했다. 김정호의 지도 제작이 정부의 공식 사업
은 아니었더라도 신헌과의 관계를 볼 때 정부의 군사, 행정에 도
움을 주려는 목적으로 이뤄졌다고 볼 수 있다.

김정호가 지도 제작, 인쇄, 출판 사업자였다는 의견도 있다.
이른바 방각본(민간 목각본) 출판이다. 김정호가 만든 지도나 지
리지의 종류와 판본이 워낙 다양했고, 현재도 많이 남아있다는

점이 근거다. 이기봉 국립중앙도서관 연구관은 "김정호는 그 이전 정상기나 신경준의 지도를 제품화한 사람이다. 소수의 양반을 대상으로 지속적으로 제품을 만들고 개선했다. 전근대 시대에 손꼽을 만한 기업가형 인물이다"라고 말했다.

김정호는 이 많은 지도와 지리지를 만드는 비용을 어떻게 마련했을까? 만약 그가 학자였다면 친구 최한기가 많은 비용을 댔을 것이다. 이상태 전 실장은 "최한기는 학자였고, 부자였고, 자료 수집가였다. 김정호가 만든 〈청구도〉의 4개 판본이 모두 최한기한테 갔다. 최한기가 김정호의 재정적 후원자였다"고 말했다.

그러나 그가 방각본 출판업자였다면 재정적 후원은 필요하지 않았다. 이기봉 연구관은 "조선 때 종이로 만든 출판물은 비쌌고, 김정호의 목각본 인쇄물은 최소 50~100벌은 팔렸을 것이다. 그렇다면 김정호에게 재정 후원은 필요하지 않았다. 자신이 돈을 벌어서 지도를 만들었고, 지도를 팔아 다시 돈을 벌었을 것이다"라고 말했다.

그의 신분은 평민이거나 평민 이하였던 것으로 보인다. 왜냐하면 그의 원래 직업이 목각 기술자였기 때문이다. 그와 동시대인인 유재건(1783~1880)이 쓴 〈이향견문록〉 중 '김고산정호'라는 글을 보면 "능숙하게 (지도를) 그려내고 능란하게 새긴 것을 인쇄해 세상에 내놨다"는 표현이 나온다. 이 말은 김정호가 지도 제작, 목각, 인쇄 기술자나 사업자였다는 뜻이다.

장상훈 국립진주박물관장은 "김정호는 목각을 생업으로 삼았을 가능성이 있다. 목각 장인 출신이라면 평민 이하의 낮은 신분으로 봐야 한다. 목각을 하다가 지도 제작으로 옮겨갔을 것이다.

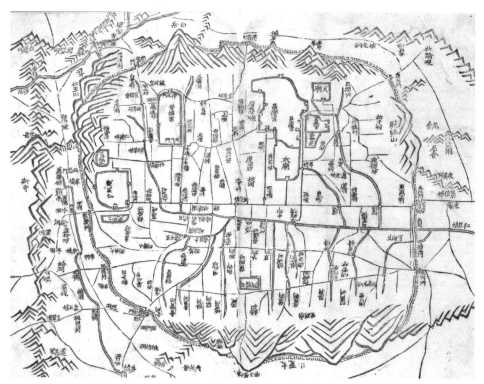

19세기 말 김정호의 〈대동여지도〉 중 '도성도'와 '경조오부도'는 서울 지도의 표준처럼 사용됐다. 〈대동여지도〉 중 '도성도'. 서울역사박물관.

그 반대는 자연스럽지 않다"고 말했다.

이밖에도 우리가 김정호에 대해 아는 정보는 거의 없다. 먼저 그가 언제 태어났는지 모른다. 통상 김정호는 1804년 태어났다고 알려졌는데, 이렇다 할 근거는 없다. 다만, 그의 절친이자 후원자였던 최한기가 쓴 '청구도제'(청구도 머리글)에 그의 나이를 미뤄볼 수 있는 구절이 나온다. 여기서 최한기는 '벗 김정호'(김우정호)라고 썼다. 이 표현으로 보면, 김정호의 나이는 최한기(1803년생)와 비슷했을 것이다.

그가 죽은 해도 마찬가지다. 통상 그가 죽은 해는 1866년으로

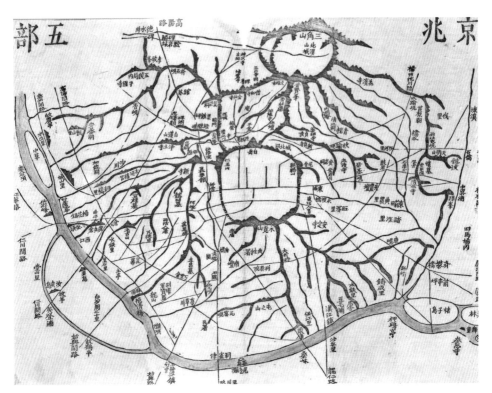

〈대동여지도〉 중 '경조오부도'. 서울역사박물관.

알려져 있다. 이것은 그의 마지막 작업인 〈대동지지〉에 1866년 3월 명성황후가 고종의 왕비가 됐다고 적은 사실에 근거한 것이다. 그러나 이 기록이 말해주는 것은 그가 1866년 3월까지는 살아 있었다는 것이다. 그가 언제 죽었는지는 모른다.

이상태 전 실장은 "만에 하나 김정호가 정부에 죽임을 당했다면 지도 때문이 아니라, 천주교 때문이었을 것이다. 한국 최초의 성당이 약현에 세워진 이유는 서소문과 약현(중림동)에 천주교 신자와 순교자가 많았기 때문이다. 약현에 살았던 김정호도 순교자 중 하나일 수 있다"고 추정했다.

김정호가 서울에서 산 곳은 약현으로 추정하지만, 확실한 근거는 없다. 약현은 조선 때 서울의 평민 주거지이면서 남대문과 가까웠고, 주요 시장인 칠패시장도 있었다. 약현 부근의 만리재나 공덕리(공덕동)로 추정하는 사람도 있다.

이상태 국사편찬위 전 실장은 "약현이 유력하다고 보는 이유는 가장 가까운 친구였던 최한기가 남대문 바로 안쪽의 창동(남창동)에 살았기 때문이다. 두 사람이 남대문 안팎에 살면서 자주 교류했던 것으로 보인다"고 말했다.

고향은 어디일까? 통상 그의 고향은 황해도 토산군으로 알려져 있다. 그의 고향을 토산군으로 추정하는 이유는 그가 〈동여도지〉에서 '월성 김정호'라고 쓴 내용 때문이다. 월성은 경북 경주시나 황해도 토산군을 뜻하는 것으로 해석된다. 월성이 '경주'라면 경주 김씨라는 뜻이고, '토산'이라면 그의 고향이 토산이란 말이다. 그러나 황해도에서도 토산군이 아니라, 봉산군이나 황주군일 것이라는 추정도 있다.

이렇듯 김정호는 태어난 때와 죽은 때, 거주지, 고향 등 대부분의 개인 정보가 불확실하다. 그에 대한 기록이 별로 없다는 것은 그가 양반이 아니라는 뜻이기도 하다. 그러나 확실한 사실은 그가 지도와 지리지 제작 분야에서 한국 역사상 그 누구도 범접할 수 없는 위대한 업적을 남겼다는 점이다. 그의 집이 있었다고 추정되는 약현 부근의 서울 중구 중림동 교통섬엔 그의 옛집 터 표지석이 쓸쓸히 서있다.

29

대통령실은 거기 없는 한강가 용머리 언덕

용산

"최사추 등이 아뢰기를, '신들이 노원역, 해촌, 용산 등 여러 곳에 나아가서 산수를 살펴봤으나 도성을 건설하기에 합당하지 않았으며, 오직 삼각산 면악(백악)의 남쪽은 산 모양과 물의 흐름이 옛 문서와 부합하니 주산 줄기의 중심 큰 맥에 임좌병향(남남동 방향)으로 지형에 따라서 도성을 건설하기를 청합니다' 하니 왕이 따랐다."(《고려사절요》, 숙종 6년(1101년) 10월)

2022년 5월 대통령실의 이전으로 국방부가 있는 '용산'龍山이 크게 주목받고 있다. 그러나 그 용산은 한국의 역사 기록에 수없이 나오는 그 용산이 아니다. 대통령실이 이전한 국방부 일대는 '용산'이 아니라 '둔지산'(둔지미) 지역이었다. 조선 한성의 행정구역상 둔지산 지역은 '남부 둔지방'이었고, 용산이 있던 지역은 '서부 용산방'이었다. 완전히 별개의 지역이었다.

조선 말기 용산나루 쪽에서 본 용산. 왼쪽 건물이 읍청루, 오른쪽 긴 건물이 별 영창. 민족문제연구소.

    역사 기록에 나오는 진짜 '용산'은 만리재 부근에서 시작해 효 창공원을 거쳐 용마루고개, 용산성당, 청암동에 이르는 2.7㎞ 정 도의 긴 산줄기다. 긴 산줄기의 끝이 한강 쪽으로 머리를 내민 모습이 용과 같다고 해서 용산이었다. 일제 강점기와 미 군정기 의 지도를 보면, 용산의 최고봉은 용산성당 부근으로 해발 77m 정도 높이다. 현재 용산은 동서로 용산구와 마포구로 나뉘어져 있다. 그러나 조선 때의 '용산방'은 용산을 중심으로 현재의 용 문동, 원효로동, 효창동, 청파동은 물론이고 현재의 마포동과 도 화동, 공덕동, 용강동 등 마포 지역까지 아울렀다.

조선 말기나 일제 초기 용산 위에서 본 용산 나루. 용산역사박물관.

용산이 역사에 처음 등장한 것은 1101년 고려가 남경(남쪽 수도)을 정할 때다. 당시 용산은 한양(4대문안), 노원(노원구 일대), 해촌(도봉구 일대)과 함께 경쟁했으나, 결국 한양에 남경 자리를 내주고 말았다. 당시 네 군데 후보지 가운데 한양(삼각산)과 노원(수락산, 불암산), 해촌(도봉산)은 모두 산을 배경으로 했으나, 용산만은 강을 낀 입지였다. 산은 군사적 의미가 강했고, 강은 경제적 의미가 강했다.

용산이 다시 《고려사》에 모습을 드러낸 것은 220년 뒤인 충숙왕 12년(1325년) 8월이었다. 당시 왕은 원나라 황족 출신 왕비(조국장공주)와 함께 용산으로 가서 천막을 치고 머물렀다. 왕비의 출산을 축하하려고 사면령을 내린 뒤 10월에 왕비가 아들을 낳아 '용산 원자(맏아들)'라고 이름 붙였다. 그러나 기쁨은 잠시였다. 아이를 낳고 얼마 되지 않아 왕비가 산후병으로 18살 나이로 숨졌다. 왕은 다시 개성으로 돌아갔으나, 궁궐에 머물지 않고 사저를 떠돌아다녔다. 아이를 낳기 위해 좋은 곳을 찾아갔다가 왕비를 잃은 슬픔에서 벗어나지 못했다.

용산에 대해 고려의 사대부들도 여러 글을 남겼다. 고려 때부터 용산은 개경에 살던 고려 왕족이나 사대부들에게 널리 알려진 휴양지, 명승지였기 때문이다. 고려 중기의 유명한 학자이자 관리였던 이인로(1152~1220)는 '용산 한언국의 서재에서 묵다'라는 시를 지었다. "두 물은 조용히 흘러 제비 꼬리처럼 갈라졌는데/세 산은 아득하게 서서 자라 머리에 탔네/다른 해에 만약 원로의 지팡이(한언국)를 모시게 된다면/함께 저 푸른 물결 찾아 갈매기를 벗하리."

이인로는 그 시 서문에서 "산봉우리가 굽이굽이 서려서 형상이 푸른 이무기 같은데, 서재가 바로 그 이마에 있으며, 강물은 그 아래에 와서 나뉘어 두 갈래가 되고, 강 밖에는 멀리 산이 있는데 바라보면 산ㅃ 글자 같다"고 썼다. 강물이 나뉜다는 것은 한강 본류와 여의도 샛강을 말한 것이고, 멀리 산 글자 같다는 산

일제 초기 용산(멀리 긴 언덕)과 용산나루. 김천수 용산학연구센터장.

은 관악산을 말한 것이다. 서재가 그 이마에 있다는 표현으로 볼 때 한언국의 서재는 용산 언덕 끝에 있었을 것이다.

용산에 서재를 운영한 한언국은 고려의 문신으로 1173년 동북 면 지병마사로 일하던 중 무신 정권에 맞선 김보당의 반란에 가 담했다가 처형된 인물이다. 이인로가 한언국의 서재에 머문 때 는 확실치 않다. 한언국은 기록상 용산에 별서(별장)를 운영한 최 초의 인물이었다.

고려 말, 조선 초 사대부들의 큰 스승이었던 이색(1328~1396) 도 용산 풍경을 시로 자세히 남겼다. "용산이 반쯤 한강물을 베 개 삼았는데/푸른 솔은 산에 가득하고 마을에는 뽕나무라네/마 을엔 닭, 개 소리 나는 수십 집/초가지붕 기울어진 데 점심 연 기 일어나네//배에서 내려 말을 타고 찬 여울 건너가/꽃잎 떨어지는 빈 마루에 들어가 쉰다/아전이 와서 밥을 올리는데 들나물 섞였고/뒤따라 나오는 강의 잉어가 별미다//나는 이제 개경으로 가는 길이라 머물지 못하고/저물녘에 까마귀가 마을 연못으로 날아든다/돌아보니 푸른 빛이 구름처럼 낮은데/솔 사이 집에서 하루도 묵지 못해 아쉽다."

고려 말기 목은 이색, 포은 정몽주, 야은 길재와 함께 3은 또는 4은으로 불린 도은 이숭인(1349~1392)은 용산에 '추흥정'을 지었다. 추흥정 기문(기록문)에 용산에 대한 설명이 자세하다. 그러나 추흥정의 위치는 알 수 없다. "용산은 원래부터 강산이 좋은 곳으로 알려졌다. 또 토지가 기름져서 오곡이 잘 되며 강에는 배가 운행하고 육지로 수레가 통한다. 이틀 낮밤이면 개경에 갈 수 있어서 귀인들이 별장을 많이 마련해뒀다."

조선에 들어서는 안평대군 이용(1418~1453)이 지은 담담정이 유명했다. 이용과 동시대에 살았던 성현(1439~1504)은 〈용재총화〉에서 "안평대군은 남호(용산강)에 임하여 담담정을 지어 만 권의 책을 모아뒀다. 선비들을 불러모아 12편 풍경시를 지었으며, 48편 시를 지었다. 등불 밑에서 이야기하거나 달밤에 배를 띄우거나 합작시를 지었다. 또 바둑 장기를 두고 풍류가 끊이지 않았으며 항상 술마시고 놀았다. 당시의 이름있는 선비로서 교분을 맺지 않은 이가 없었다"고 적었다.

과거 한강은 구간마다 별도의 이름이 있었다. 용산강, 용강은 용산 부근 강이란 뜻이고, 용산호와 용호는 용산 부근에 있는 호수처럼 잔잔한 강이란 뜻이다. 남호는 한양의 남쪽에 있는 호수처럼 잔잔한 강이란 뜻이다.

김석신의 〈담담장락〉엔 안평대군의 별서였던 담담정(언덕 위 큰 건물)과 읍청
루(언덕 오른쪽 끝 건물)가 잘 그려져 있다. 간송미술관.

담담정은 드물게 건축가의 이름이 전한다. 호조 정랑을 지낸
이명민이 지었다. 담담정은 수양대군의 쿠데타로 안평대군이 죽
은 뒤 두 사람의 벗 신숙주에게 넘어갔다. 담담정에 대해 안평의
동시대인이자 이종사촌이었던 강희맹은 '담담정 12편 풍경시 중
'마포야우'(마포 밤비)를 이렇게 썼다. "찬 구름 아득하고 강물은
유유한데/양안의 푸른 단풍 무궁한 시름이라/외로운 등 마주하
고 긴 밤 보내는데/온 강의 비바람에 강가가 어둑하네." 담담정
은 한때 허물어졌다가 나중에 선조의 손자 유천군 이정(1674~?)

조선 말기나 일제 초기 용산 아래 한강에서 얼음낚시 하는 모습. 언덕에 처마가 슬쩍 보이는 건물이 읍청루로 추정된다. 서울역사아카이브.

이 옛터에 다시 지었다. 담담정의 위치는 현재의 벽산빌라 부근으로 추정된다.

　용산에서 또 하나 유명한 정자는 용산문화원 부근의 심원정心遠亭이다. 심원정이 처음 세워진 때는 알려지지 않았다. 심원정 터가 역사에 가장 먼저 등장한 것은 1593년 3~4월이다. 당시 조-명 연합군에 밀려 한양으로 후퇴한 왜군은 용산의 원효로와 청파동 일대에 주둔하고 있었다. 당시 명군의 심유경과 왜군의 고니시 유키나가가 강화(종전) 회담을 한 곳이 심원정 일대다. 심원정 터엔 '왜명강화지처'라는 비석이 세워져 있다.

　심원정은 순조 때 영의정을 지낸 남공철, 고종 때 영의정을 지낸 조두순의 별장으로 사용됐다. 또 이곳엔 명군과 왜군이 종전 회담을 한 기념으로 심었다는 큰 백송도 있었으나 죽어버렸다.

심원정은 일제 초기에 왕족이자 을사오적인 이지용에게 넘어가 '용산강정'이란 이름도 얻었다.

용산 강가의 벼랑에 1777년 세워진 '읍청루'도 유명했다. 유본예의 《한경지략》은 "읍청루는 용산강에 있는 훈련도감 소속 별영창의 누각이다. 앞에 길게 강이 있어 풍경이 매우 아름답다"고 소개했다. 읍청루는 용산의 용머리에 해당하는 곳에 있어서 동쪽으로 용산나루, 서쪽으로 마포나루 등 한강 풍경을 즐기기 좋은 곳이었다.

정조 이산이 1795년 3월 '읍청루'에 올라 지은 시도 전한다. "남쪽으로 읍청루에 나오니 속이 확 트이고/살구꽃 핀 봄에 큰 강 앞에서 술을 마신다/정신없는 나루터 길손들 몇몇을 웃으며 보니/강가 한쪽에서 하루 내내 서성대는구나."

용산은 한강의 대표적 나루로서 정자와 함께 물류 창고 지역으로도 유명했다. 먼저 1410년 군대의 물자를 관리하는 군자감의 강감(한강 지부)이 용산에 설치됐다. 현재의 용산케이티(KT)가 자리다. 이 용산 강감 창고의 규모는 무려 84칸에 이르렀고, 쌀 등 곡식을 30만 섬이나 저장했다. 1596년엔 용산 강가에 훈련도감 별영창을 설치해 군인들에게 임금을 지급했다.

1661년엔 대동법에 따라 걷은 쌀을 관리하는 선혜청의 창고인 '선창'을 현재의 성심여고 뒤쪽 언덕에 지었다. 1711년엔 호서창(충청도 세곡 창고), 1743년엔 양남창(영호남 세곡 창고)이 들어섰다. 그 뒤에 백범로 용마루 고개 부근에 만리창이란 58문의 대규모 새 창고도 들어섰다. 이 만리창에서 '새창고개'라는 지명이 유래했다.

현재 용산 부근엔 강변북로와 건물들이 빼곡히 들어서 있다. 배우리.

2022년 5월 16일 용산학연구센터, 한국문화유산정책연구소, 한국땅이름학회, 성곽길역사문화연구소 등 11개 시민단체와 학회들은 서울시청 앞에서 기자회견을 열었다. 용산과 둔지산에 제 이름과 제 자리를 돌려주자는 내용이었다. 1905년 일제가 조선 주둔군 사령부를 둔지산 지역(용산 미군기지)에 설치하면서 이곳을 용산으로 둔갑시켰기 때문이다. 둔지산 지역이 용산이 된 것은 일제의 침략 과정에서 생긴 역사 왜곡이므로 이를 바로잡아야 한다는 것이다. 이들은 "새 대통령실의 이름을 정할 때 '용산'이란 잘못된 지명을 포함해선 안 된다"고 요구했다. 윤석열 대통령실은 대통령 청사에 따로 이름을 붙이지는 않으나, '용산 대통령실'이라고 불린다.

30

일제, 둔지산을 용산으로 둔갑시키다

용산기지

2021년 1월 16일 국토교통부와 서울시, 한국토지주택공사 등은 공모전을 통해 용산 기지에 조성될 공원의 이름을 '용산공원'으로 확정했다고 발표했다. 모두 9401건의 시민 제안과 전문가 심사, 온라인 선호도 조사를 종합한 결과였다. 그러나 애초 이 사업의 이름이 '용산공원 명칭 공모전'이어서 "결국 '용산공원'으로 정할 것이면 공모전을 왜 했냐"는 비판을 받기도 했다.

이 공모전은 1등이 없이 2~5등만 선정했는데, 모두 '용산'이 포함된 이름이었다. 2등 '용산열린공원', 3등 '용산미르뫼공원', 4등 '용산늘품공원', 5등 '용산국가공원'이었다. 2~5등 선정 이름을 봐도 이 공원의 이름에서 '용산'을 포함하지 않는 것은 처음부터 불가능했던 것 같다.

그러나 놀랍게도 이 용산 기지는 '용산'과 아무 관계가 없다. '용산'은 이보다 서북쪽의 용산성당과 효창공원, 만리재가 있는

한강 쪽에서 본 용산기지 일대의 모습. 용산구청.

산줄기를 말한다. 물론 용산 기지 안에도 산이 있는데, '용산'이
아니라 '둔지미' 또는 '둔지산'다. '둔지미'가 원래 이름이고, '둔
지산'은 그것을 한자로 적은 것이다. 둔지미는 과거에 널리 사용
된 이름이다. 현재 정부대전청사가 있는 대전 서구 둔산동의 원
래 이름도 둔지미였다.

배우리 땅이름학회 명예회장은 "한국어에서 '둔'은 '둠', '두
무', '도마'와 마찬가지로 둥근 지형을 말하고 '미'는 '메'나 '뫼',
'매'와 마찬가지로 '산'을 뜻한다. '지'는 연결조사로 보인다"고
설명했다. '둔지미'는 대체로 평지에 솟은 작은 산이나 언덕을

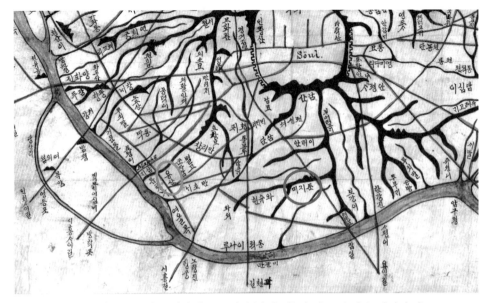

조선 때 지도를 보면 용산기지는 둔지미(빨간 원)에 있고, 용산은 현재의 마포
쪽에 있다. 미국 위스콘신대학 밀워키 도서관.

뜻하는 것이다. '둔지미'가 군대나 관청 소유의 농토인 '둔전'屯
田에서 비롯했다는 의견도 있다. 정조 때인 1795년 9월 15일 〈일
성록〉이나 1908년 작성된 '둔지미 현존 공토 성책'이란 기록을
보면, 둔지산 일대에 내자시나 서빙고 소유 밭이 있었다는 것이
확인된다.

　그러면 왜 '둔지미'(둔지산)가 '용산'으로 둔갑한 것일까? '둔
지미'를 '용산'으로 바꾼 것은 일제다. 일제가 1904년 러-일 전
쟁 직후 사실상 조선을 점령하면서 '둔지미'에 100만 평이 넘는
조선주차군(주둔군)사령부를 건설했다. 그리고는 마음대로 '둔
지미'를 '용산'으로 바꿔버렸다. 그리고 해방 뒤에도 한국인들은
'둔지미'를 일본인들이 부른 것처럼 '용산'이라고 계속 불렀다.
이에 따라 둔지미는 점차 '용산'이 됐고, 원래의 용산은 오히려

둔지미엔 서빙고라는 국가 얼음 창고가 있었다. 1950~60년대 한강 철교 아래서 얼음 떼기. 공유 사진.

'마포'라고 불렸다.

둔지미에 대한 가장 오래된 기록은 1454년 완성된 《세종실록지리지》에 나온다. 《지리지》 '경도 한성지'(수도 서울 기록)편에 "노인성단, 원단, 영성단, 풍운뢰우단(모두 제단)은 모두 숭례문 밖 '둔지산'에 있다"고 나온다. 그 뒤에 이들 제단은 통상 '풍운뢰우단'이나 '남단'으로 많이 불렸다. 주로 가뭄 때 왕이 기우제를 지내던 곳이었다. 1895년 고종이 현재의 조선호텔 자리에 원구단이 지을 때까지 남단은 종묘, 사직과 함께 가장 중요한 국가 제사 시설이었다. 현재도 미군기지 안에 남단의 구조물이 일부 남아있다.

또 둔지미는 조선 때 '빙고'(얼음창고)가 있는 곳으로도 널리 알려졌다. 둔지미의 동남쪽 한강가에는 조선에서 가장 큰 얼음창

둔지미는 조선 때 남단이라는 국가 제사 시설이 있던 곳이었으나, 고종 때 도성 안에 원구단이 생기면서 사라졌다. 현재의 조선호텔에 있던 원구단의 제단과 황궁우의 1906년 모습. 헤르만 잔더.

고인 '서빙고'가 설치돼 있었다. 빙고는 통상 얼음이 얼지 않는 3~10월 운영됐다. 1462년 11월 12일 《세조실록》을 보면, "경복 궁 영추문과 숭례문, 흥인문에 머무는 승정원 정7품 손소를 '둔 지산' 빙고(서빙고)에, 예문관 정9품 김청을 별빙고(동빙고)에 보 내 빙고 수리를 부지런히 하는지 살피게 했다"는 기록이 나온다.

둔지미는 서울에서 조선 남부로 내려가는 과천길과 용인길의 중요한 길목이자 나루였다. 숭례문(남대문)을 나와 바로 남쪽으 로 내려가면 과천으로 가는 동작나루가 나왔고, 남동쪽으로 가 면 용인으로 가는 서빙고 나루가 있었다. 동작나루는 현재의 동 작대교 자리이고, 서빙고나루는 현재의 반포대교 자리다. 동작

김윤겸의 그림 〈청파〉엔 남대문 밖 청파에서 동작나루(오른쪽 길)와 서빙고나루(왼쪽 평지)로 가는 길이 그려져 있다. 가운데 언덕이 둔지미(둔지산)다. 국립중앙박물관.

나루로 가는 길은 현재도 용산 기지 안에 남아있으며, 서빙고나루로 가는 길은 거의 사라졌다.

동작나루는 임진왜란 때 기록에도 등장한다. 1597년 9월 12일 《선조실록》을 보면, "명나라 장군 양호가 동작나루(동작대교 북쪽)로 향하니 (명나라 장군) 마귀도 어쩔 수 없이 그를 따라갔다. 선조도 '둔지산'에 이르렀다"는 기록이 나온다. 이것은 조선 파견 명나라 사령관이었던 양호가 조−명 연합군이 왜군에 승리한 직산 전투 직후 명나라 군대의 서울 수호 의지를 과시한 정치적 행동이었다. 다른 나라 군대 사령관을 졸졸 쫓아다녀야 했던 선조의 초라한 모습이 서글프다.

강세황의 그림 〈남산과 삼각산〉. 아래쪽은 용산기지 안의 둔지미 마을이고, 오른쪽 위에 남산, 왼쪽 위에 삼각산, 그 앞에 백악이 보인다. 개인 소장.

19세기에 둔지미에선 조선의 최고 지도자가 납치되는 일이 일어났다. 1882년 6월 임오군란으로 재집권한 흥선대원군이 바로 이 '둔지미'에서 청나라 군대에 사로잡혀 톈진으로 끌려갔다. 당시 〈고종실록〉은 이 사실을 "오늘 오후 대원군이 정여창, 마건충 두 사람이 머무는 '둔지미'의 청나라 군영에 가서 답례 방문을 하고 감사를 표한 다음 병선을 타고 중국으로 떠났다"고 썼다.

일제는 1904년 러−일 전쟁 직후 한국에 대규모 부대를 주둔시키기로 결정하고 서울과 평양, 의주에서 그 터를 찾았다. 1904년 11월 12일 하세가와 요시미치 한국주둔군사령관이 야마가타 아리토모 참모총장에게 보낸 문서를 보면 "현 시기에 영구적 여러 시설의 설치는 그 실행상 극히 유리하므로 '용산 부근' 병영 건축 공사와 같은 것은 하루라도 빨리 실행에 착수하는 것을 희망

용산기지 북쪽의 일본군 사령부 78연대. 김천수.

한다"고 돼 있다. 여기서 '용산 부근'은 바로 '둔지미'이며, 현재
의 용산 미군기지를 말한다. 이것은 '둔지미'가 '용산'으로 바뀌
는 순간을 보여준다.

　1906년 일본군이 제작한 '한국 용산 군용 수용지 명세도'라는
지도는 '둔지미'를 처음으로 '용산'이라고 적었다. 이 지도에
'둔지산'이 적혀있는 것을 보면 일본군도 이 일대가 둔지산(둔지
미)임을 정확히 알고 있었다. 그러나 일본군은 이 지도의 제목
을 '한국 용산'이라고 표현함으로써 사실상 '둔지산'을 '용산'으
로 둔갑시켰다. 일제 강점기 용산 기지는 통상 '용산 병영'이라
는 이름으로 불렀다.

　이와 함께 1904년 3월 현재의 용산역 부근에 '용산 창사'(창
고건물)가 생겼다. 비슷한 시기에 경인선, 경부선, 경원선이 지
나는 '용산역'이 설치되면서 둔지미 일대는 '신용산'으로 불리

기 시작했다. 자연스럽게 진짜 용산이 있는 용산성당과 효창공원 일대는 '구용산'이 됐다. 신용산이 구용산보다 훨씬 더 발전함에 따라 용산이란 지명의 중심은 점차 구용산에서 신용산으로 옮겨갔다.

일본군은 왜 '둔지미'를 '용산'으로 바꿨을까? 김천수 용산학연구센터장은 "일본군 관점에서는 1884년 외국에 개방된 항구인 '용산'이란 지명에 대한 선호가 강했던 것 같다"고 말했다. 배우리 한국땅이름학회 명예회장도 "용산이 둔지미보다 훨씬 더 유명한 지명이어서 용산을 선택한 것 같다"고 말했다.

일제가 용산, 또는 신용산으로 멋대로 바꾼 '둔지미'라는 이름을 회복할 기회는 있었다. 1945년 해방이었다. 그러나 일제가 붙인 많은 지명과 마찬가지로 용산 기지도 원래 이름 '둔지미'를 회복하지 못했다. 신주백 독립기념관 한국독립운동사연구소장은 '용산과 일본군 용산기지의 변화'라는 논문에서 "신용산이라는 용어는 해방 후 주체적인 자기 점검을 할 틈도 없이 미국이 용산 기지를 차지함으로써 계승된 것이다. 그래서 우리는 '원래의 용산이 어디지?'라는 의문을 가질 기회조차 갖지 못했다"고 말했다.

'둔지미'라는 원래 이름을 되찾기는커녕 미군은 1945년 용산 기지에 영어식의 새 이름을 붙였다. 바로 '캠프 서빙고'였다. 캠프 서빙고는 1952년까지 사용됐다. 서빙고는 조선시대부터 용산 기지의 동남쪽 지명이었다. 일본군이 붙인 '용산'이 아니라 '서빙고'를 붙인 이유는 알려져 있지 않다. 아마도 '빙고'bingo라는 말이 영어 단어에 있어서 그와 비슷한 '서빙고'를 선택한 것이 아

용산공원 공모 당선작 조감도. 국토교통부.

닐까 추정된다.

6.25전쟁의 전선이 안정된 1952년, 미군은 흩어져 있던 미8군 사령부와 한국 육군 본부를 용산 기지에 재배치하는 계획을 추진했다. 이때 미군은 일본군 사령부가 위치했던 용산 기지 남쪽이 아니라 북쪽을 사령부 터로 선택해 '메인 포스트'라는 이름을 새로 붙였다. 남쪽이 6.25전쟁 통에 심하게 파괴됐기 때문으로 보인다. 남쪽엔 '사우스 포스트'라는 이름을 붙였다. 이때부터 용산 기지는 한국인들에겐 '용산 미군기지'라는 이름으로, 미군에겐 '용산 개리슨'의 '메인 포스트'와 '사우스 포스트'로 불리

국방부 청사로 갑자기 옮겨간 대통령실. 대통령실.

기 시작했다.

2003~2005년 노무현 정부는 용산 미군기지를 평택으로 모두 이전하고 이 터를 국가 공원으로 조성하겠다고 밝혔다. 이 계획에 따라 2017년 미8군 사령부, 2018년 주한미군사령부가 평택으로 이전했다. 그러나 메인 포스트에 남아있는 한미연합사령부는 아직 이전 시기가 결정되지 않았다. 캠프 코이너(미국 대사관 터)와 헬기장, 드래곤힐 로지(호텔) 등은 계속 미국 정부가 사용한다.

2022년 5월 윤석열 새 정부는 대통령실을 청와대에서 둔지산이 있는 용산 국방부 청사로 이전했다. 용산공원 조성 계획에도 큰 변화가 나타났다. 2022년 8월 정부는 2011년 세운 용산공원 종합기본계획을 3차로 변경했다. 이 내용을 보면, 용산 미군

일제가 멋대로 바꿔버린 둔지미(둔지산)의 이름과 용산의 위치를 되찾자는 운동이 시작됐다. 김천수.

기지(203만㎡) 가운데 돌려받은 면적이 2022년 7월까지 76.4만㎡
(37.6%)에 이르렀다. 또 정부는 용산의 대통령실 바로 옆에 있는
드래곤힐 로지 부지(10만 5천㎡)를 돌려받고 대체 부지를 제공하
는 방안도 미군과 협의 중이다. 대체부지는 미국 대사관 부지가
있는 용산 기지 북쪽 캠프 코이너 일대가 될 것으로 예상된다.

31

한국 대통령은 일제 총독 따라지?

용산 대통령실

1905년 말 을사조약을 맺은 일제는 1906년 2월 조선에 통감부 (뒤의 총독부)를 설치했다. 1대 통감은 이토 히로부미였다. 통감부는 임시로 현재의 서울 광화문 앞 대한민국역사박물관 자리에 있던 '외부'(외교부) 건물을 쓰다가 1907년 서울 중구 예장동 '왜성대'(서울애니메이션센터 일대)에 새 건물을 지어 옮겼다. 통감 관저도 왜성대 일대에 마련됐다. 1885년부터 있었던 일본 공사관 건물을 통감 관저로 바꿨다. 현재는 그 자리에 '일본군 위안부 기억의 터'가 조성돼 있다.

이 통감 관저는 한-일 병합의 현장이었다. 당시 총리대신 이완용은 1910년 8월 22일 오후 1시 창덕궁 대조전에서 순종 이척을 모시고 내각 회의를 열었다. 여기서 일본과의 병합 조약을 보고했다. 보고를 받은 순종은 이완용을 전권위원으로 임명해 조약을 체결하도록 했다. 오후 4시 이완용은 왜성대의 조선 통감

1906년 남산 왜성대의 총독 관저. 서울역사아카이브.

관저로 가서 데라우치 마사다케 통감과 만나 한-일 병합 조약에
서명했다. 이렇게 문서로 나라와 백성을 일제에 넘겼다.

　이완용의 전기 《일당기사》엔 당시 상황이 이렇게 적혀있다.
"황제(순종) 폐하의 소명을 받들기 위해 흥복헌에서 만나뵈었다.
말씀(칙어)를 받들고 전권위임장을 받아 곧장 통감부(통감 관저)
로 가서 데라우치 통감과 만나 일-한 합병조약을 상호 조인하고
그 위임장을 궁내부에 다시 제출했다."

　이 통감 관저는 병합 조약과 함께 '총독 관저'로 이름이 바뀌
었다. 통감부도 총독부로 바뀌었다. 이 '왜성대' 총독 관저에서

1906년 이토 히로부미부터 1939년 미나미 지로까지 모두 9명의 통감과 총독이 조선을 지배했다. 1939년 미나미 총독은 관저를 경복궁 북쪽의 '경무대'(현재의 청와대, 경복궁 후원의 별칭)로 옮겼다. 앞서 1926년 총독부가 경복궁 안으로 옮겨졌기 때문이다. 1939~1945년 사이 미나미 등 3명의 총독이 경무대 관저에서 살았다.

경무대 총독 관저는 1945~1948년 사이 존 하지 미국 군정청 사령관의 관저를 거쳐 1948년부터 대한민국 대통령의 집무실과 관저로 사용됐다. 여기서 이승만, 윤보선, 박정희, 최규하, 전두환, 노태우 등 6명의 대통령이 일했다. 경무대 총독 관저는 1990년 대통령의 새 집무실과 관저가 지어진 뒤 1993년 김영삼 대통령의 '역사 바로세우기' 정책에 따라 철거됐다. 새로 지어진 대통령 집무실과 관저는 노태우, 김영삼, 김대중, 노무현, 이명박, 박근혜, 문재인 등 7명의 대통령이 사용했다.

그런데 일제의 총독 관저는 왜성대와 경무대 외에 한 곳이 더 있었다. 바로 조선 주둔군 사령부가 있던 '용산 병영'(용산 기지) 안이었다. 용산 총독 관저는 한-일 병합 시기인 1910년 지어졌는데, 왜성대나 경무대의 총독 관저와 비교할 수 없을 정도로 크고 아름다웠다. 건평이 본 건물 606평, 부속 건물 170평 등 776평이었고, 네오바오크 양식의 화려한 건물이었다. 조선 민중들에겐 '용산 아방궁'으로 불렸다.

애초 이 건물은 1904~1905년 러-일 전쟁에서 승리한 일본의 하세가와 요시미치 조선 주둔군 사령관(1904~1912년)이 자신의 관저로 지었다. 그러나 워낙 규모가 크고 화려해서 완공된 1910

용산기지 안에 있던 크고 화려한 총독 관저. 서울역사아카이브.

년부터 사령관 관저가 아니라, 사실상 총독의 영빈관과 연회장으로 사용됐다. 이에 따라 조선 주둔군 사령부는 1911년 총독 관저를 새로 지은 뒤 사령관 관저와 맞바꿨다. 결국 애초의 사령관 관저는 총독 관저, 총독 관저는 사령관 관저가 됐다.

그 뒤로 용산 총독 관저는 해방될 때까지 주로 총독의 영빈관과 연회장으로 사용됐다. 1930년대 말까지 순종과 순종 비, 외국 손님, 언론인, 장수 노인 등 다양한 사람들을 위한 행사가 열렸다. 그러나 남산 총독부나 경복궁 총독부와 떨어져 있어 관저로는 거의 사용되지 않았다. 1945년 해방 뒤엔 미국 군사고문단의 장교클럽으로 활용되다가 6.25전쟁 때 폭격으로 크게 훼손됐다.

용산의 총독 관저 자리는 조선 때 와서(기와 제조 관청)가 있던 곳으로 현재는 1971년 지어진 미군 121병원 건물이 남아있다. 용산의 조선 주둔군 사령관 관저는 조선 때 신촌(새말)이란 마을이 있던 곳으로 현재는 드래곤힐 로지라는 미군 호텔이 들어서있다. 용산 총독 관저 자리는 한국에 반환되지만, 드래곤힐 로지는 미군의 요구에 따라 반환되지 않고 있다.

2022년 3월 20일 윤석열 대통령 당선자는 대통령 집무실을 현재의 청와대에서 용산 국방부 건물로 옮기겠다고 밝혔다. 1948년 경무대(현 청와대)가 대통령 집무실과 관저로 사용된 지 74년 만이었다. 윤 당선자는 청와대를 떠나려는 이유 중 하나로 '제왕적 대통령'을 꼽았다. 근데 청와대 공간의 제왕적 성격은 애초 이곳이 조선 총독의 관저였다는 점과 무관하지 않다.

문제는 청와대뿐 아니라, 대통령실이 새로 옮겨가는 용산 국방부 역시 일제의 조선주둔군 사령부였고 조선 총독의 관저가 있었다는 점이다. 현재의 국방부 건물에서 500m 남쪽에 총독 관저가 있었고, 300m 동쪽에 조선 주둔군 사령관 관저가 있었다. 현재의 국방부 자리는 일제 때 영관급 장교와 하사관의 관사 자리였다. 이곳은 6.25전쟁이 끝난 뒤 미국의 원조기구인 대외활동부(FOA)의 가족 주택으로 사용되다 1970년 국방부에 양도됐다.

전문가들은 대통령실의 위치를 변경하면서 역사에 대한 검토가 없었다고 지적했다. 역사민족문제연구소 이순우 책임연구원은 "용산이 일제의 강점과 관계가 깊다는 점에 대해 고려가 없었다. 결과적으로 일제의 경무대 총독 관저에서 용산 총독 관저로 옮기는 모습이 됐다. 대통령실을 옮긴다면 그 장소의 역사에 대해 살폈어야 한다"고 말했다.

황평우 문화유산정책연구소장도 "김영삼 전 대통령 때 일제

일제와 미국의 군대가 주둔했던 곳으로 들어가버린 대통령실. 대통령실.

역사를 바로잡는다며 청와대 총독 관저와 총독부 건물을 모두 헐었다. 그런데 윤 당선자가 제왕적 대통령에서 벗어나겠다면서 다시 일제의 사령부와 총독 관저가 있던 곳으로 들어가는 것이다. 한마디로 몰역사적 결정"이라고 말했다.

심지어 용산기지는 여기 주둔했던 미군이나 미국 정부와도 깊은 관계가 있다. 2005년 정부는 한-미 간의 합의에 따라 용산기지 안 캠프 코이너의 7만9천㎡(2만4천평)를 새로운 미국 대사관 터로 넘겨줬다. 미국 대사관은 조만간 용산기지의 캠프 코이너 터에 새 대사관 건물을 지을 예정이다. 그런데 이번에 그 남쪽 국방부 청사에 대한민국 대통령실이 들어서게 된 것이다.

이와 관련해 주한 미국 대사관은 "용도지역 변경이 2021년 서울시에 승인됐고, 현재 대사관 건축을 위한 준비 과정에 있다. 완공 시점을 예측할 수 없지만, 가까운 시일 안에 착공하는 데

큰그림 없이 전쟁기념관과 국립중앙박물관, 미국 대사관, 대통령실을 넣어 누더기가 된 용산공원. 국토교통부.

아무 문제가 없다"고 밝혔다.

황평우 소장은 "대통령실을 용산으로 옮김에 따라 그동안 지지부진했던 미국 대사관 이전도 빨라지고 있다. 그러나 기존에도 광화문 일대에 청와대와 정부청사, 미국 대사관이 함께 있었는데, 이번에는 용산에 대통령실과 미국 대사관이 함께 있게 된다. 이게 좋은 모습인지 모르겠다"고 말했다.

안창모 경기대 교수(건축학)는 "용산 기지는 일제 강점기부터 최근까지 군이 있다가 미군이 떠나면서 새롭게 만들어지는 공간이다. 오랫동안 용산은 경제적 성장 동력으로 계획돼왔는데, 갑자기 대통령실이 들어오는 바람에 기존의 도시계획이 다 무너졌다. 대통령실 이전은 신중한 검토가 필요했다"고 말했다.

김천수 용산학연구센터장은 "대통령실을 용산으로 옮기는 것은 군사 공간을 평화의 공간으로 바꾸는 상징적 의미가 있다. 그러나 그동안 추진해온 용산기지 단계적 개방이나 공원화 계획을 모두 고려해야 한다. 대통령실 용산 이전을 좀더 신중히 추진했어야 한다"고 말했다.

32

일제는 왜 조선의 지명을 바꿨나?

한양, 한성, 경성, 서울

"옛날 나는 서울 북쪽 옥류동에 살았다. 서울의 북쪽은 사대부로서 세거하는 자들이 많았는데, 청풍계에 세거한 (장동) 김씨, 자하동에 세거한 (의령) 남씨, 옥류동에 세거한 (기계) 유씨가 가장 오래됐으므로 세 성씨들은 모두 친목을 다지며 좋게 지냈다."(유한준, 《자저》 중 '남백종 61살 생일 축하 서문', 1789년)

조선 후기 영정조 시기에 형조참의를 지낸 유한준(1732~1811)은 서울 서촌에 세거하던 자신과 다른 집안들에 대해 이런 글을 남겼다. 이 글을 이해하려면 이들 동네에 대한 설명이 필요하다. 지명 가운데 '청풍계'는 현재의 서울 종로구 청운동 남쪽, '자하동'(백운동)은 청운동 북쪽, '옥류동'은 옥인동을 말한다.

옛 지명이 바뀐 과정은 이렇다. 조선 때의 청풍계와 자하동(백운동)이 합해져 '청운동'이 됐고, 옥류동은 인왕동(수성동)과

의령 남씨의 '자하동'은 청운동으로 바뀌었다. 정선의 〈자하동〉. 간송미술관.

합해져 '옥인동'이 됐다. 이 바람에 '맑은 바람 골'(청풍계)과 '흰 구름 골'(백운동)은 엉뚱하게도 '맑은 구름 골'(청운동)이 됐고, '맑은 물 골'(옥류동)은 '맑고 어진 골'(옥인동)이 돼버렸다. 또 바로 옆 동네인 '준수방'(빼어난 동네)은 '통인동'(통하고 어진 골)이 됐고, '장동'(씩씩한 골)은 '효자동'과 '궁정동'(궁 우물 골)이 됐다.

조선 때 부르던 청풍계나 자하동, 옥류동이란 지명이 현대에도 그대로 쓰였다면 우리는 굳이 청풍계나 자하동, 옥류동이 어디에 있는지 찾아볼 필요가 없을 것이다. 특히 이들 지명은 조선 건국과 한양 천도 이후 500년 이상 일관되게 사용됐고, 옛 기록과 문학 작품에도 수없이 등장한다. 그런데 이 유서 깊은 지명들은 어쩌다 사라지거나 통합됐을까?

답은 일제 강점기에 시행된 대규모 행정구역 개편과 지명 변경에 있다. 조선을 강점한 일제는 1914년 전국적인 행정구역 개편을 시행해 12개 부(시)를 설치하고, 332개 군을 220개 군으로 통합했다. 바로 이때 조선의 역사적인 지명들이 대규모로 바뀌었다.

2019년 서울시가 윤호중 국회의원에게 제출한 자료를 보면, 지난 2003년 조사에서 일제 때 왜곡된 지명 71곳이 확인됐고, 이 가운데 종로(鐘路←鍾路)와 만초천(←욱천=아사히가와), 인왕산(仁王山←仁旺山), 노들섬(←중지도) 등 4곳은 바로잡혔다. 그러나 나머지 67곳은 그대로 남아있다.

예를 들어 현재 탑골공원과 피카디리 극장 사이에 있는 '낙원동'과 '돈의동'은 고려 때부터 한양의 중심지로 향교가 있던 곳이었다. 따라서 조선 때 지도나 문서에서 이곳 지명은 '향교동'이나 '교동', 또는 '한양동'이나 '한동'이었다. 그러나 일제는 굳이 향교동 쪽을 '낙원동', 한양동 쪽을 '돈의동'으로 바꿨다. 일제가 붙인 낙원동은 부근의 '원동'에서 나왔다고 하나, 역사적

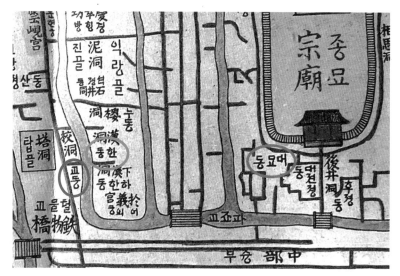

조선의 지도를 바탕으로 만든 1901년 제임스 게일의 〈한성부 지도〉를 보면, 현재의 낙원동에 '(향)교동', 돈의동에 '한(양)동', 훈정동에 '대묘동'이란 이름이 적혀 있다.

유래는 향교동이나 한양동과 비교하기 어렵다. 돈의동은 이곳에 있던 돈녕부와 어의궁을 합해 만든 이름이다. 돈의동은 서대문 (새문)의 정식 이름인 '돈의문'과도 혼동을 일으킨다. 다행히 '교 동'이란 오래된 지명은 조선 말기인 1894년 세워진 '교동초등학 교'에 겨우 살아남았다.

조선 때 종묘와 종묘 앞은 통상 '대묘동', '종묘동', '묘동'이라 고 불렸는데, 일제는 '더운 우물'이란 뜻의 '훈정동'이란 억지 이 름을 붙였다. 상식에 어긋난 이름짓기였다. 종로구 동숭동은 조 선 때 우리말로 '잣골', 한자로 '백동'柏洞이라고 썼다. 잣골은 잣 나무가 많은 동네로 이해하기 쉽지만, 고유 지명에서 '잣'은 고 개, 언덕을 뜻하는 경우가 많다. 이 잣골 역시 낙산 아래 동네라 는 뜻이었다. 그러나 일제가 붙인 동숭동은 '숭교방 동쪽'이란

운현궁은 예전에 진골(니동), 구름재(운현)이라고 부르던 곳에 자리 잡았는데, 일제가 두 지명을 합해 운니동(구름진골)이라는 억지 이름을 붙였다. 문화재청.

뜻의 무성의한 지명이다.

또 흥선 대원군의 운현궁이 있는 운니동은 이곳에 있던 '운현'(구름재, 서운관 고개)과 '니동'(진골)을 합해서 붙인 이름이다. 운현동이나 니동, 또는 구름재나 진골이라고 하면 될 것을 굳이 뜻이 통하지 않게 운니동으로 붙인 것이다. 현재의 인사동은 조선 때 '대사동'(큰절골)이었는데, 주변의 '관인방'과 합해 인사동이란 엉뚱한 이름을 붙였다.

중구 중림동은 옛이름이 약초가 많은 고개라고 해서 약현, 약고개였는데, 일제가 약전중동(약밭 가운뎃말)과 근처 지명인 한림동을 합해 중림동이라고 붙였다. 다행히 약현이란 지명은 한국에서 가장 오래된 고딕 성당인 '약현성당'에 남아있다. 중구 방산동의 옛이름은 '가산'假山 또는 '조산'造山이다. 조선 후기에 청계천을 준설한 모래와 흙을 쌓아 인공산을 만들었기 때문에 붙은 이름이었다. 일제는 이곳에 뜬금없이 '방산'(꽃향기산)이란 이름을 붙였다.

마포구 대흥동은 조선 때 독그릇을 만드는 소공장이 있어서 '독말'이나 '독막'이라고 불렸으나, 일제가 이것을 '동막'이라고 고쳤다가 다시 뜬금없는 대흥동으로 고쳤다. 강남구 신사동은 과거에 광주군 언주면 '사평리'(모랫벌말) 지역이었으나, 일제가 주변 신촌리와 이름을 합해 신사리라고 고쳤다. 중구 서계동은 조선 때 '석교계'였으나, 일제가 아무 관련 없는 '서계'로 멋대로 바꿨다. 현재 중랑천은 조선 때 큰 냇물이란 뜻의 '한내'나 '한천' 이었다. 그런데, 일제가 한내의 한 포구인 '중량포'의 이름을 따서 '중랑천'으로 고쳤다.

이렇게 서울시는 일제에 의해 왜곡된 지명을 찾아냈고, 2009년 《서울지명사전》까지 발간했지만, 실제 지명 개선은 이뤄지지 않았다. 서울시는 "동명 개정에 반대하는 주민들이 있어서 주민들의 의견을 수렴하고 설득하는 장기적 검토가 필요하다"고 밝혔다.

국토지리정보원도 2016~2018년 각 지방정부와의 협력해 1914년 이후 일제에 의해 잘못 붙여진 것으로 의심되는 지명 714개를 조사했다. 강원도가 253곳으로 가장 많았고, 충남 152곳, 인천 138곳으로 많은 편이었다. 종류별로는 거주지가 500곳으로 압도적이었고, 산이 95곳, 고개 46곳, 섬 41곳 등으로 많았다. 국토지리정보원은 2019년까지 파악한 일제 왜곡 지명은 739개라고 밝혔다.

일제가 '혼마치'(본정)라고 이름 붙인 곳은 해방 뒤 충무로로 바뀌었다. 중앙우체국 옆 충무로 입구. 서울역사아카이브.

　그러나 실제 일제의 조선 지명 왜곡은 이보다 훨씬 규모가 컸다. 일본 거류민단이 1910년까지 서울에 붙인 완전 일본식 지명만 114개였다. 예를 들어 현재의 충무로는 혼마치(본정), 명동은 메이지초(명치정), 예장동은 와이조다이(왜성대), 을지로 입구는 고가네마치(황금정), 소공동은 하세가와마치(장곡천정)였다. 1914년 행정구역 개편 때는 일본식 지명 95개, 조선식 지명 91개를 새로 붙였다. 특히 조선식 지명 91개 가운데 기존 지명을 그대로 사용한 것은 24개(26%)에 불과했고, 나머지 67개(74%)는 기존 지명을 변형했거나 새로 붙인 지명이었다.

　심지어 1936년엔 '정'町이란 일본식 표현이 조선의 모든 '동'을 대체했다. 또 모든 조선의 거리 이름은 '통'通으로 바뀌었다. 그

돈의문의 조선 때 별칭은 '새문'이었으나, 일제는 이것을 '서대문'으로 바꿨다. '서대문'은 조선 때 거의 사용하지 않은 지명이었다. 이렇게 일제는 '백악'을 '북악'으로, '삼각산'을 '북한산'으로, '무악'을 '안산'으로 바꿔놓았다. 국립중앙박물관.

래서 조선의 '육조거리', '육조앞길'은 광화문통이 됐고, '운종가'(구름처럼 모이는 거리)는 종로통이 됐다. 다행히 이런 명백한 일본식 표현은 해방 뒤에 대부분 고쳐졌다.

또 일제는 다양하게 쓰이던 조선의 지명을 표준화하면서 과거에 널리 쓰이던 지명을 버리고 덜 쓰이던 지명을 채택하기도 했다. 대표적인 사례는 조선 때 주로 '삼각산'으로 썼던 '북한산'이다. 또 일제를 거치면서 내사산 가운데 '백악'은 '북악'으로, 타락산(낙타산)은 '낙산'으로, '무악'은 '안산'으로, '새문'은 '서대문'으로 이름이 바뀌었다. 북악이나 낙산, 안산, 서대문이 아주 없던 지명은 아니었으나, 조선시대엔 백악이나 타락산, 무악, 새문이 훨씬 보편적인 지명이었다. 인왕산은 소리는 바뀌지 않았으

일제는 1917년 한강에 첫 인도교를 놓고 '한강 인도교'라고 이름 붙였다. 그러나 이 다리가 놓인 곳은 옛 노들나루(노량진)로 이 다리의 이름은 '노들대교'나 '노량대교'가 됐어야 한다. 한강나루(한강진)가 있던 곳은 현재 한남대교가 놓인 곳이다. 서울시청.

나, '왕'玉의 한자를 '왕'旺으로 바꿨다.

그러나 잘못된 지명을 붙인 것은 일제만이 아니다. 해방 뒤 대한민국도 이런 잘못을 되풀이했다. 예를 들어 일제는 1914년 현재의 '원효로'에 '원정통'(모토마치토리)라는 이름을 붙였는데, 해방 뒤에 '원정통'과 '효창원'을 합해 원효대사의 이름을 딴 '원효로'라는 잘못된 이름을 붙였다. 이 길은 용산 자락길로 '용산로' 정도가 적절했다. 이 길이 '원효로'가 되자, 이 길과 연결되는 한강 다리의 이름도 '원효대교'가 됐다. 원효대교가 놓인 곳은 조선 때 용산나루가 있던 곳이었다. 당연히 '용산대교'가 됐어야 하는 다리다.

한강대교와 한남대교의 이름도 잘못 붙여졌다. 한강대교가 놓인 곳은 조선시대 지명이 노들나루(노량진)로 이 대교의 이름은 '노들대교'나 '노량대교'가 타당했다. 그러나 일제가 1917년 이 다리를 놓으면서 '한강 인도교'라는 이름을 붙였고, 1980년대 이를 '한강대교'로 고쳤다. 노량대교는 올림픽대로의 노량진 구간 고가도로에 붙었다. 정작 한강대교가 됐어야 하는 다리는 한남대교다. 한남대교가 놓인 곳은 조선 때 한강방 한강동으로 한강진(부대+나루)이 있던 곳이다. 이 일대의 한강을 '한강'이라고 불렀던 것이다. 한남동은 일제가 한강과 남산을 합해 새로 지은 이름이다.

일제가 잘못 붙인 지명을 어떻게 바로잡을지에 대해서는 전문가들의 의견이 조금 갈린다. 황평우 한국문화유산정책연구소장은 "과거 우리의 지명엔 자연의 이치와 사람의 역사가 충실히 담겨있다. 그것으로 돌아가는 것은 사회를 정상화하는 것이다. 주저할 이유가 없다"고 말했다.

동북아역사재단 김종근 연구위원은 "성급하게 고치기보다는 100년을 내다보고 잘 준비하면 좋겠다. 가장 중요한 것은 그 지역 주민이나 당대에 그 지명을 쓰는 사람들의 생각이다"라고 말했다.

배우리 한국땅이름학회 명예회장은 "먼저 일제가 왜곡하기 전 지명을 도로명 주소나 학교, 공원 등의 이름에 살려 쓰면 좋겠다. 그래야 나중에 이름을 바로잡을 때 옛 이름을 활용할 수 있다"고 말했다.

참고문헌

강원택, 《보수 정치는 어떻게 살아남았나?》, 동아시아연구원, 2008

강재웅 · 소현수, 〈서울 송현동 일원 역사문화 경관의 통시적 연구〉, 2021

개리 레드야드 지음, 장상훈 옮김, 《한국 고지도의 역사》, 2011

국립고궁박물관, 〈조선 왕실의 건축〉, 창덕궁학술연구, 2011

김경임, 《사라진 몽유도원도를 찾아서》, 산처럼, 2013

김규순, 〈조선 궁궐 입지 선정의 기준과 지형에 대한 연구〉, 2019

김규원 등, 《서촌, 살다보니》, 미세움, 2020

김규원, 《노무현의 도시》, 미세움, 2018

김동준, 〈18세기 문인 야연의 현장과 예술적 아우라〉, 2014

김범, 《연산군 그 인간과 시대의 내면》, 글항아리, 2010

김상헌 지음, 정선용 옮김, 《청음집》, 한국고전번역원, 2016

김영상, 《서울 육백년5-한강 · 한강 유역》, 대학당, 1996

김영상, 《서울 육백년1-북악, 인왕, 무악 기슭》, 대학당, 1997

김영주 국회의원, '성락원 명승 지정 무엇이 문제인가' 토론회 자료집, 2019

김정미, 경세진, 조재모, 〈경사지형 활용의 관점에서 살펴본 경희궁의 배치에 관한 연
　　　구〉, 2015

김종근, 〈식민도시 경성의 이중 도시론에 대한 비판적 고찰〉, 2010

김천수, 〈용산기지 내 사라진 둔지미 옛 마을의 역사를 찾아서〉, 용산구청, 2017

김천수, 〈용산의 역사를 찾아서〉, 용산구청, 2016

김해경, 〈벽수산장으로 본 근대정원의 조영기법 해석〉, 2016

대통령경호처, 〈청와대와 주변 역사 · 문화 유산〉, 대통령경호처, 2019

문화재청, 〈2018년 별서정원 명승자원조사〉, 2018

문화재청, 〈운현궁 양관 실측 조사 보고서〉, 2002

박경남, 〈16, 17세기 서얼 허통 상소문 연구〉, 2013

박균섭, 〈서얼 지식인의 앎과 삶〉, 2014

박지원, 《연암집》, 돌베개, 2007

박찬수, 《청와대 VS 백악관》, 개마고원, 2009

박희용·이익주, 〈조선 초기 경복궁 서쪽 지역의 장소성과 세종 탄생지〉, 2012

방상근, 〈성종의 중재적 리더십과 태평의 정치〉, 2011

불교문화재연구소, 〈서울 누하동 224번지 유적〉, 2017

서울역사박물관, 〈탑골에서 부는 바람 백탑파 이야기〉, 2000

서울역사박물관, 〈서촌, 역사 경관 도시조직의 변화〉, 2010

서정화, 〈광통교, 조선 후기 한양의 핫플레이스〉, 2018

송만오, 〈고영주와 그 형제들의 개화 활동에 관한 일고찰〉, 2004

심경호, 《안평》, 알마, 2018

유본예 지음, 박현욱 옮김, 《역주 한경지략》, 민속원, 2020

유홍준, 《나의 문화유산답사기 6·9》, 창비, 2011·2017

유홍준, 《추사 김정희》, 창비, 2018

윤복실, 〈조선시대 가부장적 지배문화의 형성 고찰〉, 2019

윤정, 〈광해군대 인경궁 건립과 '인왕산 왕기'설-선조 즉위와 사적과의 상관성〉, 2021

윤정, 〈인조대 '새문동 왕기'설 생성의 정치사적 의미-경덕궁의 역사적 연원에 대한 고
　　　찰〉, 2012

윤진영, 〈조선 후기 서촌의 명소와 진경산수화의 재조명〉, 2013

윤호중, 국정감사 보도자료 '서울 시내 일제 잔재 지명 71곳, 2003년 파악했지만 대부분
　　　16년째 제자리걸음', 2019

윤호중, 국정감사 보도자료 '일제가 왜곡한 우리나라 마을·산·섬 이름 714곳 확보,
　　　2013년을 마지막으로 한 곳도 바뀌지 않아', 2019

이경구 등, 《서촌1-역사 경관 도시 조직의 변화》, 서울역사박물관, 2010

이경구, 《조선 후기 안동 김문 연구》, 일지사, 2007

이기봉, 19세기 한국에서 김정호의 대중적인 대축척 지도 제작, 2016

이상태, 《김정호 연구》, 경인문화사, 2021

이성무, 《조선 시대 당쟁사 1, 2》, 아름다운날, 2007

이성무, 《조선왕조사》, 수막새, 2011

이성현, 《노론의 화가 겸재 정선》, 들녘, 2020

이순우, 〈창의궁 자리가 추사 김정희 선생의 집터라는 얘기에 대한 예비적 재고찰〉, 2013

이순우, 《광화문 육조앞길》, 하늘재, 2012

이순우, 《용산, 빼앗긴 이방인들의 땅2-효창원과 만초천 주변》, 민족문제연구소, 2022

이순우, 《통감관저, 잊혀진 경술국치의 현장》, 하늘재, 2010

이윤석, 〈상업 출판의 관점에서 본 19세기 고지도〉, 2013

이재룡, 〈조선 후기 붕당 정치의 역사적 의의〉, 2009

이태호, 〈실경으로 그리기와 기억으로 그리기〉, 2008

이한우, 《숙종, 조선의 지존으로 서다》, 해냄, 2007

이한우, 《태종, 조선의 길을 열다》, 해냄, 2005

정민영, 〈'인왕제색도'의 기와집 주인은 누구인가?〉, 2019

정정남, 〈효종대 인경궁 내 궁가의 건립과 그 이후 궁역의 변화〉, 2010

정주신, 〈조선 후기 당쟁사 일 고찰〉, 2004

정창권, 《천리 밖에서 나는 죽고 그대는 살아서》, 돌베개, 2020

조민기, 《조선의 권력자들》, 책비, 2020

조선미, 《어진, 왕의 초상화》, 한국학중앙연구원출판부, 2018

지은이 모름, 김광순 번역, 《산성일기》, 서해문집, 2004

최선웅 · 민병준, 《해설 대동여지도》, 진선출판사, 2017

최열, 《옛 그림으로 본 서울》, 혜화1117, 2020

최열, 《추사 김정희 평전》, 돌베개, 2021

최영성, 〈'백사실' 별서에 대한 고찰−추사 김정희와 관련성을 중심으로〉, 2013

최종현 · 김창희, 《오래된 서울》, 동하, 2013

최종현, 〈백석정 별서 유적 및 백석동천 연원에 관한 연구〉, 2014

허경진, 〈고영주 가옥의 중인자료관 활용 방안〉, 2015

홍성태 엮음, 《경복궁 옆 송현동 살리기》, 진인진, 2014

홍순대, 《그림 속에 숨겨진 조선 역사》, 인문서원, 2020

홍순민, 《영조, 임금이 되기까지》, 눌와, 2017

홍순민, 《홍순민의 한양읽기−궁궐(상)》, 눌와, 2017